לוּ - יומן פנימי

Lu – Inner Journal

ספרי לויב

Loyev Books

רן להב

לוּ – יומן פנימי

הוצאה שנייה

Ran Lahav

Lu – Internal Journal

Second edition

Loyev Books
Hardwick, Vermont, USA
PhiloPractice.org/web/loyev-books

הוצאה ראשונה של ספר זה נדפסה בשנת 2004 על-ידי הוצאת אסטרולוג.

First edition: Copyright © 2004 Ran Lahav
Second edition: Copyright © 2021 Ran Lahav

© כל הזכויות שמורות למחבר
פרסום בכל צורה שהיא, בכל צורה של מאגר מידע, בצורה שלמה או חלקית,
לכל שימוש מסחרי או אחר, אסור ללא רשות מפורשת בכתב מהמחבר.

ציור עטיפה: נועם להב, 1997
Cover painting © 1997 Noam Lahav
All Rights Reserved

ISBN-13: 978-1-947515-15-4

Loyev Books
 Hopkins Hill Rd., Hardwick, Vermont 05843, USA1165
https://PhiloPractice.org/web/loyev-books
https://dphilo.org/books/

תוכן העניינים

הקדמות	1
פרק 1 : קיץ באן ארבור, 1990	3
פרק 2 : אלסקה, 1991	19
פרק 3 : שוב בדאלאס, 1992	27
פרק 4 : מנזר טראפיסטי, מיזורי, 1992	40
פרק 5 : ביקור שני במנזר, 1993	49
פרק 6 : חודשים אחרונים בדאלאס, 1993	57
פרק 7 : בין ירושלים לאוניברסיטת חיפה, 1993	67
פרק 8 : בחזרה לישראל, 1994	84
פרק 9 : סמסטר בחיפה, 1994	101
פרק 10 : ששה חודשים במנזר, 1995	112
פרק 11 : בוסטון, 1995	137
פרק 12 : וורמונט, 1998	155
פרק 13 : וורמונט, 2000	176

הקדמות

בכל הספר הזה אין אמירה חדשה אחת. הכול על אודות לוּ נאמר כבר מזמן. לוּ הוא בדומייה שבקצה המילים, הרחק מן ההסברים והתיאוריות והדיבורים המתוחכמים. לוּ הינו רֵיק כמו בפליאה, עצום כמו בחוסר אונים, מופלא כמו הכול. ודווקא משום כך ניסו תמיד, בכל הזמנים, לתארו ולהוסיף ולומר עליו עוד ועוד כדי לחדור ככל שניתן אל מבעד למילים.

כך שעל אודות לוּ לא ניתן לומר דברים חדשים. אפשר לשנות את הצלילים מסביב לשקט או לעצב שוב את הדימויים או הסגנון, אבל בעיקרו של עניין ניתן רק לחזור על אותם הדברים שנשמעו כבר שוב ושוב. ומוטב כך, שכן הפנייה אל לוּ אינה משתדלת להפתיע בחידושים, אין זה מעניינה להיות מקורית.

* * *

קשה לחשוף לעיני אחרים דברים שנכתבו בי מן הלוּ. מה שהיה נשימה אינטימית פנימית, תנועה פתוחה שאינה כך דווקא או כך אלא משב של רוח – הנה הוא מוטל החוצה ומוקע עירום וחד כמו עובדה למישוש. מה שהיו לו חיים דווקא משום שבתוכי היה ליטוף מגשש, לעולם לא אמירה סופית, הופך בחוץ לתוצר קפוא, לתיאוריות כלליות, להכרזות, ואף ליומרת הנבואה ויוהרת האמת. תמיד יש חשש שמן הדומייה והשפע והצמא והריקנות יוותרו רק מילים, ומילים לבדן מתקשות להיות חיים.

אבל בתקופה כזו, שבה דמיותיו של לוּ מכוסות כל כך ברעשיהם של מכשירים ובהבהובים חפוזים ובמרוצי ההצלחה וההתבדרות והתחכום ובעודפים גואים של זחיחות הדעת והסיפוק העצמי, כאשר גם הפלִיטה שהיתה עשויה להישמע מוקפאת בקופסאות אטומות של דת משומרת, יש להתגבר על ההיסוסים והמבוכה. שהרי לוּ אינו רק ענייני הפרטי.

* * *

מה ניתן לומר על לוּ? מה יש בידי להגיד על אודותיו?

בעניינים של לו ביכולתי לספר רק על התנועות המסוימות שהתנועעו בתוכי. אין לי כללים תקפים מחוץ למפגש שבינו לביני. אם היתה תפילה או התבוננות, היתה זו השתיקה שעלתה אצלי כתשובה לנוכחותו. אם היה שפע חם, היה זה המגע שנגע לו באותו האדם שהוא אני. אם היתה תיאוריה, היה זה המלמול שצמח בינינו בשיחה הדדית.

מה יש בידי לומר על אודותיו – ממשות לעולם אינה בידַי, אני בידיה, מדבֵר לא מתוך ידיעה שיש אצלי על אודותיה, אלא מתוך דבריה בי; לא מתוך "האמת שלי" – כאילו ממשות היא עניין של השקפה או קניין אישי – אלא מתוך כך שאני שלה; לא על פי דרכי אלא על פי דרכה בתוכי.

1

קיץ באן ארבור, 1990

הבוקר, יום לאחר שסיימתי לבדוק את עבודות סוף הסמסטר של התלמידים, מסרתי את הדירה השכורה לאחֵר, דחסתי את כל מה שברשותי למכונית, ונמלטתי לחופשת הקיץ מדאלאס, העיר הגדולה. הגעתי לכאן בתחילת שנת הלימודים כמרצה מתחיל באוניברסיטה מקומית, ושנת ההוראה הראשונה שלי היתה שמונה חודשים מותכים לגוש מוצק של מאמץ. עבדתי בכל זמן שהיה בידי בעוצמה של טובע, לסיים את כתיבתם של מאמרים ואת בדיקתן של בחינות, להספיק, להכריע כל דבר שעמד בדרכי. בתוכי לא נותר מרחב פנוי עבור תנועות רוח חדשות, ומבחוץ חנקה אותי העיר במין ריקנות עכורה. דבר-מה דחוס וסתמי יש בעיר הדרומית הענקית הזו שאוטם את הנשמה, וכל משב רוח מתייבש בה וגווע. ורק עכשיו, על הכביש המוביל צפונה, אני מעכל את המשקל שנצטבר בי ואת עוצמת ההתאפקות. גושי הסלע מתחילים להתפורר, ואני נוהג ומתרחק כמו פליט מעיר רודפת.

* * *

לאורך הכבישים האמריקאים שאין להם סוף, המחשבות מתחילות להירגע ולהשתחרר מן הטרדות שרבצו עליהן, ועתה הן צפות להן אל מחוץ להקשרים שבהם נלכדו במשך חודשי העבודה. פקעות סבוכות של עניינים שהיו כרוכים אלו באלו נפרמות בַּמרחבים לקווים פשוטים.

לנסוע את הדרך לכל אורכה, שעה שעה, להיות נוכח בכל מייל. כדי להיפרד משמונת החודשים הללו של עבודה מאומצת, אין די בקפיצה מהירה מנופים אלו לנופים אחרים, שכן המולת ההתעסקויות של פעם עדיין

מרעישה בתוכי והיא סותמת בנוכחותה את החללים ומונעת רוח חדשה. יש להניח לזמן להמיס את המתח, לפַנות את כל מה שהיה והסתיים, ולפתוח מקום עבור מרחב נקי חדש.

* * *

בערב היום השני אני מגיע לבסוף לעיירה האוניברסיטאית המוכרת, אן-ארבור. כאן למדתי חמש שנים עד שסיימתי את התואר ויצאתי לעבוד בדאלאס לפני פחות משנה. אני נוהג אל תוך הרחוב הראשי נטול תוכניות, חסר הרגלים, ללא הצהרות להצהיר ובלא מטרות להשיג. סחרחורת נעימה של זרות בעיר המוכרת שהיתה פעם מקום מגורי.

ברחובות העיר הכול עסוקים בענייניהם בכוונה רבה, כמשתתפים במשימה סמויה. על המדרכות ממהרים עוברים ושבים מפה לאי שם, מפתחי בנייני האוניברסיטה יוצאים המנקים במדיהם הכחולים, בחנויות עוברים הקונים לאורך המדפים, ומבעד לחלון אחד הבתים מתייפה צעירה לקראת בילויי הלילה. הכול נעשה בשיטתיות בטוחה כאילו רק כך ייתכנו הדברים.

להיות כאן ללא השתייכות, ללא משימה לבצעה, הרי זה לרחף מחוץ לתחומיה של המציאות. אינני כאן ממש. אני מניח לדברים סביבי להתרחש לעצמם, אין כל סיבה לנסות להטותם ממסלולם. הקיים מתקיים כדרכו גם ללא מאמצי. הזמן מתגלגל עבור עניינים אחרים, אינו מכוּון אלי, רק מקרה הוא שנקלעתי לתוכו והוא חולף גם עלי.

אשאר כאן עד סוף הקיץ.

* * *

חיפושי דירה. בינתיים אני שוהה בדירתם של חברים שנסעו והשאירו לי את המפתח בתיבת הדואר. הרצפה מכוסה בגרגירים של אבק ושערות של כלב, ובשכבה צמיגה במטבח. אני פוסע בזהירות של סלידה, מנסה להקטין ממשקלי ולהמעיט את נגיעת כף הרגל.

עדיין לא הגעתי, אינני בשום מקום: בבוקר משתהה במיטה, אחר כך יוצא לחנות הסמוכה לקנות את עיתון העיר היומי, מפשפש בטורי הדירות להשכרה, טלפונים, לפעמים ביקור בדירה מבטיחה – וכל אלו מתירים לי

לחכות, לא להתחיל באמת. פסק זמן ממהלך האירועים, תכף אשוב. בינתיים הכול הוא רק בינתיים, איננו נחשב. אני מרבה לשוטט ברחובות.

* * *

הנה שכרתי דירה. עכשיו צריך להתחיל, להגיע איכשהו לעניין עצמו. הדירה ששכרתי רחבה ופנויה מרהיטים, קירות קירות וחללים חללים, כמו הבטחה שלא נתגשמה עדיין. נדמה לי שיתרחש כאן דבר-מה.

* * *

היום ירד עלי צום. כאילו כך נגזר, פסקתי לאכול. גיליתי זאת רק בצהריים, כשנזכרתי שהחסרתי את ארוחת הבוקר, ובכל זאת לא עמדתי להיכנס למטבח. קיבלתי עלי את הצום בנכונות, כמעשה של היטהרות. אולי תיפתח כאן התחלה חדשה.

הלם גופני משמש בשבטים מסוימים להתגלות רוחנית. האדם מקיז את דמו או מחסיר שינה, ואז, בעת שהוא סהרורי מן המחסור, הוא נוטל חלק במעשה פולחן וזוכה לשמוע את דבר האלים. אולי אזכה גם אני בחיזיון ממציאות בלתי מוכרת בהשפעתו המחלישה של הרעב.

אני מקיים את הצום בנאמנות, כממלא חובה שהוענקה לי הזכות למלאה. בינתיים אני כותב וקורא כתמיד. חוויות מיוחדות אין עדיין, אבל אינני דוחק בזמן. יש להניח לו להתגלגל בדרכו שלו. הרעב מתעצם. אני שותה מים ולועס מסטיק נטול סוכר. כאב ראש מפמפם ברקה וחולשה רובצת לה על תנועות הגוף, אבל אני נושא אותה בציפייה נחושה. התחלתי במעשה שיש להשלימו.

עתה נחוץ לי טקס, מעשה שיכתיר את הצום במשמעות. בגן העירוני שבקצה העיר עומדת גבעה שאהבתי פעם, בשנים שגרתי כאן – לשם אלך. על ראשה שמונה עצים גבוהים, דקי גזע, זקופים, קטני צמרת, סדורים במעגל מדויק. מעין גבעה קדושה, מקדש של עצים.

* * *

כשמתחילה החשכה לרדת, אני יוצא מן הבית והולך, כבד מן הרעב, אל הגן. באפלה אני מוצא את הגבעה ומטפס אל ראשה. אני נכנס אל תוך הרחבה שבין שמונת העצים, עומד ושותק. גם החושך שותק, אינו מבטיח דבר. אחר כך אני מתיישב בשיכול רגליים בתוך המעגל ודומם. אני ממתין שיתרחש משהו, מצפה שיתבהר לי מה אעשה.

לאחר זמן, האפלה נפתחת במקצת לעיניים. במרכז המעגל פיסה לבנה, אולי נייר. אינני נוגע בה. יתושים חולפים לפעמים. אני נע במקומי באי נוחות ומחליף את תנוחת הישיבה. כאב הראש מוסיף לחפור ברקה השמאלית. צחנה קלה באוויר, אולי של צואה. שעה וחצי אני יושב כך, אבל דבר אינו מתרחש. ציפייה סתמית, משועממת, חסרת אירועים. צללי העצים נעדרים מסתורין וחמימותו של האוויר גשמית ודביקה. כוח הריכוז דועך בי לְאִטו וגם הלב נאטם. אני מנסה לעוררו ולפתוח בו פתח, אלא שהוא שקוע עמוק באטימותו מכדי שיתעורר בו ריגוש. לבסוף אני מבין שהטקס תם ושאין לכפות עליו את המשכו.

אני מזדקף באכזבה ויורד מן הגבעה. קיוויתי לזכות בהארה מיוחדת, להבין הבנה חדשה. נכשלתי. אין בי הרגישות הפנימית הנאותה. בדרך הביתה אני מתנחם שעשיתי ככל שיכולתי, ומה שלא היה, לא צריך – או לא יכול או לא ראוי – היה להיות.

* * *

בוקר. אני ממשש ברוחי את הרקה הכואבת ויודע: גם הבוקר לא אוֹכַל. הצום עדיין לא נסתיים. היום מזדחל לו שעה שעה בכאב ראש ובחולשה. אני מרבה לנוח על הספה.

ערב. אני מכין את עצמי לעלייה שנייה על הגבעה, לוקח איתי שני שזיפים, שתי עוגיות אורז ומשולש גבינה. בדרכי אני עוצר בחנות וקונה קופסת סיגריות כדי להגדיל את הסחרחורת. בחולשה אני מגשש שוב בחשכה אל מקדש העצים ומתיישב במרכזו. הפיסה הלבנה במרכז המעגל, מאתמול בלילה, היא צמר גפן. אני בועט בה בסלידה. עתה אני מעשן סיגריה כדי להוסיף להלם הגופני, ובחילה נוראה מסחררת אותי ותולשת אותי מן הגוף. ובכל זאת, דבר אינו מתרחש. לאחר זמן אני אוכל בסדר פולחני את השזיפים, העוגיות, הגבינה, אבל עדיין לא קורה דבר. אפילו החולשה אינה מרפה. מסך של סתמיות פרוש על הכול ומסרב להתפוגג. הישיבה הדוממת,

הציפייה, האכילה הטקסית – כל אלו חסרי אונים לקרוע פתח אל מעבר לעובדות היומיומית המוכרות.

לאחר זמן אני נואש. אני קם ומדדה בחזרה הביתה. אכזבה נוראה. אינני מסוג האנשים שחזיונות מזדמנים להם. יש אינדיאנים שיוצאים ללון בלילה בשדה ושם הם זוכים בחזיונות מעולמות אחרים. ואילו אני, בחלקי לא ייפול לעולם חיזיון של ממש. יש בי אטימות הרוח ואינני בנוי לחרוג מן היומיום.

ומעל תחושת האכזבה צפה לה בתוכי שאלה: "מטורף, לָמה ציפית כשהרעבת את עצמך יומיים וישבת בלילה על גבעה חשוכה"?

* * *

הם זיהו אותי משוטט ברחוב וגררו אותי איתם לבית הקפה. כאן עברה שעה ועוד שעה של שיחה שאי אפשר לזכור ממנה דבר, מילים רפרפו ונעלמו כאילו לא נאמרו מעולם, ריחוף סתמי מעניין לעניין. ישבתי איתם בשתיקה במין ערפל יגע שנוטל אפילו את הכוח לקום ולעזוב.

עתה דיברה איזו סטודנטית לספרות, פטפטה על המחלקה שלה וסיפרה על המורים. האחרים הקשיבו ועודדו אותה בהערותיהם. אינני יודע מה אמרה, אבל אז שמעתי אותה אומרת דבר-מה על גיבור ספרותי השוקע לתחתיות הבוץ ועל האור הנגלה לו משם. היא דיברה בחצי פיהוק, בגנדרנות אינטלקטואלית עייפה .

נדרכתי: דבר-מה נאמר כאן. רציתי לשמוע עוד, אבל היא המשיכה לנדוד בפטפוטיה לעניינים אחרים. לה עצמה לא היתה כל שייכות לאמירה שנזדמן לה לומר כבדרך אגב, והמילים נשרו מיד ונתכסו באחרות.

עלי להיות קשוב יותר. רגעים רבים כאלו חבויים אולי תחת מסווה של אמירות שדופות, של דברי רכילות בטלים, קשקושים פוליטיים, אלא שאני מאבד אותם בפיזור הדעת. מי יודע אילו דברים נפלאים נאמרים סביבי מבלי שאבין את ערכם.

* * *

כמה מוזר: בימים האחרונים מציפה אותי מין חמדה משונה שמעולם לא הכרתי, שמחה פשוטה של קיום. בשוכבי במיטה גואה בי הרצון לומר תודה

– אולי לאלוהים אילו הייתי מאמין בו – לא עבור דבר-מה מסוים, פשוט תודה.

זוהי חמדה של חופש, כאילו נשרו כל המשאות הישנים. חופש, אבל אין הוא שלי, להפך, החופש הוא ממני, מרצונותי הרגילים לעמוד על שלהם, מרעיונותי הקובעים שכך דווקא ולא אחרת. הוא שופע דרכי ממקור בלתי ידוע, שלֵו, עומד ברשות עצמו עם עצמו, אינו מבקש ואינו נזקק לדבר, כביכול יודע שאין דבר הרשאי להטרידו.

ברגעים שכאלו אינני חש עוד בתחושת הריקנות המוכרת ובצמא המתמיד למלאה, זה שאני רגיל להתאמץ להשקיטו בעשייה שאינה פוסקת, לבצע, להשיג, לפתור, להשליך את מרותי על הדברים, להוציא יש מתוך האַין. כל כך אני רגיל לצמא, עד שהיעדרו בלבד מרומם אותי במין קלילות משכרת.

* * *

אינני אשם, כיצד יכולתי לדעת שכך יהיה, שאבריח את הסנאי אל מותו? שוטטתי לי סתם כך ברחובות, ללא כוונה מיוחדת, והנה קפץ לפני סנאי אדמדם שנבהל – ומיד זינק עליו חתול אפור, לכד אותו בפיו והסתלק.

אבל האשמה אינה מתפעלת משיקולי היגיון. היא מדברת אלי בשפה אחרת ומאשימה אותי בשמו של מוסר עתיק יותר, נקמני, חסר מחילות ותירוצים: אתה הוא שגרמת, אתה הוא האחראי.

אבל אין זה הוגן, לא ידעתי שחתול אורב בין השיחים. לא התכוונתי, מה יכולתי לעשות?

נכון, אין זה הוגן, אז מה? אין אשמה הוגנת, קיימים רק געגועים לעולם הוגן, לעולם המקפיד על הסדר הנכון, דואג לילדים הטובים שיזכו בציון טוב ולרעים שיעמדו בפינה. כל כך רוצים היינו בעולם צודק ומתחשב, שיגונן עלינו שלא תפגע בנו לפתע אחריות מכיוון בלתי צפוי, שלא תנחת עלינו אשמה תועה. אולם אשמה מקורה מן האפלה: בלתי צפויה, שרירותית, חסרת רסן, מגיעה ונעלמת, מגיחה ללא אזהרה ומכה בגבנו, ללא התחשבות במאמצינו ובשיקולי הגינות.

במשך שעות הבוקר אני מוסיף לשאת את האשמה. רק אחרי הצהריים היא מתפוגגת ונעלמת לה כמו מזג אוויר שעבר כאן בדרכו וחלף.

* * *

עדיין מתמידה בתוכי החמדה, לפעמים גואה בי ממש, לפעמים נסתרת מעט וממתינה שאתפנה מעיסוקי. בעת שהיא איתי, הכול נמצא כאן, נוכח. אין צורך להרחיק ולהשתוקק, די לשקוט ולהיות. מין אור קדמון, ראשוני, מעין ארציות גשמית במלואה, שמחה של פשטות שמסרבת להיטרד ולחשוש ולתכנן אלא פשוט הוָוה.

מהו פירושה של החמדה החדשה? לא ייתכן שנשתניתי עד כדי כך שהוסר מעלי הדכדוך המוכר או שהורווה הצמא. אולי כך: תמיד הבטתי הרחק למעלה אל גבהים נשגבים, ציפיתי להבהק גדול, לחזון שמימי, מעבר לכל מה שכאן, אחר לחלוטין. ואז, ברגע של הפוגה, הצצתי למטה, כאן לרגלי כביכול, והנה: חדווה של קיום. דומה שהיתה איתי תמיד אלא שלא חשתי בה קודם, כמו תחושת מגע כף הרגל בסוליית הנעל שאיננו מבחינים בה עד שאנו מפנים אליה את תשומת הלב.

* * *

בבוקר אני משתהה מעט במיטה. לבסוף אני מחליט לקום – אבל אינני קם. מצווה על עצמי: צריך לקום, צריך לקום, צריך לקום – אבל מוסיף לשכב. אולי אבד לי כוח ההחלטה ואני לא הרגשתי. עוברת דקה, עוברות עשר נוספות. לפתע אני מסיט את הסדין וקם, ללא כל אזהרה, כמו הד מתנועה תת-קרקעית בתחתיתם של המעמקים.

״אני״. אני עצמי איני קובע דבר, אינני עושה מעשים. אם יש דבר ששמו רצון חופשי, הוא עומד ברשות עצמו, עושה את מעשי בלי להתייעץ בי, מחליט בשמי כך או כך. שתי ברירות בידי: להשתתק ולהקשיב למרווח הסתום שביני לבין הדברים הנעשים אצלי, או להסתירו בהעמדת פנים של שליטה עצמית.

* * *

בית הקברות העירוני. יפה להתבונן בחיים לאחר שנרגעו מעיסוקיהם, כאשר אין להם עוד צורך במעשים. הזמן אינו מטרידם, שהרי הכול כבר עשוי.

לוח מצבה דהוי לזכרו של חייל מחיל הפרשים של צבא הצפון במלחמת האזרחים. נשבה במלחמה, הוחזק בכלא הדרומי במשך שמונה-עשר חודשים, שוחרר לאחר סיום המלחמה, ומת בדרכו הביתה בהיותו בן עשרים, ב-1865. את המצבה, כך מספרת הכתובת, הציב אביו.

קברם של בעל ואישה שמתו באותו היום. תאונת דרכים? התאבדות משותפת? קורבנות שוד?

והנה כתובת מהוהה באותיות עבריות. אבן קבר אופקית, משוקעת באדמה. לזכר מרת וייל, כך כתוב, אישה מהוללת ונדבנית, רחוק מפנינים יקרה. התאריך מן המאה שעברה, מזמנים של מישורים פראיים ואינדיאנים. אולי לבשה פאה נוכרית וגידלה משפחה חרדית, ואולי היתה בוקרת יהודייה על סוס.

לא הרחק משם, קבר שיש שחור ומהודר של לִי וָנג. השם חרוט באנגלית ומעוטר בסימנים סיניים מוזהבים. מצדה השני של האבן רשימה מפורטת של המשרות המכובדות שזכה להן בחייו עד שמת ונקבר.

בחזרה מבית הקברות חולפות על פני שתי בחורות צעירות. האחת מספרת לשנייה: "הסיבה שלא יכולתי לצאת איתו – והוא ביקש לצאת איתי הרבה פעמים – היא ש..." ויתר הדברים נעלמים מאחורי.

* * *

אני מקציב שעתיים ביום לעבודה על הספר הפילוסופי שאני כותב. בכול בוקר אני מפעיל את המחשב וסוקר את הפרקים שכבר סיימתי, מתקן מילה או מחדד ניסוח, ואחר פונה אל הפרק הנכתב עתה ומוסיף לו כמחצית העמוד.

ככל שהתיאוריה הפילוסופית שלי הולכת ומצטיירת ומתמלאת בפרטים, כן היא מרבה להעמיד דרישות עצמאיות משלה: עניין אחד מפרק שתיים מסרב להתיישב עם עניין אחר מפרק שש, ואילו האחרון אינו מוותר לו ומכריז שלא יזוז ממקומו; סוגיה ישנה שהסתפקה עד כה בפינה משנית, פוסעת לפתע למרכז התמונה ומתעקשת שיטפלו בה מיד וביתר פירוט, שאם לא כן תמוטט את הכול; רעיון שניצב קודם בהיר ויפה לבדו בנוף הריק, עתה מיטשטש בצללים של רעיונות חדשים שבאו לאכלס את סביבתו; ונימוק בסיסי אשר עד כה תמך היטב בקו מחשבה שלם מתגלה עתה כחלש, והוא מאיים להיסדק אם לא יוקל מעליו המשא ההולך וגדל.

יפה לטפל בכל אלו כבורא עולם, להציב ולאזן ולהסיר ולהוסיף, לבנות הכול רעיונות רעיונות, לשלוט בנוף הרעיוני ולעצב אותו לקראת תיאוריה כוללת ולכידה שתענה על הכול. תמיד אהבתי לכתוב בלהט של התקדמות, לתקוף תוואי נוף סוררים, ללחוץ ולהמציא ולחצוב בסלע, לא להניח לדברים עד שייכנעו ויקבלו עליהם את המקום שאני מייעד להם בתיאוריה שלי. תמיד ידעתי לכפוף את עצמי למשימה נתונה – לנעול את הרצון בכיוון מוחלט, לרכז את עצמי לקו מחשבה יחיד, להתיך יחד את השעות לתנועה מחשבתית אחת.

אלא שמאז הגעתי לכאן הופיעה בתוכי שלווה בלתי מוכרת, כמו צמר שמתרווח לו בתוך זרם נחוש של פלדה. זוהי מעין שתיקה פנימית שאינה נחפזת, רכה ונטולת מטרות, חופשייה מאמות מידה ומיומרות. נוח לה להניח לדברים להתנהל כרצונם, בלי לכבול אותם בעקרונות פילוסופיים ובלי להשליט עליהם רעיונות. זמנים כאלו אינם מתאימים לבנייתה של תיאוריה גדולה.

* * *

מכל התיאוריות הפילוסופיות שלמדתי ושניתחתי ושבניתי בכל חשנים חללו נותרה אכזבה. תיאוריה פילוסופית מטרתה לגאול את הדברים מן הערבוביה ולהראות שהתופעה הנדונה אינה שרירותית אלא מדויקת והגיונית בדיוק כפי שראוי לה להיות. כביכול, כל עוד אין הכול חד ובהיר, מנומק מדוע כך דווקא ולא אחרת, אין התיאוריה שלמה. עליה לעמול ולכנס את הדברים אל מתחת לחסותו של עיקרון כללי, לפרוש עליהם פרשנויות, להצמיד אותם יחד בהסברים, לתחוב דבר זה שמא יציץ ויתגלה מה שאינו יאה ולמשוך עניין אחר כדי לישר את הקווים, לקטום את הפינות ולהתאימן זו לזו, להחליק את הגלי למישור ולהחביא את המיותר, לא להניח לדברים עד שיימצא לכל אחד מקומו הנכון, עד שייראו במיטבם.

כך שבבסיסה של תיאוריה פילוסופית טמונה ההבטחה שהכול יהיה מסודר ויפה בסופו של דבר: שהמציאות אינה בלתי מאולפת כפי שהיא נראית ממבט ראשון, שניתן ללכוד אותה בתמונה תיאורטית מאורגנת ולכידה. כביכול, כל קו וכל זווית ניתנים לביות ולניסוח, אילו רק נתבונן היטב, אם רק נצטייד בתחכום המתאים.

אלא שבכל תמונה פילוסופית מתגלים הסדקים, החריגות, הקווים המזויפים. מה שהיה נדמה תחילה כהסבר חד ומדויק מתברר כמשאלה פילוסופית להפוך את הפיתולים הסוררים לקו ישר. מה שהיה נדמה כמואר מתברר כמוכתם בצללים נסתרים. תמיד נותר דבר-מה בחוץ, מסרב לעמוד בשורות ישרות על פי הכללים. והנה, בימים אלו, דווקא אותה שארית מתמרדת נראית לי כדבר העיקרי. זוהי הממשות: מה שנותר לאחר שנסתיימו ההסברים.

* * *

כבר שבועות אחדים נמצאת איתי השלווה החדשה, ועדיין היא מסתורית כמו בימיה הראשונים. אין היא מתאמצת לצאת ולהכריז על עצמה. נראה שאין זה מטבעה להידחק. זמנה בידה. היא נוכחת מבעד להרגשות ולמחשבות היומיומיות המוכרות, שונה ונסתרת. דומה שזוהי הבנה חדשה, נעה אצלי שם בפנים. אינני יודע לפי שעה מהי, אבל אני מתענג על התחושות הרגועות שהיא מפיצה. היא יודעת דברים רבים ממני, נושמת במרחב גדול יותר, פונה אל אופקים אחרים. אני משתדל להשתתק, לרסן את ההרגלים ולהניח לה להתרוות. קל לחנוק התחלה עדינה שכזו בחפזון המעשה, בלהיטות לנתח ולקבוע ולהשתיק את השתיקות בפתרונות. הבנה חדשה זקוקה למרחב פתוח. עלי להסיג עצמי לאחור, לפַנות את החלל, ולהותיר בו ריק כלשהו עבורה. אין זה קל לרסן את האני העקשן.

גם בבקרים היא נוכחת, גם בעת הכתיבה על המחשב, אבל מרוחקת. אין היא משתלבת עם ההתפלספות התיאורטית, עם סגנון הניתוח האקדמי החותך והבהיר יתר על המידה. אני מנסה לשתף אותה, משתדל להשתחרר מאורח הכתיבה המקצועי, ההחלטי והחד ולשדל אותה שתנהל את הכתיבה בדרכה שלה. אלא שהכתיבה שאני רגיל בה עקשנית ואינה מוותרת. אני יושב מול המחשב, מתאמץ להטות את המילים ולאלצן לבטא משמעויות חדשות, אבל הללו מתמידות במסלולן ומוסיפות להתוות רעיונות מן הסוג המוכר. ולאמיתו של דבר, יותר משאני יודע אילו דברים חדשים אני רוצה לבטא, אני מבחין באטימותה של הכתיבה הקיימת, ביוהרתה להשליך על הכול את הבחנותיה ולהתאים את הדברים לאופן הבנתה.

* * *

הייתי רוצה לכתוב פילוסופיה מנקודת השקפתה של הממשות, לחדור מבעד לתיאוריות המופשטות אל הדברים עצמם, כמו שיר המצביע אל צדן האחר של המילים, כמו תפילה החודרת מבעד למחשבה האנושית ומבטלת את המרווח שבין המילים לבין הממשות הקדושה. ממשות כזו אינה נפרשת בפני המבט כלאחר יד. אין לסקור אותה בקור רוח כאילו היתה עובדה ממתינה. אין לִצפות בה כאילו היתה מֵיצג של עובדות. ניתן רק ליטול בה חלק באמצעות ההתפעמות, ההתעלות, תחושת השותפות, דהיינו לגעת בה לא באמצעות המחשבה המופשטת אלא בכלל ההוויה, שאם לא כן היא הופכת לעובדה אנתרופולוגית, לקליפה שנותרה לאחר שחלף העיקר.

* * *

איזו נפילה. שוחחנו, ואני ביקרתי את דבריו בידענות. הוא התגונן וגם תקף, ואני חיזקתי לעומתו את טיעונַי. ידעתי היטב שאני מתכתש בקטנוניות. התביישתי, אבל לא היה בידי לעצור.

אני רחוק מכאן יותר ממה שנדמה לי. כוחות אחרים פועלים פה ואני אינִי אלא הד מרוחק: מין דמות ערטילאית המרחפת בחלל אחר, מחוץ למה שמתרחש כאן באמת, הרחק מן הממשות עצמה.

* * *

אין לי עניין להמציא סתם תיאוריה פילוסופית נוספת. די תיאוריות מחוכמות ממלאות כבר את מדפי הספרות המקצועית, ובכולן חסר דבר-מה. תמיד, לאחר שסיימה התיאוריה לומר את דבריה, עדיין נותר משהו שלא נלקח בחשבון, איכויות חמקניות שאינן ניתנות לניסוח ישיר ושהן אולי העיקר. ודאי, התיאוריה מפליאה בביצועיה: המושגים הפילוסופיים נותחו, המונחים הוגדרו, הטיעונים נפרשו צעד צעד, המבנה הלוגי הוברר לפרטיו. עתה מוצגת בפנינו תמונה פילוסופית מסודרת ונאה – ועם כל זאת דומה שהיא חדה ולכידה מדי, אובייקטיבית יתר על המידה, שקולה ונכונה כמו תיאוריה פילוסופית אבל לא כמציאות חיה, כמו בובה שהיא מושלמת מכדי שתייצג אדם של ממש, שכן חסרים בה קמטים ושערות מתמרדות וכתמי זיעה.

אני משתדל ללמוד את שפתן של האיכויות החסרות, מנסה למקד אותן במחשבותי, אבל עד כה לא התקדמתי כלל. כביכול הבחנתי בהבהק של אור שחלף על פני ונעלם, הבנתי שממשות בלתי מוכרת שוכנת אי שם, אלא שאינני יודע לאן להפנות את המבט כדי למצוא אותה שוב. היא מרפרפת בשולי המבט כמו הבטחה סתומה. כמו שיר בין מאמרים מלומדים, היא נמוגה בין המילים המנסות להגדירה, אינה מניחה לי ללכוד אותה בניסוחים ולסווגה.

* * *

הנה אני מהלך ברחוב, כל פרט הוא עצמו ממש, טוב ונכון, וגם אני זהה עם עצמי במין זהות עצמית טהורה, ללא עודפים ושאריות. מין מלאות שופעת מתוך הדברים כולם, מכל המראות, מכל הכיוונים, גודשת אותם עוד ועוד במין טוב שהוא כולו אחד. נהג מצפצף לי בחֵמה בשעה שאני חוצה את הכביש, ואני מחייך – לא חיוך של התגרות אלא של שפע, לא של שביעות רצון עצמית או זלזול, אלא של קבלה שלמה. כל דבר הינו בדיוק מה שהוא, גם הנהג המצפצף, וגם חבורת הנערים החולפת על פני בצעקות ילדותיות ומעלה באנשים סביבם העוויות של כעס. אין לדברים כל צורך להיות אחרת ממה שהינם.

ומה לגבי הסבל והכאב והריקנות – האישה במדרכה שמנגד הממהרת מתוך איזו מצוקה שעוטפת אותה ומפרידה אותה מן העוברים ושבים שבתוכם היא חותרת כדי להגיע לאי שם, אולי לפגישה נואשת; הנער היושב לבדו על שפת המדרכה, משועמם, אבוד במבטיו; חסר הבית העירוני המחטט בפח האשפה? האם אינני מקשיח את הרגישות הנאותה בהתענגות על החמדה שממלאת אותי, אדיש בהתעלמותי?

אלא שאינני מביט על הכאב מכאן לשם. אני כבר בעולם, מהול בכול, במדרכות ובעצים ובפניהם של האנשים ובייאושה של האישה הממהרת אל פגישה חסרת סיכוי. אני שם, מצדו השני של מבטי, בחברתם של כולם. אין עוד מרחקים, אין עוד "פה" נבדל מ"שם". אינני עוד במרכזו של העולם. לא עוד מבט, התעניינות, רחמים, תגובה, אלא כבר-שם, אחד עם הכול, אחֵר כמו זולת, עדות לקירות הבתים, לשמים, לאורות שמאחורי הווילונות, לעוברים ושבים, וגם לסבל ולשיממון.

* * *

שני חברי, ד׳ ומ׳, מדברים בזכות האהבה המסורה, לאישה או לזולת או לרעיון או לְחֶברה. דומה שד׳ מתגעגע לעוצמת הרגש, ומ׳ נושא בלבו הטוב את דאגותיהם של הכול ומדבר על ההתמסרות לזולת. אני מנסה לדבר על אהבה מסוג אחר, אהבה שאינה בי אלא אני בתוכה: רכות פתוחה כלפי הכול, לא רגש אלא נוכחות. בתוכי אין עוד רגשות משום שאינני רק אני. לי עצמי אין כל חשיבות נפרדת, אינני נבדל מן השאר. הדברים הינם כפי שהם, אינם עוד עבורי, אינם כלפי נקודת מבטי – מלהיבים או מרגיזים או משעממים, אלא נכונים כפי שהם, בלעדַי כביכול, ללא התערבותי.

ד׳ משיב שאובדן רגשות פירושו ריקנות. מ׳ טוען שמי שחש שהכול נכון כפי שהוא, מנותק מן הכאב הממלא את העולם, כאב של תאונות ומחלת הסרטן ואלימות.

אני מנסה להסביר שלהפך, יש אהבה, יש טוב, יש רגישות עזה, יש מלאות ואף קדושה, אלא שאין הם שלי, ״אני״ איני שייך לכאן כלל. הם מקשיבים בתשומת לב, אבל ככל שאני מוסיף לדבר אני חש שאינני מצליח להבהיר את טיבה של התחושה הפנימית שאליה אני מתכוון. ועולה על דעתי שאולי שני החברים הטובים שלי מעולם לא חוו את התחושה, זו שלאחרונה מופיעה אצלי לפעמים לשעה או לשעתיים ונעלמת, של מלאוּת טובה, של הכול נכון, שקוף, רגיש, נשגב. האם ייתכן?

* * *

מהו אני? הבהוב של משהו אחר, ניתז להרף עין מתוך אפלה שאין לה פשר ואין לה תיאור ונעלם מיד. ובכל זאת הוא מציג עצמו מתוך חשיבות עצמית, בלי לומר דבר של ממש.

* * *

זה כבר כמעט שבוע שנמוגה תחושת השיר הפלאית שרפרפה בי מאז שבאתי לכאן, כאילו היא יודעת שמסתיים הקיץ ושבקרוב יהיה עלי לנסוע אל דאלאס העיר הגדולה ולחזור לעבודה. תחילה הופיעה במקומה טרדה יומית עכורה: המרחב השלו שהקיף אותי, שהתעלה אל מעבר להמוני הפרטים של

יומיום כמו שלמות שחָבקה את הכול, נפרם עתה ונקרע עובדות עובדות. מעשים שלפני כן נעשו להם מעצמם בשלווה, הפכו עתה למשימות משימות, כל אחת דורשת לעצמה את הכול, אינה מוכנה עוד ליטול חלק בתנועה גדולה יותר, מתאמצת למשוך את תשומת הלב דווקא אליה ולתלוש לעצמה פיסה עצמאית של מציאות. חזרה המערבולת הרגילה של תודעת היומיום, זרמים של כוונות ומאמצים מתחלפים ותנודות של תחושות ופרצי תשוקות וטלאים של מצבי רוח והרהורים חולפים. אבדה לי הזהות האחת השלמה ועתה אני רבים. אינני נוכח ממש. אני תמיד אי שם בעניין אחר, מפוצל לעיסוקים עיסוקים, מין ריבוי שהוא שבריו של המרחב האחד השלֵו שנפרש בשבועות האחרונים.

ועתה גם מופיעה הכמיהה העיוורת לדבר-מה אחר בלתי ידוע. אני מכיר אותה היטב מכל הזמנים: כמיהה מכווצת שאינה יודעת לָמה היא צמאה, נאחזת לה בסתם עניין כלשהו הנקלע באקראי בדרכה, כמו ילד קטן בחנות שדורש שיקנו לו את זה וגם את זה וגם את זה, לא מפני שדווקא זה נחוץ לו, אלא מפני שהוא פשוט רוצה, סתם רוצה. זוהי כמיהה מתגלגלת שהופכת לתשוקה לסיגריה, לגעגועים לחוויה מרגשת, למבט חומד בשיפועיה של אישה ברחוב בשערה הארוך ובבטנה המשתפלת קלות לאחור. אני קונה חפיסת סיגריות, מתפתה לחשוב שלזה באמת אני מתאווה. ריח הסיגריות הטריות בחבילה הפתוחה מבחיל, ובכל זאת אני מניח סיגריה בין השפתיים ומדליק, שואף ומוצף גועל מן הטעם העכור. ואפילו עתה הכמיהה אינה מניחה: היא מתעקשת לסיים את כל הסיגריה כולה. ורק אז אני מתגבר ומשליך את יתר הקופסה לפח.

כמיהה היא מערבולת השואבת אל תוכה כל מה שנקרה בדרכה, מין נימפומנית הפוערת את עצמה אל הכול ולעולם אינה מסתפקת, תאווה ממשפחת האשליות שאין לה תרופה ושכל דבר מושך את לבה. ואולי כמיהה אינה כמיהה כלל, אלא מעין חרדה או חרטה או מי יודע מה.

* * *

שיטוטים אחרונים ברחובות העיר אן ארבור. בבית הקפה בצדו השני של הכביש, משוחח בחור עם בחורה. המרחק רב מכדי שאשמע, אבל הוא מגולל את טיעוניו בזכות דבר-מה בהתרגשות עצומה. כמה מוזר שמישהו עשוי להתרגש כל כך.

* * *

עשרים שעות נהגתי בכבישים המהירים בחזרה אל דאלאס העיר הגדולה. השעות נעלמו בחדגוניות ממכרת, ההרהורים והתחושות נמחקו אל הריק. הזמן הלך ודהה. לא נותרו עוד קודם ועכשיו ואחר כך, רק נוכחותו של הכביש ותנועתה הנצחית של המכונית. רק רגע אחד היה, רגע אחד דומם על פני כל הזמנים.

ריחוף מופלא, מעין מתנת פרידה שניתנה לי, מזכרת מן הקיץ שנסתיים. עכשיו אני בעיר הגדולה, ממאן להיות כאן, אבל בכל זאת כאן.

* * *

דאלאס, דאלאס. הכובד עולה שוב וחונק את הכול. שוב חוזרים השיממון, משקלו הנורא של החום, הריבוי המציף של המכוניות והפרצופים והקולות. ובתוך כל זה אני אינני אלא עיסוקים עיסוקים שאין להם מובן. געגועים, אינני יודע לאן. אוויר זר של עולם חיצון, ללא אופק, ללא כיוון.

ערפל של אשליה מסחרר אותי כל היום. אנשים מהלכים ברחוב כהרגלם, בחנויות מחייכות הזבניות אל הלקוחות, קולות הרדיו מתחרים על תשומת הלב כתמיד, אבל על כל זה פרושים אדים של אי ממשות. מעין חיזיון של כאילו, מזימה להציג את הדברים כאילו הם באמת, לכאורה מתרחשים, אלא שהם מחליקים על פניה של המציאות בלי לחרוט בה דבר. גם בית הקפה שחיבבתי פעם איננו כאן ממש: פרצופים פרצופים, דיבורים דיבורים, מעין חיקוי של משהו אחר.

תמה לה תקופה, תמו המרחבים החדשים, נסתיים לו עולם.

* * *

מין תחושות מוזרות חולפות בי היום, נוגעות לא נוגעות, תחושות של עבר שאיננו עוד או אולי של עולם אחר. לרגע אני נשאב אל מציאות שונה, כמו היזכרות נעימה.

הנה ריחפה עלי תחושה נוספת כזו, ריחפה לה ברגע קטן. התכופפתי להרים דבר-מה, ואז... לפתע לא הייתי לחלוטין בחדר; רפרוף של מציאות

מאופקים אחרים, כמעט שנגעתי בה, בלי להיות בה ממש. תחושה מצמררת אבל גם רכה, כמו פגישה עם עולם מוכר, עולם שהכרתי אי פעם, שנעים לחזור אליו. רגע צפתי לא פה ולא שם, ומיד פקע הרגע. מה שיכול היה להיות עולם אחר התפוגג ואני שקעתי ושבתי לכאן.

2

אלסקה, 1991

שנת ההוראה השנייה בדאלאס עומדת להסתיים, וחופשת קיץ נוספת מתקרבת. רק עתה אני מתחיל להבחין בעוצמת הרעש של חודשי ההוראה באוניברסיטה, כמו עובד תעשייה שעסוק בעבודתו מכדי שיבחין בשאון המכונות ורק בסיומו של יום העבודה הוא חש את מאמץ ההבלגה. הימים דחוסים במשימות ובאנשים ובטרדות שאת כולם יש לרצות, להקות של עיסוקים המתמזגות אלו באלו להמולה מתמשכת אחת. המוני פנים ותנועות ידיים, קילוח מתמשך של דיבורים דיבורים בחדרים ובמסדרונות וברחובות ובבתים, קולות המכוניות בכבישים והטלוויזיות מבעד לחלונות, אירועי היום והלילה, הבילויים ובתי הקפה והמסעדות – הכול מותז סביבי בריבוי ובעודפים ומתערבל יחדיו לעיסה משותפת. העניינים מציפים זה את זה, כל אחד מהם טובע באחרים ומאבד את משמעותו, משום שיש עוד אלפים כמוהו, משום שהיה ניתן בלעדיו, משום שרגע לאחר שהופיע מיד הוא מתכסה בהמוני עניינים אחרים, ואלו מתכסים מיד גם הם. כל דבר משתדל להיות צעקני ובוטה ומתחצף יותר מן האחרים כדי לזכות ברגע של קיום בתוך השיטפון הבלתי פוסק, המוחה ומאפס את הכול, שיש בו הכול והכול בו כאילו איננו.

וגם אני נשטף והופך להיות עניינים עניינים. בתוכי אני מחשבות מתרוצצות והבהובים של דימויים ותוכניות ותשוקות. הכול בי נע ומתערבל, דרדור מתמיד של אבנים המתגלגלות להן מעצמן. המרחב הפנימי שנשאתי בתוכי מחופשת הקיץ האחרונה כבר נמרט מזמן ונתפוגג. נותר רק ריק עמום השואב אל תוכו גירויים והתעניינויות בתקוות שווא למלא את עצמו.

* * *

ממתין לסיומה של שנת העבודה, משתוקק לשוב ולצאת אל המרחבים של אמריקה הצפונית. מין שחרור יש בנופים העצומים: היערות וההרים מרחיבים את החלל, צפים במציאות גדולה יותר, מחלצים את האדם מן ההתעסקויות המרובות והופכים אותו לאחד. במקומות כאלו ההמולה האנושית מרוחקת והמילים מועטות. המרחב אינו עוד חללו של האדם, כפי שהוא ברחובותיה של עיר או בחדרים, בחזקת חלל פרטי שהאדם מעצב אותו בתנועות גופו וממלא אותו בחפציו, אלא ישות עצמאית, שייכת לעצמה. המבקר זוכה לעתים להתקבל אל תוכו, אבל כמבקר, כאורח מעולם אחר. מרחב הוא סוג של דומייה.

* * *

הישיבה במטוס, לאחר העיסוקים הבהולים של הרגע האחרון, היא התחלה ראויה לנסיעה אל המרחב. לפתע, לאחר שמסתיימות האריזה החפוזה, גרירת המזוודות אל התור, שאלותיה של הבודקת הביטחונית, העלייה לאולם הנוסעים ולמטוס, הצצה על שכנַי לטיסה, דחיקת תיק היד למקומו – לפתע, מיד לאחר ההתרווחות במושב, נסתיימו הדברים שיש לעשותם. עתה פוסק הזמן לזרום. הוא עוצר ועומד בכל נוכחותו, ניצב כמו גוש ריק שאי אפשר להסב ממנו את הלב. ועל אף רעש המנועים ודחיסותה של הנוכחות האנושית, הנה גם זמן זה יש בו משהו מן המרחב, שכן הוא קולט אותי אל תוכו, ומעתה אני מוטל בתוכו חסר אונים, ארוז בחגורות המושב ובצפיפותם של המעברים. אין זה זמן מן הזמנים המוכרים, זמן פרטי שאני יכול להאיץ בו או להעבירו כרצוני בעיסוקים. זוהי תיבה שאני קפוא בתוכה, ושמידת אורכה נתונה ומוגדרת מכוח שעות הטיסה. וכך הופך הזמן למציאות עצמאית, אדישה לחוסר סבלנותי, בלתי מתפשרת כעובדה סגורה ומוגמרת, שאינה שייכת לי אלא אני נתון בתוכה כבעולם נפרד. לא נותר אלא להשתתק ולהפקיר את עצמי לנוכחותה.

ואכן, כאשר אני מתמסר לרגעים שנעצרו במקומם כמו הווה תמידי, אני מבין שגם זהו מרחב ואני צף בו ומתענג, מסרב לישון ומסב את מבטי מן הסרט המוקרן על הקירות. מין סחרחורת ממכרת שאינה מתחילה ואינה מסתיימת לעולם. ולמרות הכול, אף על פי שכל רגע נוכח כהווה שאינו חולף, הנה בכל אופן מתפוגג לו הזמן ומתמעט, שכן לאחר שעה כבר חלפה שעה,

אחר כך שתיים ושלוש ושבע, ובאופן כלשהו שאין לו הסבר הוא חולף כולו ומסתיים.

* * *

לאחר הנחיתה, עלי עוד לסיים כמה עיסוקים מקצועיים, לפני שאוכל להתחיל בנהיגה אל הצפון. אני שוכר מכונית בשדה התעופה, חוצה את הגבול לקנדה וממשיך אל העיר וונקובר. כעבור שעתיים אני מגיע אל ביתו של מכר מקצועי. שיחה, דיון, ואף ויכוח. למחרת אנחנו יוצאים לארוחת צהריים עסקית במסעדה, שם אנו פוגשים פרופסור מקומי ואני מציג בפניו את הצעתי: כנס בינלאומי ראשון על הייעוץ הפילוסופי במרכז האוניברסיטאי שהוא מנהל. אני מספר לו על ניסיוני כיועץ פילוסופי, על יועצים אחרים באירופה ובארצות אחרות, מסביר ומשכנע שהנושא, גם אם הוא עדיין חדש ובלתי מוכר, ראוי להשקיע בו ורבים הם המתעניינים.

המנהל חביב, מבטיח לעיין ברעיון בכובד ראש. בינתיים הוא שואל ותוהה וגם מקשיב בנעימות. רק אחר הצהריים מסתיים הכול. אני מסתלק בדברי פרידה אל המכונית השכורה, פושט את הז׳יקט, ומחליף תוך ישיבה את המכנסיים המגוהצים תחת הגה המכונית. במכנסי ג׳ינס ובחולצת טי פשוטה אני מתניע ומתחיל לפלס את דרכי אל מחוץ לעיר.

לאורכם של הכבישים העירוניים המכוניות רבות. התודעה עדיין בהולה ומאומצת. החיפזון והדריכות שנדרשו לה עד כה מוסיפים להרעיש אותה, כמו מנוע שכבר סיים את עבודתו אבל מוסיף לנהום. יש לתת לה זמן להירגע ולשקוט, אולי כמה ימים, להניח לה להתרגל לסיומם של העיסוקים של החודשים האחרונים. תחילה מתלחשים בי רעיונות דאוגים על ענייני הפגישה שנסתיימה, מה אמרתי ומה צריך הייתי לומר, אבל לאחר זמן אני משתלב בכביש הבינעירוני, והללו נרגעים ומפנים את מקומם להרהורים קלים.

עם היציאה מן העיר, מופיע הנוף ההררי מיד. עדיין רבים בו היישובים והמכוניות, עדיין אינני חש שהמסע התחיל. לפי שעה אני נוסע אל עבר נקודת ההתחלה. גם בתוכי פנימה עדיין איני שקט: המולה של מחשבות ודימויים מרחשת לה בראש, כזו המרחשת תמיד ללא הפסק בחיים העסוקים של יומיום, אלא שחשים בה רק משמתחיל להשתרר השקט. שקט הוא תהליך ארוך. רק לאחר תקופה ממושכת של שתיקה הוא מגיע לכדי נוכחות של

ממש. בינתיים אני שותק ונוהג. גם העולם בחוץ הולך ומשתתק, שכן הישובים מתמעטים.

* * *

מעט לפני רדת החשכה אני עוצר לשתי טרמפיסטיות עזובות בצומת דרכים. הן מודות לי ומציפות את המכונית בנוכחותן. אני מתכווץ מיד ומתחרט. לא התכוונתי לעצור, נכשלתי בהיסח דעת. זמן-מה אני שותק בזעף של נזיפה עצמית ואינני נענה לניסיונותיהן לרצותני. לבסוף אני מצטדק בפני עצמי שלא יכולתי להשאירן לבדן בלילה בכבישים, מתרצה להן, ומשליך מעלי את השתיקה.

נערות אנגליות בסיומו של טיול בארצות העולם. האחת קטנה, יפה כבובה, יושבת לימיני ומספרת על המזרח הרחוק ועל ביתה באנגליה. השנייה יושבת מאחור, פניה גסים, מרוחקת במקצת ומרירה. וכשוכח את כל עניין המרחב והשתיקה, אני שואל ומתעניין ושוקע בשיחה.

בחשכה אנחנו עוצרים ליד בית הארחה בישוב קטן. השעה כבר מאוחרת. הגדולה תוהה ברמיזה אם אוכל לקחת אותן איתי במכונית הלאה, אולי אפילו עד אלסקה. דבר-מה מתאווה לפתות אותי, אבל אני מקשה לו עורף ופורש לחדרי מבלי לומר על כך דבר. ללא כל פקפוק – אמשיך צפונה לבדי.

* * *

בבוקר אני מסיע את האנגליות עד לצומת דרכים סמוכה. לאחר שהן יורדות ונפרדות ממני במילים, אני שב אל השתיקה. הייתי רוצה להמשיך בַּשקט במקום שהפסקתי בו, אבל שקט הוא תנועה רגישה. מרגע שמערבלים אותו בדיבורים יש להתחיל בו מן ההתחלה. אינני דוחק בו. גם אני עדיין איני מוכן לו. בתוכי אני רועש יתר על המידה מכדי לפַנות לו מקום של ממש. בצדי הכבישים חולפים גושי עצים צפוניים, אלא שניכר מן השדות הגדורים שביניהם שזהו עדיין מקום מושבו של האדם.

* * *

בצומת דרכים בפאתי האזור המיושב אני סוטה מן הדרך הראשית ופונה צפונה בכביש עפר. השמש כמעט שקעה, אבל גם בדמדומי האור ניתן לראות את היערות מתעבים. רק עתה מתחיל המרחב. גם התודעה מתחילה להתייצב במסלולה.

אני עוצר באתר קמפינג קטן של רשות היערות הקנדית, משוחח קצת עם היערן ואחר פורש לסיים את הקמת האוהל לפני החשכה.

* * *

טובות הנהיגות האינסופיות הללו בנופים המבודדים, מבוקר עד ערב ושוב מבוקר עד ערב ושוב ושוב ללא סוף, חופשי ממטרות ומתכנונים, ללא מילים, ללא עבר וללא עתיד, רק הווה של כביש ורוח, אינסוף שלם מתכנס אל תוך רגע יחיד.

לאחר יומיים נעלמת ההמולה. הכול נמרח בחדגוניות הכביש והשעות הנערמות זו על זו. ריק, שהוא מעין תערובת של שיממון מעיק וטוהר משחרר, עולה ומתפשט ומוחק את המחשבות. אין עוד תשומת לב ואין מוקד של קשב, הכול פרוש בעמימות אחידה. לעתים צף לו לאִטו הרהור שניתק מהקשרו או זיכרון תועה ושוקע שוב אל האַין. רוגַע מתחושות, ניקיון שאינו נעים ואינו בלתי נעים, מעין מדיטציה ללא סוף.

* * *

לאחר מעבר הגבול מקנדה לאלסקה, אני עוצר ליד אגם קטן ויורד מן המכונית. שמש צהריים חמה למעלה, מים כחולים למטה, עצים ירוקים ביניהם – יופי מתקתק במקצת, דחוס, כמו בתמונה מעלון תיירות. ובכל זאת שלֵו כאן מאוד. אולי אשב בשקט זמן-מה. כן, אני אומר לעצמי, הנה נקודת ההאטה. הרי הזמן כולו בידי, אוכל לעצור את התנועה, להעמיק את ההווה. אולי אשאר כאן יום או יומיים. אין מה לקום ולמהר לקראת הדבר הבא.

אני יורד אל קרבת המים ומתיישב לשתוק. בתוך רגעים אחדים, לפני שיש בידי שהות להשתתק, מופיעים היתושים בזמזומים ובעקיצות. נפנופי ידיים או מכות כף יד כבר אינם שקט של ממש.

קצת משעמם לשבת סתם כך ולהכות ביתושים. ובכלל, מה אפשר לעשות בתוך הדממה הזו שאינה משתנה. מה אעשה פה בתוך זמן נקי כמו קו שאינו

מסומן בהתחלות וסיומים, שדבר אינו מגלגל אותו בהתרחשויות? אוכל לקרוא את הספרים שהבאתי, או לכתוב במחברת, אלא שיהיה בכך מידה של זיוף, עשייה במסווה של אי עשייה, יש במסווה של אַין. אין טעם אם ממילא אהפוך את הזמן להתרחשויות. אולי אין בנמצא זמן נקי, זמן חופשי ממעשים שאינו מתמלא בדבר, הוא עצמו בלבד, רק זמן.

השמש חמה מדי וגם היתושים מתרבים. אני קם ממקומי ונכנס למכונית. זה יהיה טיול של נהיגה בכבישים. אכפות את עצמי אל הריקנות בחגורות המושב.

ושוב כבישים, זמן מתמוסס ונעלם והופך לאַין אפרורי מהול בשאון המנוע.

* * *

תחושה חדשה עולה לעתים בתוך הריק האחיד של הנהיגה. אולי היתה בי גם קודם, אלא שנגלתה לי רק עתה, לאחר ימים של נסיעה מתמשכת. אולי הופיעה בשל השקט הפנימי ההולך ומתעצם, שבלעדיו טובעות תנועות רכות ברעשם הטרוד של העיסוקים. זוהי ריגשה בלתי מוכרת, משהו שבין מתיקות שבלב לבין השתנקות של בכי. זוהי גיאות פנימית אילמת הממלאת אותי לרגעים מבלי לומר דבר, עולה ללא סיבה מוכרת, ללא הקשר, ללא מחשבה נלווית. היא מגיעה אלי כמו רוח ממקומות אחרים, נושאת משמעויות בלתי ידועות .

* * *

דבר-מה מוסיף לגעת אצלי בלב, לא מן הצד שלי, זה שאני מכיר, אלא מצדו האחר, הנסתר, מן הדופן החיצונית. דבר-מה דוחק ומתאווה להיכנס. מין ריגשה מתרפקת ובוכה, דוחפת לעלות ולפרוץ מלמטה, תחת קרשי הרצפה פנימה אל תוכי, מתוך מצולה בלתי ידועה, ומשם למעלה, אל החזה והגרון. ואולי אין זה רגש כלל, אין הוא בא מן הכיוון המוכר של הרגשות הרגילים. באפרוריות הריקה של הכבישים אני חש בו לעתים: ים של כאב מתוק ומטהר, חמים ורחב.

* * *

ובעצם, הריגשה העולה בי אינה תחושה פנימית. אין היא עניין פרטי בתוכי. זהו מגע, נגיעה מלטפת. ממשות נוגעת בי כמו שמיכת צמר – לא ממשות מסוימת של עניין זה או זה, אלא ממשות בכלל, פרושה על פני הכול כמו מרחב.

לא, בעצם אין זה מגע. זהו אני שנפרצו בי הגבולות המוכרים, מתרחב ונגדש במשהו אחר. עולם חדש נפתח אלי ודבר-מה בתוכי נפתח לקבלו. זוהי היכרות, מפגש חדש, גיאות של ממשות עצומה ; מין ממשות שמעלה בי ריגוש מזכך כמו חסד ודמעות של הקלה.

* * *

אני נכנס לכנסיית עץ קטנה בצדי הדרך. המקום ריק והשקט טוב. הקירות עשויים גזעים מגושמים והמראה כמעט ילדותי, כקופסת צעצועים .

אני מתיישב על אחד הספסלים ושותק. אחר זמן מתחיל לעלות בתוכי גל של ריגוש. נוכחות פנימית חמימה מציפה ועוטפת את הכול. אני מוסיף לשבת, צף בענן, מתענג בתוכי פנימה. מה אעשה בכל הריגוש הזה? יכולתי להתפלל, אבל אין לי אל מי. גם המבוכה בולמת, אולי ייכנס מישהו מאנשי הקהילה וימצא אותי וכיצד אסביר את מעשי .

מוזר, שהרי אינני מאמין באיש הגדול היושב בשמים, מצווה מצוות, מעניש וסולח. אינני בוטח בבתי התפילה שבונות עבורו הדתות. אבל לא נכנסתי לכאן משום שהבית משתייך לדת זו או אחרת, אלא משום שזהו מקום שבו פונים אל מעבר לאדם. מה שגואה בי הוא דבר-מה אחר, בלתי מובן, מגיע אלי מצדה השני של הדעת, מעבר לכל האמונות והפקפוקים.

* * *

בבוקר אני מגיע לעיירה. בדעתי לחלוף דרכה במהירות הלאה אל המישורים הפתוחים, אבל לפתע אני מבחין בכנסיה גדולה ואני עוצר.

אולם התפילה ריק כמעט. שַמש מנקה את כני הנרות ומציב בהם נרות חדשים. אני מתיישב על ספסל מרוחק ומביט בתנועותיו. אחר זמן אני קם ופונה אליו. הייתי רוצה לדבר עם הכומר, אני אומר לו. הכומר יבוא רק

בצהריים, הוא משיב, ואז אפשר יהיה לפגוש אותו בביתו, בצדו האחורי של בניין הכנסייה.

אני ממתין כשעתיים על גדת הנהר הסמוך. אינני יודע מה אומַר לו, אולי אשוחח עמו על משמעותה של הריגשה. קשר סמוי יש לה עם בתי תפילה.

בצהריים אני מקיש בדלת הכניסה האחורית. הכומר כבן חמישים, נוכחותו מוצקה, גבוהה, שקטה. הוא נחפז לדרשה שהוא עומד לשאת ויכול להקדיש לי דקות בודדות בלבד. אולי תבוא הערב? הוא שואל. אבל אינני רוצה להתעכב כאן בעיירה, עלי להמשיך. בעמידה אני מספר לו על הריגשה הבלתי מובנת ועל המשיכה המשונה לבתי תפילה – מוצאי יהודי אבל מעולם לא הייתי דתי. הוא מקשיב לי בתשומת לב רבה, והריכוז שבפניו מעלה בתוכי ריגוש של בכייה. אולי כדאי שתנסה קהילה רב-דתית כלשהי, הוא מציע. אני משיב שאינני מכיר קהילות כאלו. הוא מהרהר. אולי ארצה לבקר את הנזירים הטרַפִּיסטים, הוא מוסיף. ומיד אחר כך הוא מתנער ומתנצל שעליו לסיים את הכנת הדרשה. אם אתחרט ואשאר בעיירה, הוא אומר לי ופותח את הדלת, אוכל לשוב מאוחר יותר ולהמשיך בשיחה.

אני נכנס למכונית, מוצא פנקס במגירת המסמכים ורושם את המילה "טרפיסטים" כדי שלא אשכח. אחר כך אני מתניע את המכונית ויוצא מן העיירה. ושוב מרחבים שאין להם גבולות, יערות מחט, מתלולי הרים, אבל הכיוון עתה הוא מזרחה ודרומה; תחילת החזרה לנקודת המוצא.

* * *

אילו נשאלתי מהו אותו הדבר הנוגע בי פנימה, הייתי פורש את ידי למרחב ומצביע על הכול. אילו נדרשתי להסביר מדוע הוא מעלה בי בכי הייתי משיב: משום שהוא נפתח לקבל אותי אל תוכו בניחומים.

3

שוב בדאלאס, 1992

מאז חזרתי מאלסקה לדאלאס העיר הגדולה, התמתנה הריגשה והפכה לחמדה עדינה; מעין שפע, לעתים כמו רכות של מלבוש ענוג, לעתים כדממה של טוהר, לעתים כאהבה רבה – אהבה חסרת כתובות, פונה אל הכול, כאילו נפתחו בי השערים שבין הפנים לבין החוץ.

יש ימים שבהם נעלם השפע, ואז אני ממשיך במעשים כמו פעם, בסתמיות שאני מכיר מזמנים קודמים. אחר כך הוא שב בחשאי, ולפתע הוא פה איתי. אינני שולט בנוכחותו. יש לו חיים משלו, כמו עובר אורח שחייו מתנהלים להם אי שם, והוא מזדמן לביקור בסביבותינו בזמנים ובתנאים שאינם ידועים כאן.

מה לעשות בעת שהשפע אצלי? אינני יכול לשבת סתם כך כל השעות ולהתלטף בו מבלי לעשות דבר. בינתיים אני ממשיך בעיסוקי הרגילים באותה הנחישות שאני רגיל בה: להתמיד כל היום, לא לוותר, לעבוד ולהכניע את המשימה עד שתסתיים.

בתוכי אני מרגיש שנדרש ממני רק זאת: בעת שהשפע איתי, עלי להכיר בנוכחותו על מנת שישתמר. אני רשאי להמשיך בעיסוקי כמקודם, אבל עלי להיות עימו בתודעתי, שאם לא כן הוא דוהה ומסתלק. קל לאבד אותו בהיסח הדעת, אבל קל וגם טוב לשמור על נוכחותו. מי יודע כמה מיני נוכחויות אובדות לנו רק משום שאנו חולפים על פניהן באדישות, מבלי לטפח אותן בתשומת לב.

* * *

ערמות ערמות של ענייני עבודה נערמות אצלי – משימות, מפגשים, הכנות, סידורים שיש לזכור למחר. המאמץ כבד, ולעתים אני נשאר לעבוד במשרד עד לשעה מאוחרת בלילה.

ואף על פי כן מבצבץ מבעד לכל זה השפע, ממלא ברוך את האוויר ומספיג אותי במתיקותו. אני חש אותו במגעו הנעים על עורי, בחיוך שמתחייך בי מתוך חדווה, באוויר, בקירות סביבי, והלאה אל קצה העולם. יש שמחה אנושית שמקורה באדם, זו הנולדת מפעולתם של הרגש והמחשבה, ואילו חדווה זו אינה באה ממני. מקורה אחר, ומשם היא פושטת בכל, נישאת בחלל ומציפה אותו בעונג ושופעת אל תוכי. אין זו שמחה – שמחה מקומה בתוך האדם, כמו תחושה פרטית או מצב רוח, ואילו חדווה זו רחבה ורבה, ואני שרוי בה כאילו היתה ענן, מזג אוויר, ים. היא נוכחת בקלילות אוורירית, מרחיבה ומעמיקה את המרחב ומעצימה את ממדיו, ממלאת – אולם גם פותחת אותו אל האינסוף. ורק עתה אני יודע עד כמה סתמי החלל הגשמי הרגיל, זה שאין בו חדווה של שפע, אותו החלל שהייתי רגיל למלאו במעשים. שפע הוא היפוכו של החלל הריקני, אבל גם של החלל הגדוש. זוהי נוכחותו של המקום עצמו.

עכשיו, בלילה, בשוכבי במיטה, איני חש עוד בסדין ובבגדים, רק במגע של שפע דרך הבד אל תוכי. האוויר מלא כל כך, ואני לא ידעתי. הכול מרוכז ונוכח במין "כאן" מוחלט שהכול כלול בו.

* * *

אינני מנסה לבאר לעצמי מהו טבעו של השפע ומנין הוא בא. נוח לי להניח לו לדבר בעצמו מבלי לכפות עליו ביאורים משל עצמי. שפע הוא פיסה מן הממשות, לא השקפה אישית שאני רשאי לפרשה כרצוני. אינני מנסה ללכוד אותו בהשערות, אינני מאלץ אותו בהסברים. די בתיאוריות הגודשות את הספריות ואין צורך להוסיף עליהן משלי. מה שאינו ידוע אינו ידוע, ומה שמטבעו הוא מסתורי, מוטב לשתוק במחיצתו מאשר לעוות אותו ברעיונות עצמיים. וכדי שלא להיכשל בתיאוריות, אפילו ברמז או בביטוי בלתי זהיר, אני מכנה את מקור השפע בשם שאין לו פירוש: "לוּ". את המילה הזו, כך זכור לי, פגשתי פעם בספר אנתרופולוגי על שבט נידח.

"לוּ," אני אומר בחיבה לדבר הנוגע בתוכי.

* * *

ימים ריקנים, נטולי קדושה. דבר איננו נוגע בדבר. המילים מחליקות בלי להיאחז, מושלכות ושבות בלי להעלות דבר.

* * *

ועדיין השקט מטולא בקרעים מטונפים. אני מנסה לפתוח בתוכי מרחב, והכול מתכסה במילים מילים: קצרות רוח, כה מחוכמות. אילו מצאתי שוב את הדומייה הפשוטה הבאה מעצמה, חופשייה מכל מאמץ, שאינה מבקשת דבר...

* * *

ושוב, כמו סוד גדול בא עלי חסד נפלא והוסיף והתעצם כל כך עד שקשה היה לי לשאת את העדנה והריגוש, וחייב הייתי להפיג אותם במעשים פעוטים. חסד – כמו מתת שקיבלתי שלא בזכות עצמי; וכי מה לי ולעניינים שכאלו? סוד – כמו משב מרוחק ממקומות נסתרים.

אחר כך שכך הלו, ויתר היום חלף ברגיעה סתם.

* * *

בתוך העבודה היומיומית עדיין אפשר לתחום מקום פנימי ולהקדישו ללו, ולבקר בו לעתים ולטפחו, ולא להראותו לאיש – כדי שלא יהיה מרמס להתעניינויות ולניתוחים. זהו מקום שלא נועד אלא עבורי ושאין לנסות להסבירו – שהרי היחיד איננו נזקק להסברים, שמוסיף ומשתמר דווקא משום שאין לו הכרזות להכריזן ואינו נטרד בהצדקת עצמו. חופשי מהיגיון וממילים, אין להסבירו באופן המתקבל על הדעת ואין להוכיחו או להזימו, אבל אפשר לשהות בו לפרקים ולשתוק. לעתים רב הפיתוי להראותו לאחר, אבל אני חושש שמרגע שיתגלה למבטיהם של תיירים, הוא ידהה וייעלם.

* * *

הנה הוא כאן, מי היה מאמין, בתוככי ההמולה, פשוט ושלֵו, הוא עצמו. על הבמות מתפתלות רקדניות לתרועות של קהל ותופים מרעידים את המושבים. הסובאים רוקעים ברגליהם ומנערים על סביבותם זרזיפים של זיעה. קשה להבין איך לא נרמס בתוך כל זה, איך לא נבלע ברעש, איך לא נתקל בו איש ולא הישיר בו מבט. אבל הנה – זר וחשאי ניצב לוּ.

* * *

דומייה חמימה כמו רגע-בטרם-לוּ, כמעט בלתי מורגשת, ללא ציפייה, ללא התאפקות, ללא תכנונים, ללא תחבולות. כאן בתוכי אין איש, אין מי שישתדל או שיצהיר על שמו, אין כישלון או הצלחה, אין דבר שמוטב היה לו היה אחרת, אין מה לקצר או לחסוך. הכול שוהה עם עצמו, כפי שהוא, מוכן כביכול לבואו של הלוּ – מוכן, אך ללא קוצר רוח – שיבוא ושיכה בסוד ושלא יותיר אחריו מאום.

* * *

לרשום את דבריו של הלוּ. אני האצבעות המכווּצות סביב העט, שכיווץ אותן השריר, שהופעל בידי העצב, שגורה שם במוח, שנשב בו משב רוח ופרט עליו את דבריו.

* * *

מה שאני מכנה בשם "לוּ" מוכר לרבים, אלא שפעמים רבות הלבישוהו ברעיונות אנושיים, בצעיפים של דוקטרינות דתיות ופולחנים, במצוות של עשה כך ולא כך: אבינו שבשמים, מלך העולם, אלוהים הבורא עולם בשישה ימים וקורע את ים סוף וכועס ומרחם ומקפיד על אכילת כשר והנחת תפילין. מבעד לדמותו של האל נשקף לוּ שאין לו מילים, לוּ טהור וזהו זה. אין לו מילים – ובכל זאת לעתים דרושים מעשי עלילה וכללי התנהגות ונוסחי תפילה של רבנים כדי להקל על הפנייה אל מה שחבוי בַּשתיקה שמעבר לכל התיאורים.

* * *

להיעלם מפה. "פה" הוא המקום בו אני מתאמץ, מושך או בולם, מצהיר, מכוון את העובדות. די להכביד על הדברים. יש להניח להם לנשום בעצמם. מוטב שבמקומי יהיה כאן ים, אוויר, מרחב סתם.

* * *

על אף הכול נותר בי יסוד עקשני המסרב להתמוסס. "מות כבר שְׁבָב, די להתאמץ, השתדלת דייך, דברים גדולים מאלה כבר לא תשיג, מספיק." מן שבב שכזה, בהול ונאבק ומצהיר ומסביר, נאחז וצובר ואינו מוותר. לא טוב לו כשמנסים לדחוק אותו החוצה והוא ממאן להסתלק. מדוע ילד? גם הוא רוצה.

* * *

שוב נפרש עלי לו, דק דק, כמו אוויר במים, עלום כמו צדה השני של הרוח, קלוש כמו זמנים אחרים, רך כמו חסד .

* * *

דממה. אני כביכול אינני, וגם אם הנני, אין זה מתוך כוונה או התעקשות. איני אלא דמות צדדית, קשקוש רקע, הפרעה שלא לעניין.

* * *

לו אינו סתם תחושה נעימה שמותר להתענג עליה בהיסח דעת ואז להסתלק ממנה לעניינים אחרים. זהו שפע שפירושו לא פחות מאשר ממשות. עלי ללמוד כיצד להיענות לו, להיפתח אליו פנימה, למסור את עצמי לנוכחותו.

ניסיתי לערוך טקסים פרטיים עבורו, אלא שלא עלה בידי לרומם אותם אל המישור הנאות. לא היה בכוחם להיות יותר משהכנסתי לתוכם אני: החלטה שרירותית, המצאה, מילים אנושיות וגינוני תנועות. נעדרו מהם אותם השורשים שיש לפולחנים מסורתיים ואותה היסטוריה ארוכה של שיח הולך ומעמיק בין האדם לאלוהים.

* * *

ביקור במיסת יום ראשון בכנסיית הקמפוס. נתיישבתי בשורה רחוקה בתוך הקהל כדי שלא לבלוט. עמדתי כשעמדו הכול וישבתי כאשר ישבו.

מיד כשהתחיל הטקס נפתח באולם מרחב נוסף, ספוג בעוצמה טובה. מעשי הפולחן השלווים, הדומייה המפרידה בין מעשה למעשה, השירה השקטה המתרוממת לשמים אחרים. המילים דיברו על אלוהים ועל בנו ישוע, ואני הרי אינני מאמין בעניינים כאלו, וגם הבנתי בהם מועטה. אבל מבעד לדיבורים הללו נשמעה כמיהתו של הלב אל מעבר למילים האנושיות, ודבר-מה אכן נענה לו ונפתח לעומתו. גל של הודיה עלה בי, ניחומים, בכיו של תינוק שחובק והורגע. יצאתי מבניין הכנסייה טהור ושלֵו כמו ממקלחת רוחנית ששטפה מעלי את הבוץ והקלה מעלי את העודפים.

* * *

כאן בתוכי, מתחת לעצמי, מצוי איש אחר, לא זה המתאמץ לצבור את עצמו ולרַצות את האדם, הרודף רגעים בהולים, נאחז בידיו לבל ייפול, מוכה תירוצים, מין גוף שלישי טרוד ומסביר. זהו איש ראשון, אחֵר כמו שקט, נוכח תמיד אולם שקוף מכדי שייראה בעיסוקי היומיום, חבוי עמוק במקום בו נשקף, לפעמים, האלוהים.

* * *

הנה הכול דומם ומשתומם לפניך, אתה שהינך רמז, אחֵר תמיד, שקוף וגדוש באַין. כאן הכול נכון עבורך ומשתאה: שאתה, שאכן, שהנה. לוּ עצום כל כך.

* * *

הריקנות, ההיעדר, כובדה היומיומי של הסתמיות, הצמא לממשות – אין אלו עניין למקצוענות פסיכולוגית. בעניינים שכאלו אין מה לדבר על טיפול אצל מומחים. הרוח העורגת למשמעות אינה טלוויזיה מקולקלת שיש להחזירה לפעילותה התקינה ולהשכיח ממנה את הערגה.

זהו הכשל של החשיבה הטכנולוגית. כביכול כל מצוקה אינה אלא סטייה מפעילות שוטפת, קלקול שניתן לתקנו: דבר-מה בתוך האדם אינו מתנהל כראוי, ועתה יש לזהות את ההפרעה ולהחזיר את הפעילות למסלולה הנכון. כביכול תימצא משמעות לאדם אם רק ייפתרו קונפליקטים חבויים, יתבטלו תבניות ההתנהגות, ייחשפו מניעים סמויים וייעלמו מעצורים וחרדות.

אולם משמעות אינה עניין של מנגנונים נפשיים. אין היא תחושה פרטית בתוכי. זוהי תשובתה האינטימית של הממשות לפנייתי: אני יוצא אליה והיא נענית ונפתחת לעומתי. אכן, הריקנות שהיתה בי תמיד חלפה לא מפני שנפתרה בעיה פסיכולוגית, אלא משום שנפתח לי עולם, כמו אדם שעלה להר ומשם, מן הגבהים, נפרש לו נוף חדש.

* * *

פתאום, בעיצומו של יום עבודה, באה מנוחה שלמה, הפוגה בלתי מוכרת, עצרה את זרם העיסוקים של היום, של השנה האחרונה, של העשור האחרון, של כל השנים כולן. תמיד עבדתי במאמצים והשתדלויות: למהר אל העתיד, לסיים, לגבור על מה שעדיין לא נשלם ולהשליט עליו את סופו, להפוך את הזמן להספקים ולא להניח לו להיעלם. והנה היום, עדיין אחר הצהריים המוקדמים בלבד – ואני עוצר. אני מבין בהבנה חדשה את משמעותה של אי העשייה, את השלווה האינסופית המניחה לזמן לעשות כרצונו, אותה שלווה שרואים לפעמים באנשים מיוחדים שיש בלבם רוח אמיתית.

* * *

תמיד עמדתי באי נחת, אמרתי דברים ועשיתי מעשים, המתנתי, הבטתי לכאן ולכאן, העברתי את משקלי מרגל לרגל, חיפשתי תנוחה מתאימה. עד שבא לו. וכל הקרעים המפוזרים שנתגלגלו להם כל אחד בפיתוליו שלו, באו יחדיו והתאחו לכדי אחדות לב נכונה אחת.

* * *

בכי הוא מאמץ ארוך שהפשיר; מאמץ להיות, להשיג, לשרוד, להצליח – שהתמוסס מתוכי ולפתע הוא איננו. כמו תפילה שאינה יודעת לדבר עדיין:

לו, הנה אני כאן לפניך, נוכח כולי. אינני מתאמץ עוד לסובב את הדברים שיהיו אחרת מכפי שהם, אינני דוחה את הזמן בציפיות ומתכסה באולי ובכל זאת ובמה שהיה יכול להיות. הנני כאן לפניך כפי שאני, לא יותר.

ואולי משום שההפשרה נתרחשה מעצמה, ללא תכנון מוקדם מצידי, קיבלתי את פני הבכי בהפתעה. כביכול יצאתי כהרגלי להניף תמוכות של בטון ולהציב קירות סלע ולהערים ערמות, ולפתע ירד דבר-מה אחר, רך ומלטף, וכיסה את הכול, ריפה את המאמץ וההשתדלויות והמיס בניחומים את האבן.

* * *

דממה – ללא חמדה או ריגוש, רק נוכחות עזה ושקופה. גם אני דומם איתה, מרחף בתוכה מבלי להתערב, נוצר אותה בתוכי כמו עד.

לפני שנגע בי הלו, בזמנים שבהם עדיין לא הכרתי את סוגי השקט השונים, כאשר חשבתי שדממה אינה אלא היעדרם של רעשים ודימיתי שבידי לברוא אותה בכוחות עצמי בהשתתקות סתם כך, לא הבנתי כלל מהי באמת דממה.

* * *

ואולי אין כל הפתעה בהופעתו של הלו. תמיד המתנתי לדבר-מה גדול יותר, אחר, ממשי. תמיד הייתי בעדיין-לא, בבינתיים, בהעברת הזמן בלימודים ובעבודה זמנית ובהתעניינויות ובעיסוקים עד שיתחילו הדברים האמיתיים. ובתוך כל זה היו גם החיפוש וההתפלספות ותרגילי הריכוז, ואף השיממון והצמא להתעלות מעליו, התבהרויות הרוח המופלאות והדומיות המתוקות, והיו גלים של בכי חסר פשר ושל ריגוש שגאה פתאום מן האינסוף, וההתבודדויות בהרים, והנסיעות האינסופיות במרחבים של אמריקה הצפונית, ועוד מעשים וכמיהות ותחושות בלתי מובנות וניסיונות כושלים וריגושים.

ורק עתה, כאשר הדברים גדלים אל מעבר ליכולתי להכילם בהסברים פסיכולוגיים, רק עתה אני מבין שלא היו אלו סתם מצבי רוח. דבר-מה אחר החל לחיות דרכי, דופק בלתי מוכר. זמן רב עדיין נסתר בין הפעימות הישנות, לא מיד נתגלה. דרושות היו שנים של הכנה עד שיוכל להיוולד. תחילה נחוץ

היה להניח לפקפוקים לסדוק את העיסוק העצמי ואת גאוות ההישגים ואת הביטחון בכוחן של המילים הפיקחות, ולתת שהות להבנות להבשיל ולהעמיק. וכאשר יצא ונגלה לבסוף, לא היתה בו הפתעה של ממש: כן, כמובן, לזאת חיכיתי תמיד.

ואם כל זה אינו אשליה של פרשנות שלאחר מעשה ואכן האירועים שאני זוכר מצטרפים להתפתחות כיוונית אחת, קל להבין זאת: קווים כיווניים מסוימים – אלו שנהוג לכנותם "תכונות אופי", "נטיות לב", "רגישויות", או אף "ייעוד" או "גורל" – שזורים בחייו של אדם, תחילה כאפשרות נסתרת, ואט אט הם נפרשים ומתגלים באמצעותם של האירועים השונים.

* * *

דבר-מה בלתי ידוע נושם בי את נשימותיו. מה כבר יש בכוחי לדעת.

* * *

לבדי אני מגשש אחר פניו של הלו. הכול סביבי עסוקים בענייני הוראה ופגישות מחלקתיות וכתיבת מאמרים, וגם אני לכאורה איתם, עורך את ספרי על הייעוץ הפילוסופי, מכין סדנה לחודש הבא, מרצה בכיתות. כלפי חוץ אני עמל כתמיד ומתדיין בסוגיות פילוסופיות מתוחכמות, ואינני מספר לאיש מה נושב כאן בתוכי.

טוב היה לו יכולתי להתייעץ עם מישהו המכיר את דרכיה של הרוח. הייתי רוצה שיספר לי, שיעזור לי לאחות את החיים החצויים בין עיסוקי האוניברסיטה לבין הלו. אבל אינני מכיר איש, אינני יודע אף היכן לחפש. אולי אפנה לאיש דת, אולי אחפש לי רב? אבל בענייני הדתות הממוסדות, דבר-מה בתוכי מסרב.

דיני חג, כללי תפילה ופולחן, הנחת תפילין ואכילת כשר, נסים משמים והעולם הבא – אינני מבין את הדברים הללו. אני מבין רק את העמידה האילמת במחיצתו של הלו. ובכל זאת יש אלו הנוהים אחר היהדות הרבנית כפי שהיא. האם ייתכן שיש אמת בעמידתם לפני אלוהיהם?

אינני יודע, אין זה ענייני לדעת עבורם. אני דובר רק בשפה שניתנה לי, כלומר בשפתו של הלו. כאן, בחיי שלי, אין המרחב מתאים לדתיות הרבנית של מעשי מצוות וניתוחים של תלמוד, אבל אין לי דבר להטיפו למי שאינו

דובר את שפתי. הנקודה איננה נוסחה כללית כזו או כזו אלא מגעה האישי של הממשות המוחלטת באדם המסוים שהוא אני; לא דוקטרינה נכונה או בלתי נכונה, לא פולחני מעשה מותרים או אסורים, אלא פנייה של אמיתיות, עמידה טהורה, פתיחות אל הממשות האלוהית.

* * *

את הלו אני קולט במכלול ההוויה, לא באמצעותן של מילים ומחשבה. תנוחת הישיבה וקצב ההליכה ותנועות הגוף והידיים ונגינת הדיבור וגווני הרגשות וההרהורים והתשוקות, כולם יחדיו הם, כביכול, איבר ההקשבה. בכולם מהדהדת – אם מהדהדת – הממשות.

אם יש לי אמונה דתית כלשהי, הרי היא זו. אין היא תיאוריה של השכל המילולי אלא יציבתו של כלל האדם שהוא אני – אותה יציבה אילמת שהיא שורשם של הפולחן, התפילה, המדיטציות, המנהגים הדתיים. מרגע שאמונה מידלדלת להכרזות מילוליות, מרגע שאין היא שוכנת – או לפחות משתדלת לשכון – בכל כולי, היא מאבדת את פנייתה אל מעבר לאדם והופכת לפעילות אנושית סתם; לא עוד אני שלה אלא היא שלי, עיסוק נוסף בין המוני העיסוקים הגודשים את חיי.

* * *

"לו", "אלוהים", "רוחניות" – משמעותם של אלו מעוגנת באופן שאני חי בעולם. משנעלם העוגן, נותרות רק מילים לכודות בעצמן, ואז עולה הרלטיביזם של "הכול יחסי" והספקנות של "איך אפשר לדעת?", או לחלופין הדוגמאטיות המתעקשת שהאמת אצלי בלבד וכל השאר טועים וחוטאים. שהרי דוגמאטיות אינה אלא רלטיביזם או ספקנות החרדים מעצמם והנאחזים באמת-המוחלטת-כביכול כדי שלא לצנוח אל הריק. התשובה להכרזות הללו אינה הוכחה תבונית הסותרת אותן על דרך השכל, אלא החיים עצמם. אל הדיבור האמיתי ניתן לשוב רק משעוגנו החיים שוב בממשות.

* * *

אני מוסיף לבקר במיסות של יום ראשון. יותר מכל תרגילי המדיטציה והטקסים הפרטיים, התפילה הציבורית פורשת עבורי את המעמד המתאים עבור השפע וההתעלות. כאן אני מצטרף למרחב אחר ויכול להיענות לגאותו של הלוּ בתוכי ולהשיב לו בפנייה אמיתית.

במשך הטקס אינני שותף של ממש בתפילתם של האחרים, שהרי אינני מאמין במה שקרוי "אלוהים", ובוודאי לא בבנו הצלוב. אני מבקר עצמאי, יושב נפרד בתוך הקהל ושר את השירים, אלא שבעת שהם מתפללים אל ישוע, אני משתמש בעוצמתה של התפילה לפנייתי האישית. אני חוטף נתחים של רוחניות, מנער אותם מן הרעיונות התיאולוגיים ומתענג על המתיקות.

* * *

הנקודה המהותית בפנייתי אל הלוּ היא שאין ביכולתי למצוא את שלמותי בכוחות עצמי. אין לי את יכולתה של החיה לספק את עצמה באופן ישיר, ועתה, במקום להישען על עצמי ועל כישורי, עלי למסור את עצמי לידיה של הממשות.

* * *

האם קיימת נפש וקיים העולם הבא? האם ממתינים לנו תחיית המתים וגן העדן לצדיק ועונש לרשע? דבר-מה דמיוני יש באגדות הללו, פשטני כמו משאלת לב תמימה, נקמני כמו שוט לדרבון המתרשלים. אבל כדברי קהלת: "מי יודע רוח בני האדם העולה היא למעלה ורוח הבהמה היורדת היא למטה לארץ" (שם ג כא).

אינני משער השערות, איני יודע. טוב שיש כל כך הרבה יותר ממני. נעים לי להתכרבל, קטן, בשמיכה הגדולה של הממשות. אינני מתיימר להציץ אל מעבר לגבולותי, אינני אלא אני. וממילא אינני רוצה להתעסק בגמול ובעונש בעולם הבא. פנייה רוחנית אינה השקעה משתלמת עבור תענוגות העתיד. אין היא עניין לשיקולי רווח והפסד. את לוּ אני מחפש, לא ריבית של שמים.

* * *

לכאורה, לו הוא עניינן של הדתות. ואכן, אני מרבה להרהר בהן – התחלתי אף לקרוא על אודותן – אבל אני גם נרתע. כיצד ניתן להאמין ברצינות שאלוהים אמר כך ולא כך, שציווה להתנהג בדרך זו ולא אחרת? שמשה דווקא ולא מוחמד או ישוע או בודהה? בעידן הקומוניקציה העולמית, כאשר כל אמונה ופולחן ותפילה מוטבעים בהמוני אחרים, כאשר כל דת מחרישה את רעותיה בהוכחותיה – ספרים קדושים, מעשי נסים וריפוי חולים, חזיונות של מאמינים ונביאים – מה נותר לומר בביטחון על אלוהים, דבריו ומצוותיו?

אבל לשם מה לי הכרזות וכללים? אני פונה אל לו ביישותי, לא בתיאוריות דתיות. לו איננו עובדה נתונה הממתינה שילכדוה בתיאורים. אני עומד לפניו, שלֵו, קודם שהתחילו המילים. אין לי צורך בהכרזות שכך או כך הם פני הדברים. אמת תיאורטית מעכירה את טוהר האמיתיות.

ומנגד: לא תמיד אפשר לדבוק באלוהים שהוא חופשי מתיאורים, מדוקטרינות, מנסים ומצוות – דהיינו לו טהור. לאחר שמסתיימים רגעי החסד וההתעלות, לאחר שמתפוגגת עוצמת השפע, כאשר נוכחותו של הלו נעדרת מן הלב ונותרים רק געגועים, זיכרון, תקווה, לזמנים שכאלו דרושות לפעמים מילים אנושיות – אגדות, תיאולוגיות, נוסחי תפילה – כדי שיהיה אפשר להוסיף ולהפנות את המבט והכוונה על אף הריקנות.

* * *

לו פירושו שאיני אחראי עוד ל"הצלחת" חיי. אני כשלעצמי איני אלא אני. אין בידי לעשות דבר כדי לחרוג מגבולותי. לא לנסות לשלוט ולוודא ולממש ולפתור ולהשיג, אלא להפקיד את עצמי בידיו ולהניח לו לעשות את שלו. שכן לו אינו עניין לחישובים ולשליטה ולהכוונה, לא באמצעות תרגילי נשימה ולא באמצעות מצוות וגם לא בתפילה.

* * *

"גם כי אלך בגיא צלמות לא אירא רע כי אתה עִמדי" (תהלים כג ד).

כך אני מבין את הביטחון המוחלט באלוהים שבדתות המסורתיות: לא שאלוהים יתערב במצב העניינים וישפר את מצבי, אלא שגם בסבל יש לו ושזה מה שמשנה באמת. זוהי ההתמסרות: העמדת עצמי לרשותה של

הממשות, חדווה בדברים כפי שהם, לא מתוך תקווה לעזרה משמים – שאצליח למרות הכול, שאזכה בנס, שאינצל – אלא מפני שמבחינתו של הלו רווחתי העצמית אינה משנה. הנקודה איננה אני כלל.

אלא שקשה כל כך לרַפות את האצבעות הלופתות, לוותר על האחיזה העצמית המדומה ולהניח את עצמי בידיו.

4

מנזר טראפיסטי, מיזורי, 1992

זה היה ספר על אודות מנזר קתולי ממסדר הטרפיסטים – אותם טרפיסטים שהזכיר הכומר באלסקה – מסדר של נזירים המרבים בשתיקה ובהתייחדות. סגנון הכתיבה היה מאכזב, קליל יתר על המידה, פוזל כמו כתבה עיתונאית אל תגובותיו של הקורא ומתאמץ לשעשעו. ואכן, הכותב הוא עיתונאי המספר על חוויותיו משהותו במנזר. אבל למדתי ממנו שלמנזרים הטרפיסטים בתי הארחה עבור מבקרים המבקשים התייחדות רוחנית. בכריכתו הפנימית של הספר מצאתי רשימה של מנזרים.

אולי אתארח גם אני במנזר טרפיסטי לשלושה או ארבעה ימים? חיים המקדישים את עצמם למה שמעבר לאדם יפים בעיני, אבל מה יעשה במנזר קתולי אדם כמוני שאינו נוצרי ואף אינו מאמין באלוהים? אולי ארגיש שם זר. אולי ינסו להמיר אותי במעשיות של דת ואני אתרגז. ובכל זאת, אולי יתרחש שם דבר טוב: שלווה, הליכות שקטות ביער, התבודדות.

הערב עלתה בי נחישות. התיישבתי אל מול המחשב וכתבתי לאחד המנזרים בקשה להתארח לשבוע. סיפרתי בקצרה שאני מבקש דבר-מה מעבר לקריירה ולעיסוקי היומיום, והוספתי שאני יהודי מישראל. סגרתי את המעטפה ויצאתי להשליך אותה לתיבת המכתבים, שלא יבלבלו אותי שוב ההיסוסים.

* * *

במכתב תשובה קצר וידידותי, מזמין אותי ראש המנזר, האב סיפריאן, לביקור. הוא מייעץ לי לבוא בלב פתוח וללא ציפיות כדי לגלות "מה אלוהים עושה בחיי". אולי התרגשתי כשקראתי את המכתב, אולי לא – שפע של לו

עולה בי לעתים קרובות ומציף אותי בריגושים חמימים, ובזמנים שכאלו מתערבלות בתוכי זו בזו התחושות השונות.

* * *

לילה ראשון במנזר הטרפיסטי. החדר שניתן לי קטן ופשוט. שקט מאוד כאן, רק תקתוק מתכתי של הרדיאטור בפינת החדר מחורר את השלווה. לכבות אותו אי אפשר, שכן קר בחוץ. אנסה להתרגל.

יצאתי הבוקר מן העיר הגדולה וכל היום נהגתי בכבישים מושלגים. שוב נסיעה אינסופית המוחקת את המחשבות והפקפוקים לאפרוריות ריקה. בערב ירדתי מן הדרך הראשית, כבישים קטנים, פיתולים הרריים, יערות אלון, התחלת החשכה .

כשהגעתי לבסוף, יצאתי מן המכונית ועמדתי לבדי מול חזית המנזר. לא ידעתי אם אני אורח מיוחד שמחכים לבואו, או שהמבקרים רבים ואינני אלא אחד נוסף מתוך התחלופה היומית. אבל אי אפשר היה עוד להסס שכן המעשה כבר נעשה. הנה דלת הכניסה. לא נותר אלא להקיש ולהמתין לתשובה.

נזיר בגלימה לבנה ועליה חלוק חום בירך אותי בחיוך שקט. האח פליקס, זהו שמו. הוא המעיט בדיבורים, תפילת הערב החלה זה עתה. הוא הראה לי בקצרה את חדרי, ואחר הוביל אותי אל הכנסייה, הכניס אותי פנימה ונעלם. בתוך הכנסייה היו האורות כבויים והאולם אפל. קולות שירה נזדמרו מאי שם. המתנתי מעט עד שתתפוגג החשכה, ואז ראיתי: עמדתי באגף האחורי, מביט אל מעבר למחיצה נמוכה אל תוך קדמת הכנסייה. כעשרה נזירים עמדו שם בקשת, פניהם נעלמים, רק לובן הגלימות צף בחשכה. הם שרו מזמור תהלים במנגינה שלווה, מרוכזת וישירה, כמו עולם נפרד שאין מלבדו דבר.

עמדתי במקומי משתאה. המעבר פנימה היה פתאומי מכדי שתסוכך עלי נקודת ההשקפה השקולה והמעובדת שאני רגיל לשאתה. צפתי כך במין ריק, כאילו לא הייתי, מרחף על פני המראה והקולות. אחר כך נשתתקה השירה, הפעמונים צלצלו, והנזירים חמקו להם אל תוך החשכה. ורק אז הבחנתי במחשבה שנגעה בקצה תודעתי במשך כל הזמן שעמדתי שם, קלה קלה, גוון של תחושה יותר ממילים, כמעט שלא הרגשתי בנוכחותה: פליאה שהנה עומדים להם בני אדם, אנשים מבוגרים ומיושבים בדעתם, ושרים תפילה לאלוהים ברצינות שלמה.

* * *

לאחר תפילת הבוקר, שיחה קצרה עם האח פליקס, הממונה על בית ההארחה. חייכן ושלֵו, הוא מסביר לי על המנזר וסדרי האירוח, מקשיב בעניין למה שאני בוחר לספר על עצמי ואינו שואל על השאר.

בארוחת הבוקר חמישה אורחים נוספים. שיחות של היכרות מתנהלות סביב לשולחן, ואם כי אני משתדל להתחמק ולהסתלק מיד עם תום הארוחה, אני שומע את הדברים ונאלץ גם להשיב לפעמים. אחד המבקרים הוא שוטר, אחרת היא פקידה, יש גם שני מורים, וכולם נטלו שניים או שלושה או ארבעה ימי חופשה ממקום עבודתם כדי לבוא לכאן. הדת כאן טבעית ומובנת כאילו לא ייתכן אחרת. הכול מקבלים באהדה סקרנית את היותי ישראלי ויהודי. מובן להם מאליו שאני דתי.

אני מקשיב לאמונות הנשזרות בדברי השיחה: עזרתו של האל, ישוע, אהבתה של מריה, מילים קדושות מספרי קודש. איש אינו מעלה על דעתו לפקפק, כביכול אלו הן אמיתות מוכחות וסגורות; כאילו לא קיים בחוץ עולם חסר אל, ספקני, תאב הצלחה וכסף, המבטל את האמונות הללו כאגדה תמימה. אבל האמון התמים הזה אינו רע בעיני כלל. יש לאמונה הדתית עוצמה רוחנית כמו פיגום שאמנם אינו אלא פיגום, אבל בכל זאת הוא תומך היטב בפנייה אל המוחלט.

אני מתבונן בחיבה באנשים שבאו לכאן למנזר כדי לקבל עידוד רוחני ומהרהר שטוב שיש בידם ביטויי לשון דתיים וסיפורים קדושים, לחזק אותם בפנייתם אל מעבר לחיי העיסוקים.

* * *

שירתם של הנזירים פשוטה ושקטה, ללא קישוטים ומנהגים מיותרים, רק תפילה נקייה. דומה שגם באלוהים שלהם, תחת המסווה הנוצרי והדוקטרינות הדתיות, חבוי לוֹ. אני חש בו בדומייה שבשירים, בעמידה השקטה, בתנועות שאינן עוסקות בדבר מלבד התפילה, במילים הראשוניות – אלוהים, אדם, אהבה – גם כאשר הן מצטרפות יחדיו לסיפורים על אודות מותו של ישוע או למזמורים עבור מריה הבתולה.

מרחב גדול וטוב נפרש בתוכי בשלווה הפשוטה הזו, כמעט ללא הפוגה, בעת התפילה, בהליכה ביערות המקיפים את המנזר, בקריאה בחדר, וכן גם בכתיבה, בערב, עכשיו.

* * *

שפע חמים, נסער לפעמים, מלטף אותי בתוכי. המוני מחשבות יפות מרפרפות בפנים, מופיעות ומתכסות מיד באחרות. אני מנסה לאחוז בהן ולנסחן במילים לפני שיתחמקו. בעת ההליכה ביערות אני משתדל לשמרן בזיכרוני, ואף על פי כן הן פורחות מיד ונעלמות. עלי לקחת איתי עט ונייר.

* * *

סדר היום של הנזירים – השכמה, תפילה, אוכל, תפילה, עבודה, תפילה, אוכל, תפילה, לימוד ועבודה, תפילה, אוכל, תפילה, שינה ושוב ושוב – חוזר על עצמו ללא רגע של הפוגה. התפילות הרבות מדגישות את הקביעות החוזרת על עצמה, קביעות המרסנת את אירועי היום כמו יתדות המצמידות יריעה אל הקרקע ברווחים קבועים ואינם מניחים לה להתנופף ברוח. אין זרימת זמן: כל כמה שלא תתקדם אל תוך העתיד, יישאר הנוף כפי שהיה. זהו מעין פתח אל הנצח, או אולי שִחזור הנצח בממדים אנושיים.

* * *

לעמוד בפני הלו – "לעבוד את אלוהים" – בתנועות ידי, ביציבתי, בצעדי, בהבעות פני, בחיתוך המילים בדיבורי. כלל עמידתי בעולם הוא תפילה.

* * *

הבוקר יצאנו לשוחח בהליכה, אב המנזר ואני, לאורך הכביש המטפס אל צומת הכניסה. גבוה ורזה, מכוסה במעיל מהוה של נזירים, לבבי על דרך של שקט. סיפרתי לו על נוכחותו של השפע – אינני יודע מה לעשות בו, אין לי דת או פולחנים או תפילות, אינני מאמין בישוע ואף לא באל של היהדות. הוא עודד אותי להקשיב פנימה בתוכי לרצונו של האלוהים. אחר כך הזכיר את

הברית התנ״כית בין אלוהים לעם ישראל ואמר: ״ברית, להבדיל מהסכם, פירושה שאינך לבדך בעולם״.

* * *

מעיינות של לו אופפים אותי בחמימות הממוססת הכול. העולם כולו, בפנים ובחוץ, גדוש ללא מרווח ריק בצמר גפן דחוס של אהבה. מה אפשר עוד לרצות, הרי הכול כבר כאן. כלפי חוץ אני אוכל, כותב, קורא, מדבר לפעמים, מתהלך בשבילים מושלגים, אבל בפנים אני נתון לעולם אחר.

אורח נוסף כאן, בחור צעיר, גם בו כנראה נוגעת הרוח בעוצמתה. כמעט שאינו מדבר עם איש. בתפילות הוא יושב מרוכז ללא נוע כמתעלה.

* * *

רגעי הקדושה מרוממים כל כך, כאילו אינני זקוק לדבָר מלבדם כל ימי חיי. אין זו הנאה, שהרי הנאה – מסרט טוב, ממאכל טעים – אינה משתוקקת להתמיד לעד. זהו שפע הבא לתוכי למלא את הכול, ואינני יכול שלא להשתוקק שיימשך עד אינסוף.

אלא שאין הדבר בידי. איני יכול ליצר שפע של קדושה בכוחות עצמי. מקורו מן הלו, מן החסד, לא ממאמצים עצמיים. בכוחי רק להיענות לו בעת שהוא מופיע, לפנות עבורו מקום בתוכי – או לעצרו במחיצות ולהותירו בחוץ, כפי שאכן קורה בטרדות היומיום.

* * *

הבנתי: וכי מה בידי לעשות? ענייני שלי אינם נחשבים כלל, ובעניינים הנחשבים באמת ממילא גם אינני מסוגל.

פשוט כל כך אבל גם מדהים. לאחר כל ההתעסקויות המתמשכות בהתאמצויות ובתכנונים ובתחבולות כדי לקדם ולשפר ולטפח את מה שבידי, להיאבק לבטא ולהוציא מתוך עצמי, כאילו מה שאצלי הוא קנייני הפרטי – פתאום, ההכרה החדשה שאני איני שלי, שהעיקר אינו ממני אלא מאי שם, פורצת את האופקים הישנים ומשנה את ממדי החלל והופכת את המרכז לשוליים ואת השוליים למרכז. מן החשיבות העצמית יוצאים רק

ה״צריך כך״ או ה״צריך כך״, ההתחכמויות וההתיפיפויות, ההשתדלויות שיהיה אחרת והעמדות הפנים. להיות עירום, פרוץ, רֵיק עבור הלוּ. אם אני נחשב כלל, הרי זה רק בהיותי הלאה מעבר לעצמי.

ואולי אין זו תגלית חדשה. דומה שתמיד, גם בתוך ההתאמצויות, היתה בי מחתרת פנימית, אלא שלא ידעתי כל דרך אחרת. ומה נותר היה לי לעשות מלבד להמשיך בעיסוקַי?

* * *

האם אני שולל דתות ואמונות אחרות בפנייתי אל הלוּ? מי צודק יותר, אני או נוצרי המאמין בישוע או יהודי אורתודוקסי העסוק במצוותיו?

ואולי אין כלל מקום להכריע, שכן עבורי אין כאן ברירות. בתוך החיים שניתן לי לחיותם, רק לוּ הוא אפשרות ממשית. במקום שבו אני עומד, אינני יכול להתפלל לישוע או לעסוק בדקדוקי מצוות של רבנים. אמנם, במסגרת חייו הרוחניים של אדם אחר, ייתכן שהפולחנים הללו מובילים אל אלוהים – לא לי לדעת על משמעותם עבור האחרים. על דתות אחרות ביכולתי לדבר רק כצופה מרוחק. כאן אצלי, הפתח שנפתח עבורי אל הממשות האלוהית הוא פתח של לוּ. לא אני בחרתי בו, זה הוא שנפתח עבורי.

כך שרק מן הבחינה התיאורטית נדמה שיש מקום להחלטה בין האמונות השונות. מן הבחינה הקונקרטית, בחיים המסוימים שאני חי, קיימת עבורי רק אפשרות אחת. וגם כאשר אני מתלבט, גם אז אין זו בחירה מופשטת בין שתי ברירות נתונות, אלא מציאות קרועה, מגששת, מתגבשת וגדלה מתוך עצמה לכיוון כזה או כזה.

* * *

פעם חיקיתי את השמאנים האינדיאנים, צמתי עד הלילה ויצאתי לגבעה חשוכה, מצפה להתגלות. פעם אחרת התבודדתי על סלע בהר, ממתין להתעלות; והיו גם תרגילי נשימה ומדיטציה והתבודדויות בטבע ובחדר והשתדלויות מחוכמות. ודווקא עתה, לפתע כאילו, הגיע לו מה שלא הצלחתי להשיג בתכסיסים של התאמצות. הוא הגיע מעצמו, חופשי כמו מתנה, שונה מכל מה שהייתי מסוגל לרצות.

עכשיו אני מבין את התמימות: רוחניות אינה תחבולה עצמית – לחוויות מבדרות, לסיפוק הסקרנות, להרגעת המתח, לניחומים על שיממונם של החיים, גם לא אמצעי לשיפור היכולת האישית או לפיתוח כוחות נסתרים. פנייה רוחניות אמיתית אינה למעני כלל. גם אין היא עניין ללהטוטנות, לטכניקה של: "עשה כך וכך, עצום את עיניך, נשום בקצב – ותזכה להתעלות אל הממשות." תרגילים אינם אלא כלי עזר לעיקר, ועיקר זה דורש ממני את כל כולי: לב חדש, עמידה שלמה. הכלים כשלעצמם, ללא העיקר, אינם משנים את האדם שהוא אני, אין הם משנים דבר של ממש. אילולא כן, היה ניתן להתגנב באמצעותה של תחבולה אל תוך הממשות, כביכול להערים על אלוהים ולהיכנס במרמה אל רשימת הצדיקים.

* * *

האב סיפריאן רמז לי שאמונתי אינה חזקה דיה כדי שאקבל על עצמי את היהדות או הנצרות. השבתי לו שלהפך, אמונתי עזה מכדי שאתרגם אותה לדוקטרינות דתיות. דוקטרינה היא תמיד אנושית מדי, חשופה לפרשנות ולהמצאות שכלתניות מכדי שתהיה אלוהית ממש. כך אני מפרש את האיסור התנ"כי על תמונות ופסלים: אל תנסה לדחוס את האלוהים אל תוך צורה אנושית, לא בפסל ולא במכחול ולא במילים.

* * *

לאחר השבוע במנזר, שוב אני בדאלאס והעולם אחר. בתוך החמדה שפעפעה כל השבוע היו הרבה הבנות חדשות והמון תובנות, רק מעטות יכולתי לרשום. רובן התעופפו להן מיד ונעלמו, רבות ושופעות מכדי שאוכל לעוצרן אחת אחת ולהופכן למילים.

על העיקר, על נוכחויותיו של הלוּ, כמעט שלא כתבתי. כמו ליל אהבים, לא היה זה נאה לרשום את פרטיהן ברגעים שלאחר המעשה. ואפילו רציתי, הן היו קרובות מכדי שאוכל להתבונן בהן ולשקפן בניסוחים. לוּ הופיע מבפנים, לא ניצב אל מול המחשבה כמו עובדה להתבונן בה, כמו פריט לתיאור, אלא גואה מן הצד שלי, כביכול מתחת לעצמי. כיצד ניתן לכתוב על מה שמהול בתוך היד הכותבת? כיצד ניתן להתבונן במה שעומד מאחורי המבט?

אבל היה בוקר אחד גדול מכל השאר, אחר ללא כל אפשרות של השוואה. נוכחות עצומה פרצה וחדרה אלי וטלטלה את הכול. היא קרעה בתוכי ממדים שלא היו, טבעה בי זהות אחרת והפכה אותי לשלה. הדיה של הנוכחות עדיין אצלי אבל המילים מתקשות. מה מבינות מילים בעניינים כאלו? ניתן רק לתאר את המרווח שבתוכו התרחשו הדברים ולהשתתק בפני העיקר.

באותו הבוקר יצאתי שוב ליערות שמסביב למנזר. בחרתי בשביל בלתי מוכר והנחתי לו להוביל. פסעתי בתוך השקט סתם כך, נקי ממחשבות, מתכרבל במעיל מפני הקור ועטוף במתיקות רכה. חלפתי על פני מבנה נטוש, חציתי את הנחל, והתחלתי עולה על הגבעה שממול.

וכאן בעלייה ירד עלי לוּ עצום... ומרגע זה משתתקות המילים בבואן לתאר את האינסוף האלוהי שעטף אותי בחסדו. העולם נפער בתוכי לקראת ממשות אחרת. נוכחות עצומה ירדה ועטפה וגדשה את כולי, גדולה מכל אפשרות של דמיון אנושי, אחרת לחלוטין, בעוצמה ובחסד ובקדושה שאין להם שיעור, מטביעה ומאיינת הכול. "כי גבר עלינו חסדו" (תהלים קיז ב).

מוצף בחסד חם של אהבה שאין לה גבולות וסמיכה כזרם של פלדה רכה, עמדתי, ישבתי, ריחפתי – הלוּ נשר עלי מכל עבר כמו פתיתים של שלג, שטף אל תוכי כמו גלים, פעל במעמקַי את פעולתו. הוא עלה בתוכי עמוק מן העמוקים שברגשותי, קרוב אלי יותר משאני עצמי עם עצמי, נוגע בי במעמקים שמעולם לא ידעתי, בשורש מהותי.

לא היה בידי לעשות דבר. הוצפתי, נישאתי, נפתחתי במרחבים עצומים. נמהלתי בתערובת בלתי אפשרית של דממה ושאון, מין צירוף של "קול דממה דקה" ושל "מקֹלות מים רבים אדירים משברי ים". כך עמדתי מתמוסס ונעלם ומתרומם ומתעלה, אני בלבה של הממשות הקדושה והיא בעמקי המקום שממנו נובט קיומי, מתייפח באהבה עצומה, בוכה מן המתיקות האינסופית שלא יכולתי להכילה. מים גדולים וטובים זרמו אל תוכי עוד ועוד, ואני לא יכולתי ללגום את כולם. פרשתי את ידי שוב ושוב אל עבר האינסוף, אל הטוב שזורם בכל מקום, יוצא אל הלוּ ומשתוקק עוד, להימהל בכל.

אחר כך רגעה מעט הנוכחות ואני שבתי לעצמי. המשכתי לעלות בגבעה, מושך באפי משאריות הבכי, תשוש מן האהבה המתוקה, מטוהר מן הכול. גלים קטנים עוד הוסיפו לעלות ולהיעלם כמו הדים מתרחקים. רק בדרך חזרה, לאחר שעברתי את הנחל, נפרד ממני הלוּ והקל מעלי את עוצמתו.

לאחר כל זאת, אי אפשר להמשיך כמקודם להתעסק באותה רצינות בענייני קידום והצלחות והישגים כאילו לא התרחש דבר. לעומת עוצמת הממשות, כל מה שהעסיק את חיי עד כה היה צללים קלושים של אשליה. קל לי יותר להאמין שהעט שבידי והשולחן שאני נשען עליו הם אחיזת עיניים מאשר לפקפק בממשותה של הנוכחות. מי שלא התנסה בנוכחות כזו לא יבין. אולי יפרש זאת כאמונה עזה, כשכנוע פנימי. כיצד ניתן להסביר מהי נוכחות שממשותה עצומה ללא כל דמיון מזו של החפץ שאני רואה מולי או ממשש באצבעותי ?

5

ביקור שני במנזר, 1993

אני לומד כיצד להתפלל. התפילה קשה לי, אינני יודע לפנות אלא אל לוּ שאין לו מילים. קשה לי לומר "אבינו שבשמים" או "יהי רצון מלפניך" או "סלח לנו אבינו" מבלי להרגיש כמעמיד פנים; כביכול יושב לו בשמים מעין אדם-אל ומקשיב, מתרתח או מרחם, מצליף או מבליג, ואפשר להודות לו ולהזכיר לו ולנדנד לו עד שייעתר. אינני יכול לומר את הברכה הרבנית על תחיית המתים, או לקרוא בשמו של ישוע שהוא כביכול אלוהים, או לבקש את אלוהים שירחם ושיזכור ושירפא חולים. כיצד תיתכן פנייה טהורה אל לוּ במילים אנושיות כל כך – באגדות ציוריות, מיתוסים היסטוריים, דוקטרינות תיאולוגיות שבנה האדם?

אבל למדתי שגם באמצעותן של מילים כאלו אפשר לפעמים לפנות אל הלוּ. מילים מסייעות לחזק את ההתכוונות הפנימית ולפנות אל מעבר לאדם. אני מבטא אותן בשפתי, ומבלי להקשיב למשמעותן הפשוטה, מפנה אותן הלאה אל מעבר לעצמן.

* * *

פנייה אמיתית אל הלוּ היא דבר קשה כל כך, אולי בלתי אפשרי. אין זה מספיק להימנע ממשפט שגוי, זהו עניין קל. הנקודה היא לעמוד חשוף עד עומק ההוויה, בעומקים שמתחת להסתרות ולתירוצים ולתכנונים העצמיים. ולשם כך אין שיטות ואין תחבולות. הלב הרגיל כל כך לנהל את עצמו אינו מסוגל להפקיר עצמו בכוחות עצמו. כך שאין תועלת בהתאמצויות. להפך, המאמץ רק מחזק את האחיזה העצמית. "ה' הצילה

נפשי משפת שקר מלשון רמיה" (תהלים קכ ב) : להיות אמיתי ממש, להינצל מן השקר, אינני מסוגל ללא עזרתו .

וזוהי ההתמסרות המלאה – לוותר על האני המנהל את עצמו ומתכנן ומתאמץ: "בידך אפקיד רוחי" (תהלים לא ו). לא להשתדל, לא לנסות, להפקיר את עצמי עד תחתית המעמקים. ממילא אין בידי לעשות דבר של משמעות ללא פעולתו של הלו בתוכי.

* * *

עתה קל לי יותר לומר את המילה "אלוהים", אם כי אינני חש אותה ממש שלי. עדיין אני מהסס מעט לפני שאני מבטא אותה, כאילו שאלתי אותה משפה זרה, כאילו נטלתי אותה לעצמי ללא רשות. אני מבטא אותה בחיפזון וממשיך מיד הלאה למילים הבאות, למהול את המבוכה. "אלוהים," אני אומר, אבל באמת אינני מתכוון לאותו מישהו שקרע את ים סוף והוציא את בני ישראל ממצרים, זה שמצווה מצוות ומעניש חוטאים. ורק משום שנדמה לי שגם באלוהים של הדתות המסורתיות קיים, תחת מעטה המיתוסים והדוקטרינות, גרעין של לו טהור, רק משום כך אני מסוגל לומר "אלוהים."

* * *

התחלתי לקרוא מזמורי תהלים, והמילים מתפרשות לי על פי דרכי. אין אלו תחנונים לאלוהים שיטה לי אוזן, שיזכור את סבלותי, שיצילני מידי הרשעים – כביכול אלוהים הוא "מישהו" שדעתו מוסחת ונודדת או מתעטפת באדישות ועלי לקרוא לו וללכוד את תשומת לבו כדי להשיבו אלי. מה שנשמע כמילים של בקשה שיאזין לי הוא בעצם תנועה פנימית שלי, התקדשות, פתיחת הלב אל הלו, כאן מתוכי.

אני מקשיב עמוק פנימה ומניח למתרחש שיתרחש. אינני מתאמץ. לא לי לקבוע כיצד יתנהלו בתוכי הדברים. אני פותח פיסה של מרחב עבור התנועות העולות בי – קל כל כך להתעלם מהן בחיי יומיום, בתוך גודש העיסוקים והמהומה והדיבור. בדממה אני קולט מה שביכולתי לקלוט, שותק, מוכן לחסד האלוהי, מבלי לנסות לכוונו כדי שלא ייחנק.

* * *

תפילה אינה חזרה מכאנית על רשימת מילים או מילוי חובה דתית שאפשר לסיימה בכך וכך דקות, וגם לא מעשה מלמול כדי לְרַצות את האל. זוהי בריאת לב חדש. אבל תפילה גם אינה תכסיס לריגוש עצמי. זוהי תנועתה של הרוח, לא השתפכות רגשית. אין היא אירוע פסיכולוגי המתחיל ומסתיים בתוכי אלא מפגש, יוצא מבפנים ומושיט את עצמו הלאה אל עבר החסד האלוהי.

* * *

החלטתי לחזור לביקור נוסף במנזר. פתח חדש נקרע אצלי בביקור הראשון – הזמנה להיכנס ולרדת פנימה לעומקים חדשים.

והפעם טלפנתי למנזר ללא היסוס וקבעתי מועד: ביקור לחמישה ימים בחודש הבא.

* * *

אמונה יש לי, אבל לא באלוהים. עבורי "אלוהים" הוא תיאוריה, תיאוריה של אדם המנסה לומר הרבה יותר ממה שאפשר. אבל אינני חש שחסר לי דבר-מה שיש בידיו של המאמין המסורתי. במקום אלוהים שהוא "משהו" או "מישהו" כזה וכזה, די לי בלו, בשורש האלוהי של הממשות הגואה לתוכי. במקום "אמת" של תיאוריות דתיות, די לי באמיתותה של הפנייה אל הלו.

* * *

כאשר אני קורא מתוך ספר תהלים כמתפלל, לא תוכנן של המילים הוא העיקר אלא הפנייה הפנימית. המזמור אינו אמירה על אודות אלוהים אלא תנועה המעצבת את עמידתי כלפי הלו. כך למשל, המזמורים המבקשים מאלוהים הגנה מפני סכנות ואויבים, מפוגגים בי את ההסתמכות העצמית ומעלים בי את ההכרה שאני לבדי, ללא הממשות האלוהית, איני ולא כלום.

* * *

לילה. הגעתי זה עתה אל המנזר לביקורי השני. יצאתי מוקדם בבוקר ונסעתי דרך ההרים היפים במקום בכביש המהיר. הדרכים היו קשות, טבועות בערפל כבד ומתפתלות על פני המדרונות, וכשירדה החשכה נאלצתי להאט לגישוש עיוור. הגעתי לאחר שעת כיבוי האורות של הנזירים. האח פליקס השאיר לי פתק ברכה על דלת הכניסה וכתב בו את מספר החדר שלי.

חום חולני מתחזק בגוף והראש אפוף בטשטוש. אני חולה. תוך כדי סידור המיטה אני חושב: מה אבקש לימים הקרובים? אינני מתפתה לצַפות שיתרחש שוב מה שהיה בביקור הראשון, שיחזרו אותן החוויות ועוצמות השפע ורפרופי ההבנות. אני יודע שאסור להחניק את תנועתו של הלוּ בדרישות מוקדמות. שפע אמיתי אינו עניין לתכנון אלא להתמסרות.

* * *

היערות סביב המנזר מכוסים בשלג טוב ושקט, אבל היום לא אצא. אשאר בבניין כדי להקל על הגוף להתגבר על המחלה. אקרא, אכתוב, אשב בבית התפילה.

לוּ מתוק שלי – אילו היה אפשר לפנות אליך כך – צמרמורת של מחלה מקהה בי את הריכוז, הגוף מחליף את תנוחותיו ואינו מוצא לו מנוחה, האף דולף, ערפל סמיך גודש את הראש, קשה לי כל כך לפַנות את עצמי עבורך. ואף על פי כן, המסך ששם הגוף החולה בינינו אינו מרחיק ממני אותך.

אני אל הלוּ גם אם התודעה יבשה והלב אטום. מה עוד נותר לרצות מלבד להיות שלו עוד ועוד.

* * *

הבוקר נאלצתי לצאת מכאן לשעה: לנסוע לחנות הקרובה, מרחק חמישה-עשר מייל מפה, ולקנות כדורים כדי להקל על הנזלת כדי שאוכל לישון. הצטערתי לקטוע את השהות במנזר, אבל הגוף דרש.

* * *

חדווה מול הנאה: חדוות אלוהים היא שִׂמחה על שאני אובד, נשפך אל ים גדול, מוסר את עצמי אל מעבר לעצמי. ואילו הנאה היא עניין עצמי. היא נותרת פה בתוכי, שקועה בסיפוקַי שלי.

* * *

כשהתעוררתי הבוקר ניסיתי לעמוד והסתחררתי, כנראה מן הכדורים המטשטשים. צנחתי על הכורסה כדי להתאושש, וכשניסיתי שוב לקום התמוטטתי קדימה על הרצפה. מן הנפילה שיסעתי את הסנטר וחבטתי בבית החזה. זמן-מה שכבתי על הארץ, עד שהתאוששתי וקמתי ויצאתי למצוא את האח פליקס שיבדוק את הפציעה.

מיד הוזעק האח דומיניק שגזר את הזקן מסביב לפצע, ואחריו אח נוסף, החובש, שמחה את הדם וחיטא את החתך. ואז הגיע האב סיפריאן, ונסענו שנינו לרופא שבעיירה הסמוכה, מרחק עשרים וחמישה מייל כמעט, כדי שיתפור את השסע. עתה כבר חלפה לגמרי הסחרחורת, ושמחתי שנזדמן לי להיות בחברתו של האב סיפריאן.

אהבת אלוהים, הוא אומר, אינה נפרדת מן האהבה לאדם. כפי שאמר הלל הזקן, התורה מהותה היא "ואהבת לרעך כמוך". וגם ישוע, זמן קצר אחריו, כרך את "ואהבת את ה' אלוהיך" עם "ואהבת לרעך כמוך" והפכם לפסוק אחד.

* * *

אפילו לאב סיפריאן לא סיפרתי על הטלטלה הגדולה מן הלוּ בעת השהות הראשונה שלי במנזר. רמזתי לו רק על "חוויה רוחנית" עזה. הוא הביט בי ולא ביקש לשמוע יותר, וגם לי היה נוח כך. היה זה מעשה של אהבה ביני לבין הלוּ, התייחדות פרטית. אין זה מסוג האירועים שמותר למהר ולפטפט עליהם לאחרים.

שאלתי את האב סיפריאן כיצד זה שאדם כמוני, מטולא בקטנוניות ובווכחנות ובבלבולי לב ובעיסוקים עצמיים, כיצד זה שדווקא אני זכיתי בנוכחות מופלאה כזו. רבים שאני מכיר עולים עלי בטוהר, ברגישות, בפתיחות הלב, ואף על פי כן לא זכו להרוות את הצמא.

״נפלאות דרכי האלוהים,״ השיב האב סיפריאן. ״אלוהים פועל באדם בדרכו שלו, אין הוא זקוק לנימוקים אנושיים״.

אילו האמנתי באלוהים המתכנן כמו אדם ומתחבל תחבולות, הייתי משיב כך לשאלה ששאלתי: אלוהים ידע, כביכול, שהמקרה שלי הוא אנוש: הנה אדם עיקש ווכחן ואטום לב, דבק בשכלו ומטיל ספק בכל מה שאינו ניתן להוכחה גמורה. אם יש סיכוי כלשהו לפרוץ אל לבו, אין ברירה אלא להנחית בו מהלומה אדירה.

* * *

סוף הביקור השני במנזר. הפעם לא התרחש דבר שניתן לכנותו ״חוויית התעלות״. ובכל זאת נתעצמה נחישותי להיות, ככל שתרשה לי יכולתי, תפילה עבור הלוּ.

כיצד אוכל להיות תפילה מבלי שאכשל בהתעסקות עצמית? אסור לי ללפות ולצבור את השפע לעצמי; עלי להעבירו הלאה ולהעמיד עצמי לרשותם של מבקשי דרך אחרים. אקים בית התייחדות עבור אלו המבקשים מרחב של שקט והתבודדות. אל הבית הזה יבואו אנשים מחיי ההמולה לשהות בו ימים אחדים או שבועות או אף חודשים, כדי לפתוח מרחב של שקט ולכונן את הלב. לא יהיו בו הרצאות ושיעורי מדיטציה ודרשות דתיות, רק מרחב פתוח. לא אנהל אותו על פי דת כזו או כזו, אף לא על פי דרכִּי, אלא איש איש על פי הדרך הנפרשת בתוכו. כשם שהמנזר העמיד לרשותי את השקט שבו עלה הלוּ בתוכי, כך גם עלי להעמיד מקום של התבודדות לרשותם של אחרים. וכשם שזכיתי שתמך בי האב סיפריאן בדרכי, כך גם עלי לתמוך בדרכם.

כל זה יבוא פעם, אבל בינתיים אני עומד לחזור לעיר ולעבודה. עתה יקשה עלי מאוד לשמר בלבי את התפילה. אבל תפילה ללוּ אינה ריחוף מתמיד בחוויות נפלאות. אפשר למדוט, לקרוא, לחשוב – גם פה על הארץ, ללא התעלות. תפילה אין פירושה לנטוש את ענייני העולם ולמלמל מילים גבוהות כל השעות, אלא להיות נוכח עבורו בכול, בעת העבודה והאכילה וההליכה ואף השיחה הקלה. שכן תפילה אינה רק עניין של מילים אלא של כולי: לב פעור, היענות, דומייה.

* * *

גם בעיר הגדולה ניתן למצוא לוּ, אם רק מקבלים את פניו כאשר הוא מופיע ומפנים לו מקום. הוא בא כסימן שאלה, אינו כופה את עצמו, כה עדין, קל כל כך לכסותו בעיסוקים של יומיום. לפעמים, כאשר אינני שבוי במשימות וכשהמאמץ להשיג איננו ממלא את כל החללים, כשאינני טרוד בלהספיק ולהגיע, נעלמים פתאום בלבולי היומיום ונותר רק עכשיו. ואז הדברים הינם כפי שהם, בהירים בתוך קדושת הרגע והיש. חסד הוא עוצמת ההווה.

אילו רק לא הייתי נשמט בכל פעם מן החסד אל העסקנות והטרדה והמחשבות המסוכסכות. אלא שרגע של לוּ הוא רגע עז. לא קל להתמיד בו. לאחר זמן מתחילה להעיק עוצמתה של הקדושה: עוצמה ללא הפוגה, ללא הזדמנות להיסח דעת קליל ולהרהורים של מה בכך.

* * *

דומייה עצומה ממלאת אותי שוב. אני מברך אותה בבואה. אין היא באה ממני, איני יכול לכוון את בואה. אני כבר יודע, כאשר אני מתאמץ ומשתיק את עצמי בכוחותי שלי, איני משיג אלא שתיקה: סתם היעדר דיבורים, ריק מקושקש בהרהורים משוטטים. דומייה של ממש, גדושה ביש, מגיעה ממקום אחר, מתרחשת כמו חסד. כשבאה הדומייה אינני עוד עצמי.

* * *

סיפור ששמעתי בכנסייה מקומית על אודות הקושי שבמסירה העצמית לידיו של אלוהים:

אדם אחד יצא לטיול בטבע. מבלי משים התקרב למצוק תלול והחל להתדרדר למטה. למזלו הצליח להיאחז בזיז בולט, וכך נותר תלוי בידיו על פני קיר אבן אנכי חלק. הוא הביט למעלה, הביט למטה. מתחתיו נפתחה התהום, ומעליו התנשאה שפת הצוק הרחק אי שם. בייאושו החל האיש קורא לעזרה: "הצילו! יש שם מישהו? מישהו יכול לעזור"?

לאחר פרק זמן כלשהו נשמע קול תשובה, שלו ומרגיע, חודר ומגיע משום מקום ומכל מקום: "כן, אני כאן".

"מי אתה?" צעק האיש.

"אני אלוהים," השיב הקול.

"אלוהים, אתה יכול לעזור לי?!"

"כן," אמר אלוהים, "אני יכול לעזור. הרפה מן הסלע. הנח לעצמך ליפול".

האיש הביט למטה בין שתי ידיו שאחזו באבן. התהום היתה נוראה, רחוקה מתחתיו כמו התנפצות ומוות בטוח. זמן-מה המשיך להתנדנד, מביט למטה באימה ומהדק את אחיזת אצבעותיו. לבסוף הפנה שוב את פניו למעלה וצעק: "אולי יש שם מישהו אחר שיכול לעזור לי?!"

כששמעתי את הסיפור חייכתי: כן, זהו הפחד המסרב להרפות. אבל אחר כך הרהרתי בכך שהתמונה פשטנית יתר על המידה. אין זה רק עניין של אומץ. נניח שאתגבר על כל הפחדים – עדיין לא אדע כיצד להרפות, היכן הם שרירי ההרפיה, איך מניחים לצוק ונושרים למטה, ובכלל, מה כאן בתוכי היא הרפיה ומהו צוק ומהי תהום.

6

חודשים אחרונים בדאלאס, 1993

חודשי ההוראה האחרונים שלי בדאלאס. בשנה הבאה כבר אֶלְמַד באוניברסיטה בישראל. אלמד שם סמסטר אחד בשנה, ואת יתר הזמן אקדיש לשקט, עדיין לא החלטתי היכן.

זהו, נסתיימה לה תקופה. מן העיר הזו שחנקה אותי בכל כך הרבה ריקנות עכורה – ודווקא משום שחנקה אותי – יצאתי לאן ארבור, לאלסקה, למנזר במיזורי. אבל לא אתגעגע לכאן.

בעיניהם של חבריי למחלקה כבר כמעט אינני כאן. לא שווה להשקיע חיוכים וחביבות במי שעומד להסתלק. גם מבחינתי כבר כמעט אינני כאן. אני ממלא את חובותיי, ואז מתפוגג למישורים אחרים.

* * *

ימים של בדידות, אבל בדידות רכה ומהורהרת. לרגעים נדמה כאילו אני משתוקק לשוחח עם מישהו על כוס בירה כדי להפיג את הריכוז ולשעשע את הלב, אבל לא, לא משתוקק ממש. דומה שאיבדתי את היכולת לשיחות קלילות. אני מרבה ללכת ברחובות או להביט מבעד לחלון הדירה שלי אל הגינה שמתחת. המחשבות עולות בי מעצמן, ואני מרבה לכתוב.

* * *

כל כך הרבה שימושים לרעה נעשו במילה "אלוהים" עד שקשה היום לבטאה במשמעותה התמה. מה לא עשו באלוהים: הושיבו אותו בשמים וקרעו בשמו את ים סוף ובנו עבורו גן עדן ושאול, ביטלו ממצאי מדע ועדויות היסטוריות

בעוון שהכחישו את דבריו, ציירו אותו בקנה מידה אנושי בסיפורים ובמעשי נסים, השמיעו מפיו רשימות רשימות של מצוות ודוקטרינות, הסמיכו בשמו ממסדים דתיים, הצדיקו שררה ומעמד וכפו על הכול להכיר בתקפותם, המציאו שירותים דתיים ודרשו עבורם כבוד וגבו כספים, התהדרו בקרבתו המיוחדת, התעטפו בשאננות והתנשאות וצידוק עצמי, השתמשו בשמו כאסמכתא לשלטון וכהיתר למעשי נבזות ולמוסר רב-פרצופי, הפכו אותו לאבינו שבשמים אבל לא שלהם, התרחקו מאלו שאינם מאמינים כדי שלא יזהמו במגעם, קיללו בלבם ובקול, רדפו וסקלו ושרפו כופרים ויצאו למלחמות. וכל כך הרבו לערב בו את צורכי האדם ומשוגותיו, עד שהיום אי אפשר עוד להפריד את היסוד הרוחני מן הבוץ. כמו דף משומש שכתבו עליו הכול – גם דברים עמוקים וגם חרוזים להנאתה של האוזן וגם קשקושים של הבל, וכן מילים רעות וסתם עניינים אנושיים – דף משורבט ומחוק ומכוסה בעקבות של כתיבה קודמת, אי אפשר לגרד ממנו את מה שנחרט בו ולעולם לא יהיה עוד נקי. מוטב להוציא דף חדש ולשכתב עליו מן ההתחלה את כל מה שראוי לזכור, ולתת לו כינוי חדש: "לוֹ."

* * *

לוֹ, אפשר לומר, הוא אלוהים שנשרו ממנו אותיותיו החיצוניות: א-לו-הים, אלוהים שנמחקו ממנו היומרה לתשובה הסופית, ויוהרת הידיעה של האמת האחת, והדוקטרינות והמצוות והחוקים שהמציא לו האדם. לוֹ הוא בדומייה, באי הידיעה, בהתפעמות, באהבה, בעמידתו של הגוף בתפילה.

אין הוא "משהו" או "מישהו" כמו עובדה הניצבת אל מול המבט או המחשבה. אבל גם אין הוא חלק ממני כמו תופעה פסיכולוגית או דמיון פרטי. לוֹ אינו מקבל על עצמו הבחנות מתוחכמות, את החלוקה שבין אני לבין לא-אני, בין פנים לבין חוץ, פה לשם. הוא מתגלם באני המביט לא פחות משהוא שם, בצדו השני של המבט, קודם להבחנה שבין יודע לנודע, להתאמה שבין המילים המתארות לבין המתואר. אצל לוֹ אני בא על דרך של לב פעור, השתתקות עצמית, פניית הגוף, לפני שתהיה בידי מילה אחת להסבירו.

* * *

לוּ פירושו שניתן לי ליטול חלק במה שהוא עצום ורחב מן האדם, שביכולתי לפנות אל מעבר לעצמי ולהיות יותר ממה שהנני, שהאדם הוא מעל לאדם, גדול מן האדם וממשי ממנו, שעמוק מתחתי משתרעת ממשות, טמירה כמו אי שם, אחרת כמו אַין – ואפשר לי לחרוג מגבולות עצמי ולשוב אליה.

אולם גם זאת: לוּ פירושו שדבר-מה עצום לאין שיעור פונה אלי לשרות בי, שאפשר לי לפתוח עבורו מרחב פנימי כדי שיעלה בתוכי, שניתן לי לחיות לא מתוך עצמי אלא מתוך הממשות, ולהניח לה להתגלם בפנימיותי.

מֵעבר ובפנים, מעל ומתחת – כל אלו הם אחד עבור הלוּ.

* * *

אני הוא נקודת המפגש בין סתמיות לבין לוּ. אינני רק נתון עובדתי, כך וכך, מצב עניינים פסיכולוגי, מנגנון נפשי, אלא תנועה פתוחה, יוצא מן העובדתיות שבי ופונה הלאה אל הלוּ. כל עוד אני רק אני, כל עוד אני אצל עצמי בלבד, אינני בממשות .

* * *

ביקור של ערב בספריית האוניברסיטה, לא מתוך צורך לקרוא אלא לשם הטיול מן הבית אל הקמפוס, מרחק חצי שעה של הליכה. אני נכנס לבניין, עומד מול אגף ספרי היען שבקומת הכניסה ומהרהר מה לעשות עתה. ועולה בדעתי שלמרות שני הביקורים במנזר, אינני יודע כמעט דבר על דתם של הנזירים: עיקרי אמונה, פולחנים, היסטוריה, מנהגים. אני מתיישב, בוחר כרך אנציקלופדיה, פותח בערך "קתוליות" וקורא.

הרעיונות זרים ואקזוטים, אבל בדרך הביתה, בחשיכה, הם מרפרפים ברוחי ומעלים בי מחשבות חדשות.

* * *

אין זה מדויק יותר לדבר על לוּ כעל "אנרגיה" מאשר לדבר עליו כעל "אלוהים מצווה ומרחם". אין זה מכובד יותר לומר עליו "כוח-עלי" מאשר "היושב בשמים". לוּ שונה מכוח – מכוח הכובד או מכוח השרירים או מכוח סוס – לא פחות משהוא שונה ממלך יושב על כיסא. אין הוא תופעת טבע,

אין הוא כאן אצלנו בעולם, אין הוא כזה או כזה. ורק בשל רוח המדע המתהדרת לה בפקחותה, נדמה לפעמים כאילו מתוחכם יותר לומר עליו שהוא כוח עליון או שדה אנרגיה או עיקרון בסיסי. אלא שבעניינים של לוּ אין המדע מדויק יותר ממיתוס בריאת העולם או יציאת מצרים.

להפך, יש אף יתרון למיתוס: מילים של "כוח עליון" נשמעות כה מכובדות, דומות כל כך לתיאוריה מתוחכמת, עד שקל לטעות ולחשוב שיש להבינן כפשוטן, כנתונים מן המעבדה, כעובדה מדעית. ואולם במילים של "אבינו שבשמים" ו"מלך מלכי המלכים" ו"ויאמר ה'", כאן לפחות ברור שזהו ציור אנושי בלבד. ואם מוזר לו היום לאדם המודרני לדבר במילים כאלו, הרי זה משום ששכחנו את שפתו של המיתוס. כל כך גברו עלינו המדע והטכנולוגיה, עד שמכל השפות שהיו פעם אצלנו נותרה רק שפת התיאוריות, ועתה נדמה לנו כאילו הכול הוא נתונים אובייקטיבים. שכחנו שתיאוריות מדעיות כוחן יפה רק לעובדות הפרושות אל מול מבטו של המתבונן ונתונות לתיאור היבש. אבל לוּ אינו עניין למבט או למילים.

פעם נהגו לספר על אלוהים שהוא רוח או בורא עולם כדי לומר שאין הוא פיסה מן הטבע. אפשר אף להוסיף שלוּ מצוי בצדן השני של העובדות, לפני ההבחנה בין יש לאַין, שהוא קודם למילים ולשכל – וגם אלו, כמובן, הם דימויים.

מיתוס רוחני הוא יציאה אל מחוץ לממדיו של האדם: אינני עוד אורז נתחים מן הממשות בנוסחאות מדעיות אצלי במחברת אלא יוצא אליה; לא עוד היא אצלי אלא אני אצלה. אני מניח להסברים התיאורטיים – שפתם מתוחכמת מכדי ללכוד ראשוניות שכזו – ופונה ליטול בה חלק. וגם תפילות וברכות ומצוות ופולחנים, אם יש בהם מן המיתוס, אין הם שיחה עם היושב בשמים או ציות לדרישות שהעמיד אל קפדן, אלא מרחב של מפגש בין האנושי לבין הממשות.

כך שהנקודה במילים של רוחניות אינה דיוקם של התיאורים – האמנם אמר אלוהים כך וכך, האמנם נתרחש נס – אלא המרחב שהן פורשות שבו יתגלם הלוּ ויקבל אל תוכו את האדם.

* * *

מבחינתה של המחשבה התיאורטית לא ניתן להוכיח את קיומו של אלוהים, את תקפותה של הרוחניות, את ממשותה של הקדושה. לוּ איננו עובדה. מרגע

שהמחשבה נתלשת מן הממשות שבה היא מעוגנת והופכת לתיאוריה, לא עוד הד העולה מן המעמקים אלא מחשבה לבדה, נושאת את עצמה בכוחותיה שלה – מרגע זה אין היא שייכת עוד לממשות ואין היא יודעת על אודות מה שמחוץ לעצמה. עתה היא עוסקת בעצמה בלבד, ענן של רעיונות מתפתלים בתוך עצמם. ומנקודת מבט כזו, המסקנה בלתי נמנעת: מי יודע כיצד להבחין בין אמת לבין מראית עין, אשליה אנושית, הזיה פרטית של קודח; אין לדעת לבטח מהי מציאות ואם היא קיימת בכלל; בסופו של דבר אין לדעת דבר.

הוכחה היא מן המחשבה הנתלשת, אבל עדות היא מן הממשות. אין היא מנסה לשכנע איש או לאלצו להכיר בתוקפה. היא פשוט עדות, אינה משתדלת כלל, נוכחת כמו שתיקה. ואני – בכך שאינני סגור בתוך עצמי כמו מצב עניינים נתון, שאינני עובדה בלבד אלא גם פתח, יוצא הלאה, פונה, כמֵהַ – אני עדות ללוּ. ואף כאשר אני לופת את עצמי או חומד או שונא, גם אז אני עדות, אמנם על דרך של עיוות והידלדלות אבל עדיין עדות, עדות ללוּ ולכך שכאן יכול להיות – אולי לא כרגע אבל יכול להיות – מרחב עבורו.

* * *

לוּ אינו עניין של השקפה אישית, של "כך נראה לי", של טעם אנושי, אלא להפך, של התגברות על ההשקפות העצמיות ונטיות הלב והדעות הבטוחות, על אותו מערך שטחי של התרחשויות פסיכולוגיות הנקראות "אני", המכסות את פני המעמקים.

ואין זו הקלה שאין נוסחה כללית המתאימה לכול, כזו שמספקות הדתות המסורתיות ברשימות של מצוות ונוסחי פולחן ודוקטרינות תיאולוגיות. אין זה קל יותר לחצוב לבד, כל אחד בעצמו, את המנהרות המיוחדות שנסתמנו אצלו, המובילות בתוך החומר הייחודי שלו אל הלוּ. לחפש אחר הקולות מבלי לדעת כיצד, לחפור בערמות של הבל ללא הנחיות, להתמיד ללא סמכות דתית שתקבע אם כך או כך, פירושו לטפס באוויר ולעלות ללא משען רגל, ללא סולם, ללא מדרגות.

* * *

אני מוסיף לבקר בספריית האוניברסיטה וללקט רעיונות תיאולוגים של הדת הנוצרית. וכיוון שאני קורא על קתוליות, אקרא גם על הפרוטסטנטים, הלותרנים, הבפטיסטים, המורמונים – אקרא על כולם, לפחות לשם ההשוואה.

פיסות המידע מרחפות בי בערבוביה, עדיין לא קנו להן אצלי אחיזה ברורה. ריבוי האמונות – עקרונות דת, כללי פולחן, פרשנויות וציוויים – דומה למקהלה רב-קולית, או אולי לקקופוניה אנושית.

* * *

נכון, לוּ רחב מכל דת אנושית, אין הוא דוחק עצמו אל תוך נוסחה יחידה. מה שהוא אצלי תנועה מן הממשות אינו בהכרח מן הממשות אצל הזולת. אבל אין פירוש הדבר שלוּ הוא עניין להחלטה אישית שרירותית, שביכולתי להמציא את אלוהי. לַחומר מבנה משלו, ולא כל פולחן מאומץ מצליח לפתוח בו פתח ביני לבין הממשות. מה שאינו פותח אינו פותח, ולא תעזורנה ההשתדלויות העצמיות. יש שאני נלכד בעצמי, ועל אף הפולחנים והמדיטציות וההתפלפלויות הפילוסופיות, בכל זאת אני שבוי בעיסוקים העצמיים וביוהרת הידיעה ובלפיתה ובריקנותו של הלב. רבים השיבושים וקוצר הראייה וההונאה העצמית והבלבול.

לא כל רעיון שממציא לו האדם פותח עבורו מרחב רוחני. להפך, מה שיוצא רק ממני נותר רק אני. מרחב פתוח אינו עניין להחלטה חד-צדדית שלי. לשם כך לא די בַחומר ממני, דרוש גם לוּ שיבוא בתוכו ויפתח בו רווחים. דרוש לוּ שיתגלם בעובדות הייחודיות המצויות אצלי: במילים האישיות שבידי, בתכונות הלב, במחיצות ובהתכווצויות ובצלקות הפרטיות, ברמת ההורמונים שלי ובקצב הדם ובתנוחת הגוף. כל יצור מכיל רק מה שהוא מכיל, על פי תכונות החומר ומידת החלל וצורת הקירות.

טוב היה לו יכולתי להכיל את כלל התגלמויותיה של הממשות, אלא שאני מקומי מדי, חלקי מכדי שאוכל להקיף בעצמי את כולן. אינני יכול להיות הכול. אבל עם החלל המסוים כל כך שלי אני מצטרף אל האחרים שיכילו אותה יחד איתי, כל אחד על פי היכולת המסוימת שהופקדה אצלו. ורק מכוח השונוּת שבינינו אנחנו יכולים לשאת יחדיו, במרחב אנושי משותף, את ההתגלמות הגדולה. רק מפני שיש ללוּ מרחב רב שכזה להתגלם בו – שפות שונות ותרבויות ומנהגים ותכונות אופי וכעסים ולחצי דם והפרשות

הורמונליות לסוגיהן השונים – רק משום שאני פרט בריבוי האנושי, יש בי היכולת לשאת בתוכי את פיסת המרחב הקטנה שאני נושא עבור הלו.

* * *

אל אלו המכריזים שהכול יחסי, שאין ממשות אלא רק נקודות השקפה או טעם אישי, משום שהאדם הוא תוצר החברה, תלוי תמיד בסגנון החינוך וטיפול ההורים וחוקי הדקדוק וכוחות ההיסטוריה והשוק:

כן, כמובן, האדם מעוגן תמיד במציאות הרחבה, רחבה גם מן התיאוריות העדכניות שהוא כותב על אודות השפעתה של החברה. אין הוא מכונן את עצמו, אין הוא נקודת התחלה, כשם שגם החברה עצמה – ההיסטוריה והלשון ומערכת החינוך – אף הן אינן נקודות התחלה אלא תוצר. וגם תיאוריות היחסיות האופנתיות, גם הן מעוגנות במציאות רחבה יותר, מעוצבות במפגשי כוחות שאין לתארם. אין לתארם – שכן מרגע שמפרטים ומסבירים ומתארים הם הופכים לתיאוריה אנושית נוספת, כלומר לתוצר.

כך שעל אודות נקודת ההתחלה אין לומר דבר. המקור שממנו יוצא האדם קודם לאדם ולרעיונותיו, נורט מן הממשות עצמה. ודווקא משום כך ניתן לאדם, שהוא תוצר, לשוב אל נקודת בראשית שממנה יצא ושממנה הוא מוסיף לצאת כל הזמן – לא בתיאוריה, לא בהסתכלות חיצונית מפה לשם כמו מבט בעובדה, אלא לשוב פנימה מן המרחקים שעל פניהם הוא מפוזר, אל הממשות, ולעתים אף ליטול בה חלק ולהימהל בתוכה.

* * *

כאשר אבודה הרוח, אין היא מצליחה להכיר בעצמה. עיניה קצרות, אין בידה לחדור אל מבעד לאטימותן של העובדות הסתמיות. מנקודת מבטה, במונחים של עובדות, דומה כאילו רוחניות אינה אלא תחושה פסיכולוגית, חוויה פרטית, אולי אף הבל או דמיון. וזוהי מחלתה של הפסיכולוגיה המודרנית: הרוח שנחלשה אינה מסוגלת עוד להעמיק פנימה. נדמה לה שכל מה שבאדם אינו אלא אדם: מנגנוני נפש, תהליכים פסיכולוגיים, חוויות ותחושות ומחשבות וחרדות ותשוקות שכולן אנושיות.

אולם מי שירד ממש יודע שבתוך האדם פנימה יש תמיד יותר מאדם: פתח להמשיך הלאה, דלת הנפתחת אל הממשות עצמה. ורק כאשר המבט חיצוני יתר על המידה, רק אז אין מבחינים בחללים שמעבר לטווח הקצר. אין מבחינים בהבדל שביני לבין המרחבים הפנימיים, בין פנים-עצמי לבין פְּנים-פְּנים. עוצרים מול הדלת כאילו היתה קיר סופי ועוסקים בה בעסק רב כאילו היתה העניין העיקרי, מבלי להבחין שזוהי דלת מעבר בלבד ושניתן לסובב את הידית ולפתוח ולרדת הלאה אל העומקים. מה שקרוי בפסיכולוגיה "פנימיות" אינו אלא אני: תהליכי נפש ומנגנונים עצמיים. פנימיות אמיתית היא מקומה של הממשות האלוהית.

* * *

בחנות הספרים של האוניברסיטה אני מפשפש במדפים, קורא את הכתוב על כריכות הספרים, מביט לפעמים בתוכן העניינים. מוכרת צעירה ניגשת אלי, כביכול כדי להציע עזרה, אבל מן המבט המתגרה אני מבין שהכוונה אחרת.

נאה, ספורטיבית, מנומשת, סטודנטית לספרות מאוניברסיטה סמוכה, כך היא מסבירה. אנחנו מדברים קצת על ספרים, אבל כשהשיחה אינה מתקדמת היא מניחה לי ומתרחקת. נראה שמשהו בה מבין שאני שייך לעולמות אחרים.

בתקופות אחרות הייתי מזמין אותה אולי לכוס קפה. אני חוזר לספרים ומחפש בהם דברי הגות על אלוהים.

* * *

כיצד ייתכן שרב כל כך הסבל בעולם – מחלות הממיתות את מה שיכול היה לצמוח, תאונות הקוטעות הכול ברגע מהיר של היסח דעת, פגעים של טבע ושל רכוש, אהבות שלא ניתן להן סיפוק, ובדידות וריקבון וריקנות? ומדוע רבים כל כך האטימות, הרשע וההתנשאות וקשיחות הלב והעינויים וההשפלה והאלימות?

אפשר שצודק התנ"ך: אלוהים איננו יש מוחלט וקבוע ויציב בשלמותו, שהרי עולמו אינו שלם כתוצר סופי. אלוהים הוא ממשות מתנועעת כמו ים, גלים, מזג אוויר חולף, לרגע גואה וגובר ומציף, ואחר שוכך ונעלם. ואז עולים הכוחות הזרים וכובשים וממלאים את המרחב בגלות, עד שהוא חוזר

ומתגלה שוב, עולה ומאיים כביכול ומעניש ומושיע, מביא מידה של גאולה ומיטיב לזמן-מה, מגרש את הפולש לתחומו ואז מתפוגג שוב, ושוב מתגבר הפולש ושוב גלות.

ואפשר שאין זה נכון שאלוהים הוא כול-יכול שהכול נעשה כדברו הטוב – שהרי לא הכול טוב בעולמו – אלא אלוהות בין כוחות זרים, דומייה בתוך הילולה, אור המופיע בתוך החומר האטום ומתאמץ לפדות אותו מאטימותו ולהאירו.

ואפשר שאין הסבר ותמיד נותרת סתירה בלתי פתורה בין השפע האלוהי המציף בטובו את הכול לבין הכוחות הזרים הפועלים לחלל את המרחב; בין המוחלט האינסופי שאין לו גבולות לבין המכשולים והגושים והמחיצות.

כך או כך, לוּ איננו אלוהים-מלך, שליט יחיד, מיטיב ומושלם בשלטונו. אילו היה לעולם שליט מושלם לא היתה בו האטימות רבה כל כך. שכן יש להבחין בין שני עניינים שונים לחלוטין: בין הרעיון של אלוהים-מלך לבין אלוהות, בין האגדה של בורא עולם כול-יכול לבין קדושה, בין שליטו של החומר לבין לוּ. את שני אלו הדביקו יחדיו הדתות הקדומות, ואת התערובת כינו בשם "אלוהים". עתה יש לחזור ולהפריד בין מה שעורבב ולסלק מן הלוּ את האגדה של שליט העולם. אמנם אפשר להשתמש באגדה כדימוי, כמיתוס המצביע אל מעבר לעצמו, אבל מבחינתו של החומר, אין לו צורך במלך. די לו בחוקי הטבע לנהל את ענייניו.

באשר ללוּ, אין הוא אחראי לניהול החומר. אין הוא מסוג הדברים הבוראים עולם, מכוונים את פני הדברים או דוחפים אותם שיתרחשו כך או כך. על אף שלוּ הוא אינסוף בעוצמת השפע, מוחלט בקדושה, רחב כמו הכול, אין הוא שייך לכוחותיו של החומר ואין הוא מפעיל אותו לשפרו. לוּ שרוי בַּטוב ובאדיש וברע, מופיע כמו נחמה קדושה, כמו חסד, כמו הבטחה למשהו נוסף. לוּ פירושו התנועה ממעמקי החומר להתעלות אל מעל החומר; לא שיפור פני החומר אלא הקריאה אל החומר להיות יותר מעצמו.

* * *

ערב נוסף בספרייה. הפעם אני קורא על קדושים נוצרים. השמיים הקתוליים מלאים באלפי קדושים שהכירה בהם הכנסייה, כל אחד והנסים שחולל, ואל כל אחד ואחד ניתן לפנות בתפילה ולבקש שיתערב במהלך העניינים ויעזור. אני קורא במין תערובת של סקרנות ושעשוע וגם מידה של קוצר רוח. אני

מבין את הצורך האנושי כל כך בנסים, אבל מה הקשר בין תעלולים שכאלו לבין האלוהות הקדושה?

אחרי כמה דפים אני סוגר את הספר ומחזיר אותו למדף.

* * *

האם יש מחוללי נסים – צדיקים או קדושים או רבנים מקובלים – מבריאי חולים וחוזי עתידות ומסיטי אסונות ומקרבי הצלחות?

מי יודע לבטח אם יש אנשי נפלאות כאלו. אבל ברצוני לדבר על אנשים מופלאים יותר: יש בני אדם הנושאים בתוכם מרחב פתוח של אהבה. כביכול פינו את עצמם מתוך עצמם, ועתה פעור אצלם חלל פנימי להעמידו לרשותו של הזולת, להכיל את כאביו ודאגותיו ואף כעסיו וטרדותיו ובלבוליו. הם נושאים את הזולת בתוך עצמם – לא לשם ההוקרה העצמית, לא מתוך העמדת פנים או הרגעת האשמה, לא על דרך של התנשאות או הפרשת תרומה מן העודפים, לא על מנת לזכות אלא להעניק. אין הם שייכים לעצמם אלא לכול, לממשות עצמה.

איזו התפעלות על שזכו להכיל מרחב גדול כל כך, להתנשא מעל עצמם, להיות מתת! לעומת עוצמה רוחנית כזו, מעשה נסים הוא פעלול דל, להטוט בהשוואה לאהבה, אהבה המרוממת את הקיום כולו בגודלה.

וגם באדם הבינוני, שאהבתו הפנימית מצומצמת, אפילו בו עולה לעתים תנועה של הרפיית הלפיתה ופינוי עצמי, רבה מגדר כוחותיו, כדי לפתוח בו מידה של מרחב ולהעמידו לרשות הזולת. ואז, על אף צרות המרחב וגבולותיה של הנתינה, גם זוהי עמידה רוחנית מפליאה בכוחה להתעלות מעל לאדם-סתם, אמנם פחות ססגונית ומבדרת, אבל עצומה מכל מה שניתן לעשות במעשי נסים.

7

בין ירושלים לאוניברסיטת חיפה, 1993

שוב לארץ, לקראת תחילת הסמסטר באוניברסיטה. טוב להיות נווד, שייך תמיד למקומות אחרים, מעין לא-לגמרי-פה תמידי. "פה" הוא מקום שבו קל לשקוע ולהניח לעיסוקים ולעבודה להיות הכול. "פה" אינני אלא המשימה שיש לסיימה, אני הוא המאמר הנכתב, ההתדיינות המקצועית, פינוי הניירות מעל השולחן, קניית המצרכים בחנות, בילויי הערב, שיחת הטלפון. ואז נשכחים האופקים הרחבים, והנה לפתע אני של העיסוקים.

אני נחוש שלא להניח לעבודה לגדוש אותי יתר על המידה, שלא לסתום את המרחב הפתוח עבור הלוּ. עלי ללמד ולכתוב ולייעץ פילוסופית כמיטב יכולתי, אבל להישאר עבור משהו רחב יותר, פנוי וחופשי.

אנסה להגביל את עבודתי באוניברסיטה למחצית השנה בלבד. אתעקש שלא להגדיל את המשרה לשנת לימודים שלמה. סמסטר אחד בשנה הוא תקופה טובה של עבודה: להיות בחברתם של התלמידים והחברים והנועצים במשך ארבעה או חמישה חודשים, ואז לצאת אל השקט ליתר השנה. המשכורת תצטמצם למחצית, אבל תמיד אהבתי להסתפק במועט.

* * *

הלם החזרה ארצה גדול, גדול מאשר בביקורים הקודמים, אולי מפני שעתה אני אחר במקצת. אני מביט סביבי ברחוב, בחנויות, בבנק. עמידות גוף מרושלות, תנועות של עצבנות עייפה, דיבור צעקני ומפוזר. אנשים אבודים כל אחד בענייניו, כאילו נעלם מוקד שקשר פעם את הדברים יחדיו, כמו חבילה שנקרעה וחלקיה מתגוללים עתה על האדמה. החיים נתרופפו ורפסו לעובדתיות בוטה, לגשמיות ששכחה את יכולתה להתעלות אל מעבר לעצמה.

להשיג את שלי, להידחק ולתפוס, לא להניח לאחרים, להסתדר. פה ושם קיימות עדיין פינות של אנושיות חמימה, אלא שהיא מכווצת באחיזה בהולה שאינה מותירה די מקום לאורך רוח, למרחב של שלווה, לאור. גסות רוח תוקפנית, הצלפות פוליטיות, שרידים של אידיאולוגיה, צחיחות של היעדר אמונה; וגם איזשהו עצב, כמו תקווה שהיתה ונתבדתה.

ואל כל זה מוזרם הביוב של אמריקה, תוצרים המוניים עבור הטעם המהיר, הקל והיעיל, המבריק בחיצוניותו: להיטי לבוש ונעליים; סיסמאות וביטויי לשון מאומצים, סרטי קולנוע על אודות צעירים יפים, שאפתניים, מצליחים, נהנים. ריקנות פנימית השואבת אל תוכה תוצרי סרק זרים בתקווה צמאה למלא את הריק בסיפוק עצמי.

* * *

ברירה מוזרה נכפתה על האדם בארץ. רק שתי ברירות מוצבות בפניו: יהדות רבנית של מצוות המעשה וניתוחי תלמוד, או לחלופין חילוניות סתמית של קריירה ונוחיות שאננה ובילויים, לכול היותר משתעשעת לה לפעמים בתרגילי נשימה ואנרגיות-כביכול של העידן החדש. חסרה הדרך השלישית: יהדות של פנימיות כמהה, מגששת, חופשיה מכל סמכות ונוסחה.

* * *

בתחנת אוטובוסים בירושלים ניגש אלי גבר חרדי צעיר ומבקש שאניח תפילין.

"לא תודה," אני משיב ומנסה לחזור לספר שבידי.

"נסה ותראה," הוא מוסיף לנסות. "מה מפריע לך לעשות מצווה חשובה"?

כמה מוזר שאלוהים שלו זקוק לזרוע שלי.

* * *

יהדות חדשה, לב חדש. לא יהדות הטרודה בדקדוקי מצוות ובאיסורים ובשינון של דברי רבנים – הכורח העצום לעשות מעשים מטשטש את הלוּ שבאלוהים, מדגיש את המעשה החיצוני על חשבונה של הרוח הפנימית.

אולם גם לא יהדות "מודרנית" פושרת שוויתרה על פנימיותה למען החיים הגשמיים, שצמצמה את הדת לתפילה של בוקר שבת משום שיקרים לה עיסוקי היומיום מכדי שתתפנה להתמסרות רוחנית. זוהי יהדות של עמידה מלאה בפני הממשות האלוהית, של מרחב פנימי, של "והייתם לי קדושים" – תמיד, ככל שמסוגל לו האדם – "בשבתך בביתך ובלכתך בדרך ובשכבך ובקומך"; כזו המתאמצת להתעלות מעבר להיסחי הדעת, למירוץ אחר ההצלחה והכבוד, להתרפקות העצמית, לנוחיות הקלילה, והכמהה ליטול חלק בממשות. אין היא יוצאת ידי חובתה בהנחת תפילין של בוקר או באכילת כשר של צהריים כדי להתפנות לעיסוקים, כיוון שאין היא מתפנה לעולם מנוכחותו של הלוּ. אין היא מכסה את השקט ברוב מילים, אלא פורשת בשתיקה ללוּ מרחב פנוי. אין בה להג ולמדנות מתוחכמת אלא תום ואי ידיעה; אינה כולאת את עצמה בדוקטרינות מלומדות על אודות דבריו של הקדוש ברוך הוא ועל אודות נסים והמשיח והעולם הבא, שכן אין בידה תיאוריות אלא פנייה קשובה, לא תשובות קדושות אלא עמידה פתוחה כשאלה. וגם כאשר היא מאזינה אל הלוּ כפי שדיבר בליבם של אנשים עתיקים בלשון עתיקה, היא יודעת שהממשות משנה ומחדשת את התגלמויותיה ומפרשת את עצמה תמיד מחדש.

* * *

אני מחפש מקום תפילה, אין זה משנה לאיזה ארגון או קבוצה הוא משתייך, ובלבד שתהיה בו עמידה רוחנית חופשית ושקטה. קשה עלי ההתפללות בבתי הכנסת האורתודוקסיים: המלמול המהיר החולף על פני המילים מבלי להתעכב על משמעותן, מבלי להניח להן להתפשט במרחב – מהי תפילה אם אין למילים מרווח להיאמר בו ולהישמע ולחדור פנימה אל הלב? מוזר גם כיצד מחביאים את הנשים מאחורי המחיצה.

* * *

קשה לי לומר את מילות התפילה המסורתיות – "שמע קולנו ה'", "יהי רצון מלפניך", "סלח לנו אבינו" – אל לוּ שאיננו "מישהו" היושב בשמים ומקשיב. קשה לי להודות לו על המצוות שנתן כביכול, או לבקש ממנו שיוריד את הגשם ושירפא את החולים ושיכה ברשעים .

אמנם, לעתים דומה שגם באמצעות מילים כאלו ניתן לפנות אל הלוּ, שגם אלוהים המסורתי, זה המאזין ומצווה ומתכעס ומוריד את הגשם וקורע את הים, גם בו יש, תחת המעטה הסיפורי, גרעין של ממשות שמעבר למילים. ומפני שהמילים הללו הן מילים של פנייה – ולו גם מצוירות באלוהים שבשמים ובמעשי נסים – ניתן לי בזמנים כאלו להשתמש בהן בפנייה אל הלוּ, לא בזכות מה שהן אומרות אלא בזכות הכוונה.

אבל בזמנים אחרים המילים מרוחקות יתר על המידה, מגוחכות בציוריותן, זרות בדימויים שבהם הן מציירות את אלוהים: מלך שליט, כעסן כל כך ונוטר וקפדן. ואז אני מהרהר שהתפילות המסורתיות הגיעו כבר לקצה תוקפן ושנחוצה שפה חדשה לתפילה. אלא שאין בידי לחבר תפילות חדשות. תפילה אינה המצאה שרירותית של האדם. לא כל שרשרת מילים שכותב מישהו מגלמת פנייה של ממש. יש להמתין לבואן של תפילות חדשות, להניח להן לנבוט ולצמוח בעצמן מתוך הממשות העולה באדם. ובינתיים אפשר להסתפק בתפילות הישנות ולהתפשר עם אלו שהצרימה בהן מועטת, או לפרש את המילים העייפות בפירושים חדשים שיעניקו להן כוונות חדשות.

* * *

מדוע אני מחפש בית תפילה? יכולתי להסתפק בהתבוננויות השקטות שאני עורך לעצמי, בהליכות של התבודדות, בקריאה רוחנית. בכל יום אני מסתגר בחדר פעמיים או שלוש, מתיישב בזקיפות נינוחה, עוצם למחצה את העיניים ומניח לשקט לעלות אל תוכי. לא למדתי שיטות של מדיטציה וגם אינני מחפש תחבולות, אבל כך אני מוצא ברוחי את הנקודה שממנה אני פונה אל הלוּ. לעתים הריכוז מרופט תחילה ומקושקש בקרעי מחשבות ובדימויים משוטטים, אבל לאחר זמן הפנייה מתעצמת, דומייה טהורה עולה ומתפשטת, חמימה או שקופה או מוארת, מגיעה מעצמה מאי שם, נטולת מאמץ. עתה כולי כאן, נוכח כתפילה.

אחר כך אני מְרַפֶּה מעט את הגוף, ומבלי לצאת מן הדומייה נוטל ספר לקריאה רוחנית, כתבים של הוגים דתיים או דבריהם של מיסטיקנים מזמנים קדומים. טובים הם אלו המספרים מלבם על תנועתה של הרוח באדם, על העמידה הפנימית במחיצת האלוהים. בשעות שכאלו אין לי צורך בתיאוריות למדניות ובניתוחים מתוחכמים. המילים נקראות בתוכי בדרכן,

אינני מאלצן למהר להספיק ולסיים, ואני מקשיב לדבריה של הרוח כפי ששמעו אותה אחרים.

יכולתי להסתפק בכל זה, ובכל זאת אני מחפש גם את התפילה הציבורית. כוח מיוחד יש בקהל מתפלל, רחב מזה העובר בתפילת היחיד, לא עמוק או ממשי יותר, אבל רחב.

* * *

תפילה פירושה להיות אחֵר, להיות לא האני המצומק בלבד אלא יותר משהנני. כדברי שמואל הנביא לשאול: "וצלחה עליך רוח ה׳ והתנבית עמם ונהפכת לאיש אחר" (שמואל א, י ו). גם לבדי בחדר ניתן לי לפעמים החסד להיות תפילה, אבל בתפילת הציבור יש דבר-מה שאין בתפילת היחיד, שכן אז אני הופך אחֵר לא רק כלפי מעלה אל הלוּ, אלא גם לצדדים כביכול, כלפי הזולת. ואז אינני אני בלבד, אני הקהל.

* * *

תחילה חשדתי בצורות החדשניות של היהדות – היהדות הקונסרבטיבית והרפורמית והמתחדשת. אינני בוטח בניסיונותיו של האדם לשנות את כללי הדת ולהתאימם לזמנים החדשים. דת אינה אופנת לבוש שניתן להחליפה על פי טעם אנושי.

ואף על פי כן גיליתי שבבתי כנסת כאלו התפילה קרובה יותר לרוחי. המסורת היהודית אינה עוד חוקים כמו קיר בטון שיש להידחק אל מאחוריו, אלא מילים של האדם בפנייתו האישית אל האלוהים. טוב גם שנשים וגברים יושבים אלו ליד אלו וכולם עומדים כבני אדם.

בקבלת השבת בבית הכנסת הרפורמי הסמוך, התפילות נאמרות בהתכוונות ובשלווה עם רגעים של שקט פרושים ביניהן, השירה מרוממת והמילים מדברות. אבל בבוקר שבת התפילה מקוצצת יתר על המידה. נראה שהושלך ממנה, בשם המודרניות, משהו מן העיקר: המסתורין, ההשתאות, המישורים שמעבר לאדם. אלוהים הופשט מן העושר המסורתי ונותר בו רק מה שמתאים לשכל האנושי ולכללי ההגינות. כאשר האדם תופר את אלוהים על פי מידותיו, לא נותר באלוהיו הרבה יותר מאשר פעילות קהילתית-

תרבותית ועקרונות כלליים של מוסר. אין עוד לו שמעבר למילים ולהגיון האנושיים.

תפילה טובה של שבת בבוקר מצאתי בבית כנסת קונסרבטיבי צעיר. נוסח התפילה מסורתי, כמעט ללא שינויים, אבל על אף הקושי שבמילות התפילה, הרוח באולם הקטן פתוחה, האנשים סביבי לבם מתפלל איתי ואני איתם, הנשים מעורבות בקהל ובקריאה מן התורה בדיוק כמו הגברים, והפנייה רחבה.

* * *

גם טבע הוא מקום תפילה, מקום שניתן לפנות ממנו אל מעבר לאדם. במקומות שאינם מיושבים, הנוף הוא חוץ-אנושי, משתרע אי שם, עסוק בשלו, בממד אחר.

בהרים שלאורך נחל שורק יש דרכי עפר שאפשר ללכת בהן, שבילי הליכה מסומנים או דרכים של יערנים. אין זה טבע של ממש : החורשות נשתלו בידי הקרן הקיימת בשורות חדגוניות של עצי אורן, והמחטים מכסות את האדמה וחונקות את הצמחייה הטבעית. אבל בין החורשות, ואף מבעד לעצים, מציצים צמחי אלון ושיחים וסלעים משוננים.

מרגע שיורדים מן הכביש אל שבילי העפר, אין רואים איש. וגם בשבת, כאשר מתרבות המכוניות, הכול מתגודדים לאורך הכבישים לפיקניק משפחתי. רק מעטים נכנסים פנימה אל תוך היערות. אני יודע שיש בהליכה מידה של סכנה, אבל מה אפשר לעשות.

פעם או פעמיים בשבוע, אני נועל את הנעליים הגבוהות, נכנס למכונית, נוסע לאחד ההרים או הוואדיות או הכפרים הערביים הנטושים, נכנס לדרכי העפר וחונה. משם אני בוחר לי בשביל והולך לי בשקט שעה או שעתיים, נותן לבי אל אלוהים, עד שאני מתרוקן. ואז אני חוזר אל המכונית ושב אל העיר.

* * *

באוניברסיטה אני מלמד על האדם, על האהבה, על הנשגב, על החופש. לעתים אני מרצה, לעתים אנחנו משוחחים. הסטודנטים שואלים ומתדיינים ומספרים על עצמם לפעמים, והשיעורים טובים, אפילו טובים מאוד. יש בין הסטודנטים שהדברים חודרים אליהם פנימה ופועלים בלבם. ובכל זאת,

אינני מצליח למזג בתוכי את אהבת הלו ואת האהבה לסטודנטים. פחות מדי אני מדבר אליהם מתוך הקדושה, יותר מדי מתוך ההוגה הפילוסופי. כאילו שתי הוויות יש בי: זו של מרצה לפילוסופיה – איש החוכמה האנושית, אחראי במחשבותיו, מנתח, יודע – וזו של הלו.

חללים נפרדים בתוכי צריכים להיפתח זה לזה ולהתאחות ולהתרוות. אין זה עניין של דיבורים ישירים על רוחניות – אינני רוצה לשאת בפניהם דרשות של דת, אינני רוצה לשלוח אותם להתבודדות, אינני רוצה לספר על חוויות אישיות. לא זו הנקודה. זוהי אוניברסיטה, אין זה בית מדרש. רוצה הייתי להמשיך לחקור עמם סוגיות פילוסופיות, אבל לא רק מתוך השכל אלא מתוך רוחו של הלו, לגעת לא רק באדם בלבד אלא גם בעומקיו. אלא שהמחיצות בתוכי מפרידות, וכשאני עומד לפניהם אינני אלא אדם.

וכל זה מלמדני שעלי עוד לצמוח ולהמיס את המחיצות. רק כך אוכל להעמיד את תנועתו של הלו בתוכי לרשותם של אלו המבקשים את דרכיה של הרוח. כל עוד אינני רחב יותר ופתוח בפנים, כל עוד לא נפתחו ללו כל החללים בתוכי, לא אוכל לגעת ממנו באחרים.

* * *

זה כבר כמה שבועות ששככו, כמעט נעלמו, עוצמות הריגשה והחמדה שאפפו אותי פעם. עתה כמעט שאינני חש עוד בפלא, בנוכחותו של לו אצלי. רק לפעמים מוסיפים לעלות בי, ברגעים של חסד, הדומייה הטהורה, כמו גביש שקוף ומזכך, או הריגוש החמים שעוטף אותי וגואה בי לכדי בכי. אין אלו נוכחויות של לו ממש. אלו הן תנועותיו של הלב הצמא והמאוהב. אבל גם זהו מתת של חסד: היכולת הניתנת לפעמים לפנות בכמיהה פעורה אל אלוהים. ועל אף ההיעדר, אינני מרגיש שניטשתי לגמרי. אני מסביר לעצמי שזוהי הפוגה בלבד, אולי מפאת שאון העיר, העיסוקים, העבודה. ברקע צפות להן ציפייה לזמנים אחרים ותקווה להתחדשות. בינתיים אני מתנחם בהתבודדויות.

* * *

בית הכנסת הקונסרבטיבי. על אף נוסח התפילה המסורתית – הדוקטרינות המפוקפקות, המיתוסים העתיקים, המילים התמימות על אלוהים שהוא

שלנו, של עם ישראל, שאנחנו בניו אהוביו יותר מכל עם אחר, והוא, כדברי התפילה, "נפרע לנו מצרינו ומשלם גמול לכל אויבי נפשנו" – עמדתי בתפילת בוקר שבת בכל נוכחותי ונצטרכתי להחניק גל מתייפח של ריגוש. מבעד למילים המסורתיות עלה לו טהור ממילים שרק על דרך משל מרוחק הוא אבינו שבשמים, מלכנו וגואלנו. ואולי כך נגזר על כל תפילה להיות, שהרי אל הלו ניתן לכוון רק למרות הדיבורים.

אחר כך, כשהלכתי הביתה הייתי נקי ומטוהר מן החולין.

* * *

בהשתאות אני מסתכל סביבי באנשים המחטטים בנחישות בין החפצים שבחנויות, מתעמקים ברצינות מוחלטת בדפי התפריט שבמסעדות שלצדי המדרכות, משוחחים על אודות מעשיו של זה ועניניו של אחר, מנהלים את בתי העסק בשקדנות וצוברים ומשפרים, מלטפים את המכונית החדשה ומתבוננים בדגמי הנעליים האחרונים ומתחבטים – כאילו כאן העיקר. כמה מוזר. דומה כאילו נותרו אצלם רק עובדות, צבירה, בידור, הישגים, כאילו שכחו שהאדם אינו רק אדם אלא גם אופקים פתוחים, פנייה הלאה אל מה שמשתרע מעבר לעצמו, הבטחה. מרגע שהאדם הופך לעצמו בלבד, אין הוא מחפש עוד מעבר לגבולותיו, אין הוא מבקש עוד להתעלות אל הממשות, אל תנועת הרוח, אל החוכמה. הוא נמצא עם עצמו, מסתפק בחומרים אנושיים. כל שברצונו הוא לבחוש בעיסה העצמית .

ועתה נדמה לו כאילו הגאולה נמצאת בתוך ענייניו, אילו רק ירכוש מקרר מתוחכם או מכנסיים מן האופנה האחרונה, יעלה בדרגה, יצא לטיול במקומות נדירים. לספק את עצמי, לעמוד על שלי, להיות שלם עם עצמי, לבטא את עצמי – עצמי עצמי עצמי. העיסוק העצמי הפך לעיקר. גן העדן גורש מן השמים וירד לשכון בתוך האני.

אבל אפילו פה, בתוך האנשים המשוטטים בלבה של ההמולה העצמית, מסתתרים גם כוחות אחרים, אולי שבויים בעצמם, אבל גם תועים ומחפשים. שהרי גם כאן, אצלי, מעורבים אלו באלו האור והתעייה והשקר והממשות.

* * *

אני מוסיף לכתוב על הייעוץ הפילוסופי, להרצות, להעביר סדנאות. היכן היא תנועת הלוּ בזמנים שכאלו? מהו הקשר בין הייעוץ הפילוסופי לבין הלוּ? קשר כלשהו צריך שיהיה, שהרי כמו תנועתו של הלוּ, גם הייעוץ הפילוסופי אמור (כך אני מאמין) לחדור מבעד ללב האישי ולהעמיקו אל המעמקים. הקשר קיים, צריך להתקיים, אבל עדיין אינני מבין מהו.

אני יושב על הכורסה כיועץ פילוסופי, והנועצת יושבת על כורסה מולי. אנחנו משוחחים. היא מתארת את הקושי, את הדי הכאב, את ההתלבטות. אני יוצא אליה בלבי ובדבָרַי, משתדל לגעת, ואכן אני נוגע, ודבר-מה נפתח אצלה ומעמיק. אבל אחר כך, לאחר שהיא הולכת, אני מהרהר: אני נוגע – אבל רק מתוך הלב, מתוך הפילוסופיה האנושית, מן האדם. אילו יכולתי לגעת בה מן הממשות. אני לבדי אינני הרבה, אני זקוק לאור. אינני רוצה להיות יועצה של הפילוסופיה בלבד, אני רוצה להיות משרתו של הלוּ.

ואכן, בתוכי ממתינה כבר הרוח, רוצָה לצאת ולהחיות במגעה ולהעניק, אבל אין היא יוצאת. עדיין לא. בינתיים, היא אומרת לי כביכול: הלוּ פועל את פעולתו בתוכך. הרבה יש לו לזכך אצלך פה בפנים. לגבי היציאה אל הזולת – זאת עוד נראה.

* * *

לפדות את נפשי, שכן נפשי זקוקה שיפדוה. אני משתמש לי בזמן, יום אחר יום, כאילו אין כל דחיפות, כאילו החשבון עומד לזכותי: גודש את השעות בענייני עבודה, שכר, פרסום מאמרים, יחסי ציבור, ואיני שם לב לכך שבמובן העמוק ביותר אני בגרעון.

* * *

לאחר שבועות צמאים של ריחוק ומחשבות רועשות בעיסוקים והסחות דעת, שוב באה לשהות אצלי הדומייה. ברכתי אותה בלבי. לו.

כיצד ניתן לתאר את דומיית הלוּ במילים? כמו אֵין הנוכח בעוצמה. כמו רגע אחד הנפרש על פני הכול. אין זה סתם שקט, היעדר מילים – אין זה היעדר כלל. זוהי מלאות עזה של מרחב רך, משקיטה את הרעשים, שקופה כל כך עד שהיא זורמת מבעד לכל הדברים והדיבורים כאילו לא היו כלל, מתעלמת לחלוטין מהתנגדותם, מציפה את עצמי, את האחרים, את העולם.

הכול נותר כפי שהיה תמיד – החפצים המוכרים וההבחנות והמרחקים והזוויות והצבעים – אלא שעתה גוברת עליהם נוכחות אילמת ומשתיקה אותם בחסדה. אין להם עוד דבר לאומרו והם נאלמים בתוך הדומייה הבוקעת מאותו המקום שהוא מעבר להבחנה בין חפץ לחלל, בין אני לבין לא-אני, בין פנים לחוץ, בין יש ללא כלום.

* * *

לאט לאט מתרחקת ממני נוכחותו של הלוּ. לפני זמן הוענק לי חסד, ועתה הוא הולך ונשמט. האם אכזבתי אותו, כביכול, האם הפניתי לו את גבי? הרי אני מוסיף להתמיד במדיטציות ובקריאה רוחנית ובהתבודדויות. אולי אין אלו המעשים הדרושים.

שוב מתגבר עלי הריחוק, חוזר הלכלוך הפנימי המוכר, נטול מוקד, חסר טוהר, סתם. החלל שוב פגום בקמטים, ורעשים מזהמים אותו כתמים כתמים. דבר-מה צריך היה להיות אחרת. מכל הדברים שהיו, רק קרבתו של הלוּ שחררה אותי מן האני המטולא. עלי לעשות מעשה של היטהרות, לפדות את נפשי, אולי בעזרה לסובלים ולגלמודים.

* * *

הבוקר, בבית הכנסת הקונסרבטיבי, נשא את הדרשה בחור קשה דיבור. הוא התרגש, גמגם, המילים סרבו לצאת מפיו והוא התאמץ להוציאן. הקהל היה דומם ומרוכז, היו שנענעו לו בראשם כמאשרים, ודומה היה שהכול השתתפו במאמציו ונאבקו איתו יחד להגות את המילים. לאחר שסיים, בדרכו חזרה למקום מושבו, לחצו את ידיו כמה אנשים, כנהוג. וכשהתיישב על כיסאו הניח שכנו את ידו על כתפו ולחץ אותו אליו בתנועה של חיבוק, והבחור נענה לו והחזיר לו בחיבוק משלו.

גל של אנושיות הציף אותי: להגיש את עצמך לזולת, לפתוח לו מקום בתוכך, לא מפני ש"לא נעים" או כי כך נהוג או צריך, לא מפני שהוא בנך או אשתך או חברך – לא מפני שהוא שלך כלל, אלא מפני שהוא אדם, ואפילו זר. זוהי הנקודה שבה נוגעים זה בזה ומתלכדים האלוהי והאנושי.

* * *

למרות כל מה שהתרחש בתוכי בשנה האחרונה לא הפכתי אדם טוב יותר. עדיין גוברים עלי, אולי אף יותר מתמיד, הנצחנות והצעקנות וההגנה העצמית וסערות של קטנוניות אנוכית.

ואולי כך צריך להיות: מה שהוא פגום בתוכי מן ההכרח שיצא ויבלוט כדי שניתן יהיה לשפרו. כך יהיה כל עוד לא אדע לפַנות את עצמי מן ההתכווצויות העצמיות. מכאן ואילך איני יכול להתקדם עוד לקראת הלוּ מבלי לפרוץ את המכשולים הפנימיים, מבלי לפתוח בהם פתח עבור האהבה, עבור הזולת, עבור הכול. עתה חוסמים את החלל קמטי האופי שלי, ואלו צריכים להתגלות בצורתם הרעה והקיצונית ביותר כדי שאוכל להיאבק איתם במישרין. תחנה רעה, אבל שאין לעקפה, בדרך אל האלוהים.

* * *

מחשבה בהרים: ההתנצחויות, ההצטדקויות, הניסיון להיות אחר משאני, הטינה לעובדות – כולם הם הסירוב שבתוכי להיות, בדיוק כפי שאני, בידיו של אלוהים. מכאן עולים הבהילוּת ללפות ולאחוז, התחבולות להכנעת העתיד, המאמצים להצליח ולהוכיח ולצדוק. וכמו תמיד, דווקא ההפקרה העצמית, הוויתור, הם ההופכים את הכול להיות בדיוק כפי שעליו להיות. שהרי בנקודה זו הכול פונה אל הלוּ.

* * *

בחודשים האחרונים נשרו ממני העיסוקים. תחילה אבדה לי ההנאה מקריאת ספרות יפה. בכל פעם שנתיישבתי לקרוא נוכחתי שאיני יכול לתת את דעתי על העלילה. לאחר הדפים הראשונים נשתעממתי, דפדפתי קצת לכאן ולכאן והחזרתי את הספר אל המדף.

אחר כך התחילו לשעמם אותי סרטי הקולנוע – אני שתמיד צדתי בקנאות סרטים מבטיחים בכל הקולנועים בעיר, שהתמצאתי בבמאים ובסגנונות והתהדרתי בטעם אנין, ופתאום: די, אין עניין. אחר כך נשרו ממני גם ספרי השירה והדיונים הפילוסופיים והשיחות החברתיות. ולבסוף התחילה להכביד עלי אפילו המוזיקה, וכל אותן הקַלטות שצברתי בשנים

הקודמות נדחקו לקופסאות קרטון. לא עוד קולות ומילים ופעילויות ועיסוקים, רק השקט מניח את דעתי.

נראה שמסתיימת לה תקופה. מה שהיה משמעותי פעם הפך עתה לטורח, להפרעה שאיננה מן העניין, נתייבש והתקמט ונשר – מעצמו, לא מתוך מאמציי שלי, לא מכוחה של החלטה עצמית, אלא כאילו החליט זאת מישהו אחר עבורי. שהרי מבחינתי היתה זו הפתעה גמורה: פתאום נוכחתי שדבר-מה שהיה אצלי נעלם. ניסיתי להחזירו, כפיתי על עצמי להתעניין ולהתרכז, אבל ללא הצלחה. לו הולך וממלא את כולי ודוחק החוצה כל מה שאינו מכוון אליו.

ועתה, כך הרהרתי לעצמי היום, נניח שנמשכת ההתרוקנות ולאחר זמן אני נפטר מכל העניינים של חיי הקודמים. נניח שהעיסוקים שמילאו את זמני בעבר אינם מעסיקים אותי עוד כלל: אינני נדחף עוד לעבוד בכפייתיות הרגילה, אין לי עוד צורך בכתיבה ובמין ובבידור ובמעשי הנאה. יפה, ומה אעשה עתה במקום העניינים הללו, בכל הזמן והכוחות שנתפנו?

ומיד עלתה בי מחשבת תשובה: ומדוע עלי לדעת זאת מראש?

* * *

גם אני מתכעס בכבישים, בצמתים, בזרמי התנועה, כמו יתר הישראלים. בארצות הברית הייתי נהג אדיב ככולם, ואילו פה אני חוזר לדם המבעבע (ואני האמנתי שהוא נרגע בתוכי): ממלמל בכעס או מניד בראשי, ואף מגביה את אצבעי האמצעית לפעמים. דבר-מה אלים ונדחף ובלתי סלחני סוחף אותך פה ומגייס את כעסיך לאלימות, מבלי להתחשב ברצונותיך להיות אדם טוב מבין.

* * *

תמיד כתבתי, שרשרתי מילים, התאמצתי לחדש ולבטא ולדווח ולטוות. וזהו השחרור: עתה אינני נדרש עוד לומר דבר. מותר לשתוק, להקשיב, פשוט להיות, חופשי. איני נדרש עוד לייצר את עצמי בתוצרים. מנקודת מבטה של הממשות האלוהית, אין כל צורך בדיבורַי.

* * *

שבת הגדול בבית הכנסת הקונסרבטיבי: את הפטרת השבוע קראה בחורה גבוהה, לבושה ירוק. את פניה לא ראיתי. היא עמדה בגבה אל הקהל, שרה את נבואתו של הנביא מלאכי בקול נשי מאוד, בטוח, גבוה, צלול. וכל כך הרבה יופי היה בקול, יופי רוחני, מרומם, יופי של לו.

קול שכזה היה הילולה ארוטית אילו הושמע באופרה של אהבהבים או בהופעה על הבמות – קולם של שיפועים נשיים וריחות וסודות. אבל הנה, בבית הכנסת, אותו הקול עצמו היה ישיר וטהור.

ואז עלה בדעתי שיש דברים שניתן להם תפקיד כפול: הן של קדושה והן של חול. הקול הנשי הגבוה שביכולתו להלל את אלוהים הוא גם קול של זימה בעת שמשתמשים בו להתגרות נשית. וכך גם בעניינים אחרים: המילים האומרות תפילה הן אותן המילים המרכיבות את פרסומות הטלוויזיה ונאומי הבחירות והפטפוטים; ה"אני" המעמיד את עצמו לרשותו של אלוהים והזולת, פירושו גם האנוכיות הרעבה לסיפוקים עצמיים; שמחה של התעלות היא צידה האחר של שמחת הרכישה של מעיל אופנתי חדש; ויראת האדם מסופיותו האנושית אל מול האינסוף האלוהי היא גם היראה מפני השוטר המודד את מהירות התנועה.

ייתכן שבכל דבר בעולם יש כפל משמעות כזה, אלא שאיבדנו את הראייה התמה המגלה את הפן הרוחני. וייתכן שהפן הרוחני הוא ממשי יותר, כך שכל הדברים שבעולם הם ביסודם דברי קדושה, ורק האדם מושך אותם למטה ומשקיע אותם במשמעותם הגשמית, ועתה עליו לעמול ולחשוף מחדש את מה שכוסה ולהחזיר לו את משמעותו האלוהית. וכך הפך קול, שהוא במהותו כלי תפילה, לעניין אסתטי, מבדר, לא שלילי בהכרח, אבל נעדר רוח.

* * *

חופשי, שלֵו. הזמן דומם במקומו. רק רגע אחד פרוש על פני השעות כולן. אני מבין: זהו האלמוות. אינסוף הוא עכשיו, לא יסתיים לעולם, כולו כאן, מכונס בתוך רגע אחד. הווה מוחלט שאינו חולף, אינו בא מן העבר ואינו זורם אל העתיד, שאין דבר בלעדיו, שאינו למען רגע אחר שיבוא או בשל רגע שהיה, שוהה בעצמו ואיננו נזקק לשום דבר.

אני נושם לאטי, מדוע למהר? אינני מצפה, אינני בדרכי לשום מקום. הנה – וזה הכול.

* * *

על אף החיים החדשים הניתנים לי מן הלו, עדיין נותרו בי גושים ישנים של האדם הקודם: כמעט אותן התגובות, ההתכעסויות, ההתנצלות העצמית, הדיבור הבהול. כביכול הושתלה בי עצם חדשה, אבל הבשר הישן נותר.

ליומיום חיים עצמאיים משלו. גם לאחר שמציפים אותו רגעים של התעלות ותובנות חדשות הוא רוצה להתמיד באותן המחשבות והרגשות וההתנהגויות, גם אם הנימוק שהוליד אותן פעם אבד מאז ונעלם. נאמנות עיקשת לאותו האדם שאיננו כבר, למרות כל ההחלטות להיות אדם חדש.

ואולי זוהי פעולתם של הדממה והשפע: לא להנעים בתחושות של עונג – עונג אינו אלא תחושה עצמית – אלא למוסס אט אט את הגופה המתמידה בתנוחתה ולרפות את לפיתותיה ולפתוח את מה שאני בהחלטותיי אינני מסוגל לפתוח; וכל זאת לתפארת הלו כביכול, עבור האדם הרחב יותר, עבור כולנו, עבור האהבה.

* * *

שפע של לו, טוב וגדול, עולה בי כל היום מאותו שורש פנימי בתוכי שהוא אני יותר מאני, מן העומקים שהם שלו, היכן שהוא הכול ואני עבורו. חסד חם וסמיך ממלא אותי ברחמים רבים ומעלה בי גאות של אהבה. בתפילת קבלת השבת בבית הכנסת הרפורמי צריך הייתי לקפוץ את שפתיי כדי שלא יפרוץ מתוכם בכי של הודיה: "לו, הנה אני, הנח לי להיות אַין אצלך".

* * *

כל הערב והלילה והבוקר נמשך משב לו עצום. בצהריים חשתי בו מתמוסס ולא התמרמרתי – כל כך התישה אותי העוצמה המתמשכת ללא רגע של הפוגה. הוא בא כמתנה, ועתה הנחתי לו בעין יפה להסתלק, מבלי להפציר בו שיישאר.

* * *

קשה להבין כיצד באים מאי שם אל תוך האדם הדומייה הנקייה או השפע החם וממלאים אותו בקדושתם; כיצד ייתכן להתמלא בפנים, בתוכך, בנוכחות כה גדולה, לשאת הרבה כל כך בתוך פְּנים זעום כל כך, אנושי ומכווץ. מנקודת מבט של תהליכים פסיכולוגיים, אין כאן אלא מצב רוח, רגש, תחושה טובה. אבל מי שנתנסה בנוכחויות כאלו יודע שאין להן כל דמיון לַרגשות ולַתחושות העצמיות היוצאות מעצמך.

* * *

לאחר שעות של ישיבה בחדר ההתבודדות, שקוע בהתבוננות, בקריאה רוחנית, בדממה, אני יוצא – והנה אני שוב כפי שאני, ללא הישגים, ללא תוצר. מה בדיוק עשיתי בשעות האחרונות? במבט לאחור, מנקודת המבט של תוצאות, דומה שלא עשיתי דבר.

זוהי מבוכתו של הרצון הרגיל בענייני העולם, זה המבקש להשיג ולהשלים משימות, לסיים עניין בהספק מוגדר. כאשר הוא מוצא עצמו מחוץ לתחומי העיסוקים המעשיים, בתחומיה של הרוחניות שאין בה ביצועים והספקים, הוא מתבלבל ונותר בלתי מסופק.

* * *

ימים אילמים, שוממים. דרכי התפילה אטומות, ההתבוננות סתמית. אפילו הקריאה מחליקה על פני המילים מבלי לחדור אל מבעד לריקנות. שידפון, געגועים. ללא אלוהים אינני כלום. מין ריק עמום שאפילו הכאב נתרוקן ממנו ונעלם, ואף לבכות עליו אי אפשר .

בזמנים שבהם מילאו אותי עדיין העיסוקים, ההצלחה, הפרסומים, יכולתי לכסות את הריקנות בעשיית מעשים. ואילו עתה, ללא לוֹ נותרים רק געגועים. לאחר שהושלכו הכיסויים אי אפשר עוד להסתיר במעשים את מה שפעם הסתתר מתחתם.

* * *

היום הבנתי שהכמיהה היבשה שרבצה בי אתמול גם היא פנייה אל הלוֹ.

* * *

לו, שים נא משמעות במילים ופדה את דברי. אינני מגיע לשורשן של המילים. אתה, הקודם לנאמר, הפח נא בהן רוח כשאני רושם אותן על הדף.

* * *

על אף ריקנותה של הרוח: אני שמלבד גלות איני אלא נדר שלא מומש, לא אשכח כיצד נגעת בי אז.

* * *

מה אני, לו, הנה כף ידי פשוטה ושתיקתי אליך. מה נותר לי לעשות, אולי להקיש באצבעותי בקצב שלמדתי ממך פעם. לו חמקני שכזה, נעלם כמו פלא, שופע במחתרת, כמו רגשה סודית. אינני מפציר. מצידי שאהיה גוש תת קרקעי, סלע באדמה.

* * *

הנה דרכים רבות כל כך, חוצות אלו את אלו ומתפתלות כל אחת בפיתוליה ומתרחקות זו מזו לכיוונה שלה. כיצד זה מצאתי את עצמי דווקא כאן? מניין המסוימות הזאת שכך אני דווקא ולא אחר? שהרי אין כל הכרח נראה לעין שאהיה דווקא כך או שאהיה כלל, שאיוולד בעיר נתונה ואקלע ללימודי פילוסופיה ואפגוש באנשים שפגשתי ואמלא משרה שתתפנה באוניברסיטה ההיא ואלך ביער מסוים ואנגע בידי לו ואחר כך אגיע לעיר אחרת וכן הלאה. מדוע "דווקא כך" בשעה שיכול היה להיות אחרת? ואולי אני הנני אני לא פחות משאני אפשרויות אחרות: נהג המונית הממתין בקצה הרחוב, או הבחורה המרחפת על המדרכה בשמלה עגמומית, או הזקן הכפוף בחצר הבית הסמוך.

מין מחשבה שאין לה מובן אלא ברגע של השתאות.

* * *

אין נקודת התחלה ואין נקודת סיום וגאולה. תמיד אני מוצא את עצמי כבר בתוך המתרחש. תמיד קיים עבר והשאלות בו כבר נשאלו, ורובן נשכחו או איבדו את פישרן, ותמיד קיים עוד עתיד הממתין לדבר-מה נוסף שעדיין לא נשלם. אין להתחיל שוב מתחילתה של שאלה, כשם שאין לסיים תשובה. כמו חולה שְׁכחה שאינו מסוגל לזכור היכן הוא בדיוק ומה שאלו אותו לפני רגע ומה עליו לעשות עתה.

8

בחזרה לישראל, 1994

לאחר שהות נוספת של חודש במנזר אני שוב על הכבישים, חותך במכונית את המישורים האמריקאים האינסופיים אל העיירה אן-ארבור שגרתי בה פעם, ומשם, לאחר כמה ימים, אטוס לישראל, לקראת תחילת שנת הלימודים. במבט לאחור, מנקודת המבט של נדודים בשום-מקום שבין פה לשם, מה בדיוק התרחש במנזר בחודש האחרון?

היו ימים של כמיהה יבשה והיו משבים של חסד מנחם, היתה ריקנות מכאיבה והיה שפע עמוק ושפע אלוהי רך, היתה דממה רכה של לו וגם דממה עזה, היה כובד והיו מחיצות אטומות, והיתה שעה אחת של בעירה פנימית עצומה כל כך – אצבע אלוהים חרכה את לבי; והיו שעות סתם, והיו גם מחשבות טובות והבנות חדשות. אבל מהי המשמעות של החוויות הללו?

משהו חסר עדיין, אולי אף העיקר. לא ייתכן שהנקודה היא לחוות חוויות. אל אלוהים אני משתוקק, לצאת אל מחוץ לגבולות האדם, להיות מסירה עצמית, התגברות, לא סתם להתענג על תחושות פרטיות. אלוהים פירושו ממשות, לו, אינסוף, לא עניין לצבירת חוויות מתוקות.

* * *

על הכביש סביבי מתרבות המכוניות. כרך גדול לפני. נוסעים בצדודיות פנים קפואות מתמידים במסלולם או מתפתלים ממסלול למסלול כדי לעקוף ולהקדים ולהגיע, מי יודע לאן, אולי להספיק לארוחת צהריים, לקפוץ לפגישה עסקית, אולי לקחת את הילד מן הגן, אבל כולם מביטים קדימה

באותה נחישות מהורהרת לקראת מטרה נסתרת. שלטי ההכוונה מתרבים. יש לפקוח עין כדי שלא לגלוש לפנייה מוטעית ולסטות מן הדרך.

* * *

לו, הרי טבעת בי את מגעך, מה רצונך שאעשה? אילו אפשר היה לשוחח איתו כך ולשמוע במילים אנושיות ברורות מה עלי לעשות עבורו.

ואולי נקראתי כבר לעשות מעשה ואני החמצתי את הקריאה בהיסח הדעת או באטימות הלב? אולי נשמעת כבר הקריאה בתוכי להניח למשרה הבטוחה ולצאת – מי יודע לאן, אולי להצטרף לקהילה רוחנית או להקים קהילה חדשה או לייסד בית התבודדות עבור מבקשי דרך – אלא שהאצבעות לופתות וחוששות לשמוט את החיים הקודמים ונאחזות באמתלות ומכסות בחול עצמי את הקולות הפנימיים הקוראים להרפות?

* * *

אחר הצהריים אני נאלץ להסיט מעלי את השלווה ואת ההרהורים המרחפים בתוכה. זומח שנקישה חדשה עולה מגלגל המכונית. אני נדרך ומאט. גם הנקישה מאיטה את קצבה .

במחלף הקרוב אני יוצא ונכנס למוסך. בתוכי מופיעה לה התכווצות מהוססת של חשש מפני הטרדות הצפויות וההוצאה הכספית, התכווצות קלה אמנם, אבל בתוך השקט אני מבחין בה, לפיתה עצמית, כמעט עצבנות. אני מביט בה פנימה: מה היא עושה כאן בתוכי? יהי כך, שתתכווץ לה שם בפנים אם כך היא רוצה, אין זה ענייני.

ואחר כך היא נרגעת, שכן מתברר שאין זה אלא הצמיג. אני קונה צמיג משומש, חוזר אל הכביש וממשיך להצפין.

* * *

חודש טוב היה, פניית לב אל האלוהים, לא קלה תמיד אבל מוסיפה להעמיק. התרגילים הרוחניים שבידי נתפתחו ונשתנו, למדתי על דרכי התפילה, על ההתבודדות, על משמעותה של דרך החיים הנזירית. הפעם אף הורשיתי להיכנס אל תחומו הפנימי של המנזר הסגור בפני מבקרים. עזרתי לנזירים

בעבודתם במפעל העוגות שממנו הם מתפרנסים; פעמיים הרציתי בפניהם על הסכסוך הישראלי-ערבי; יצאתי עם האב סיפריאן לתפילת ראש השנה בבית כנסת בעיר הסמוכה; וביום המנוחה לרגל יום העצמאות האמריקאי, יצאנו לטיול לאורך הנהר בסירת קָנוּ.

כל זה אכן היה, ו...? ומה עכשיו?

* * *

האם ייתכן שבתוכי לוחשת כבר הידיעה כיצד עלי לצאת מעצמי, אך אני מהסס ודוחה אותה בתירוצים? שכבר נשמעה בתוכי הקריאה האלוהית לקום ולהתקדש, ואני לא העזתי להשיב? אולי הייתי צריך להשליך מאחורי את החיים הישנים ולהקדיש – מה להקדיש? כיצד? – ובמקום זאת אני משתהה וממתין.

חבל שאלוהים אינו מתרגם עבורי להוראות פעולה את האינסוף המתנועע בתוכי.

לפני כשבועיים, במיסת יום ראשון, נשא האב צ׳ דרשה: אלוהים, כך דרש, עמל לטהר אותנו. הוא סולח, בורא לב חדש, ונותן בתוכו את רוחו. אולם עלינו להתאזר בסבלנות עד שישלים בנו את המעשה.

נדמה היה לי שדבריו הופנו אלי.

* * *

האב סיפריאן אהב את הרעיון המרפרף בי כבר מספר חודשים: להקים בית התבודדות. ״להעביר הלאה לאחרים את החיים שניתנו לי כאן אצלכם,״ הסברתי לו. והוא השיב: ״בהחלט, בית התבודדות יהודי״.

ואכן, לאחרונה התחלתי לגשש: טלפנתי למי שהיו עשויים לסייע לי, אבל לא השגתי דבר. בשבוע האחרון, לאחר היציאה מן המנזר, שהיתי מעט בבית הארחה של נזירות ואחר כך בחווה דתית כדי ללמוד את דרכיהן של קהילות. אולם דבר לא נפתח, לא בתוכי ולא מחוצה לי במרחב האפשרויות המעשיות.

נראה שעדיין לא הגיע מועד המעשה. עלי עוד לגדול בדרכיה של הרוח לפני שאוכל לצאת אל הזולת. דומה שכל מה שהתרחש אצלי עד כה לא היה אלא צעד ראשון. מישורים גדולים יותר משתרעים אי שם, אינני יודע לאן הם עולים, אבל יש לבטוח בלוּ שעוד תיפתח הדרך.

* * *

לאחר שאני מגיע לאן-ארבור, אני פוגש את ג׳ בביתו. אנחנו יוצאים להסתובב ברחובות, בין דשאים מסומנים בזויות ישרות ועצי נוי גזוזים שטיפח לו האדם. אני להוט לספר לו, יש בי מילים חדשות להסביר לאדם החילוני את העמדה הרוחנית, לתארה גם ללא הביטויים המיושנים ״אלוהים״ ו״תפילה״ ו״מצוות״. נדמה לי שאני יכול להסביר במשפטים פשוטים עד כמה דחוף הדבר ומכריע, ואני רוצה למזוג מלבי אל לבו.

״ליטול חלק במה שגדול ממני,״ אני אומר לו, ״להתעלות אל מעבר לעצמי הקטן.״ אם הבנתי אני, ודאי יבין גם הוא.

אבל לא, הדברים אינם מגיעים אל תוכו. כל אריגי המילים שטוויתי המובנים כל כך עבורי, נבלמים אל מול העובדה הפשוטה שג׳ אינו אני אלא חיים אחרים.

לבסוף הוא אומר לי דבר יפה: ״כל זה הוא לא בשבילי. אי אפשר להתעלות באמצעות השכל. לשם כך דרושה קריאתו של אלוהים. ללא קריאה אלוהית, כל ניסיון להתעלות הוא משחק עצמי, העמדת פנים.״ (ומניין יודע אדם חילוני שכמוהו לומר דברי רוח כה נכונים?)

* * *

מה אעשה כאן בעיירה עד מועד הטיסה מחרתיים? היכן אלון? מי נעדר. דירתו של ד׳ דחוסה במשפחה. ג׳ הזמין אותי לישון בביתו, אבל נגינת דיבורו גילתה לי שאין הוא נלהב.

אני יושב במכונית בצד הכביש וחושב. פתאום עולה בי החלטה משונה – בית חב״ד, שם מולי, אינני רואה אותו מפה אבל אני זוכר, שם במעלה הגבעה. מעולם לא נכנסתי אליו בכל השנים שגרתי פה, אבל אז היה זה לפני שנגע בלבי אלוהים. עתה הוא הזמן.

אני מצלצל בפעמון, ובחור צעיר פותח את הדלת. אני מבקש לדבר עם הרב. הרב, בלבוש שחור של חרדים, מזמין אותי להיכנס ולשבת. אני מספר לו – ישראלי, מרצה באוניברסיטה, לבי פונה אל אלוהים ומבקש את הדרך להיענות למגעו בתוכי – מגלה מעט ומסתיר הרבה. אינני מזכיר את הכנסיות

ואת המנזר. הוא מקשיב בעדינות, שואל, מביע דעות, אבל זמן ערבית קרוב. הוא שואל אם אצטרף אליו לתפילה, ואני מסכים בשמחה.

נוכל לדבר מחר, הוא מציע. האם יש לך מקום לישון? אולי, עדיין אינני יודע. תוכל ללון באחד מחדרי המגורים להשכרה שבבניין. הוא מהרהר: ״יום או יומיים? טוב, שיהיה בחינם, ללא כסף״.

בנו של הרב פותח עבורי חדרון ומוביל אותי פנימה. המיטה קעורה כקערה, ובכל זאת אני מוצא לגוף פינה על פני המדרונות ונרדם.

* * *

למחרת בבוקר אני יורד לתפילת שחרית. יחד עם בניו וסטודנטים מקומיים ומרצה צעיר, אנחנו מניין. התפילה טובה – לא משום שהיא בנוסח האורתודוקסי דווקא, אלא משום שהיא תפילה לאלוהים.

לאחר התפילה פונה אלי הרב ואנחנו פורשים לשוחח. אני מספר לו שאמנם אני נובט מתוך ההשראה היהודית, אבל לחוקיה הדתיים של היהדות אינני מוצא מקום בלבי. אינני יכול להאמין שהממשות האלוהית הנוגעת בי ״רוצה״ שאשמור שבת ואדקדק בחוקי כשרות ושעטנז ואקפיד על נוסחי תפילה ואניח תפילין.

״ההיגיון שלך מסרב לקבל את האמונה,״ הוא משיב בסבלנות. ״הוא מתמרד, דברי הדת אינם נראים לו. כך הוא ההיגיון, הוא דבק בכלליו שלו, אז מה? מדוע שדווקא ההיגיון הוא שיקבע? מנין שדווקא הוא הכלי לידיעת האלוהים״?

״אם כך מי יקבע,״ אני שואל, ״אם ספר התורה שבידינו, עם רשימות המצוות והחוקים, אכן ניתן לשבטי ישראל בהר סיני לפני שלושת אלפים ומשהו שנה? האם לא ההיגיון המדעי״?

״האמונה. האמונה פועלת מעבר לגבולות ההיגיון״.

המילים יפות, אם כי אין הן משיבות על שאלותי. אינני מתווכח, לא זו הנקודה, אני רוצה לשמוע את דבריו. אבל יכולתי לומר לו: לא ההיגיון הוא הדוחה בתוכי את מצוות היהדות. להפך, זוהי הנקודה בתוכי בה מצית בי אלוהים את אהבתו, מתחת לתחומן של המילים הטוות את טיעוניהן. שם, בפנים, אלוהים דורש ממני לא מצוות של מעשה ולא דוקטרינות תיאולוגיות, לא יהודיות ולא קתוליות, אלא את הלב המתקדש.

* * *

חניית ביניים בסכיפהול. אני יושב באולם הנוסעים, משוטט קצת, ממתין למועד הטיסה לישראל. טובות ההמתנות בשדות התעופה. השעות צפות להן אי שם באינסוף, ואני איתן. נטול עיסוקים וחיים פרטים, זר בשום-מקום, חסר בית וחסר זהות וחסר דבר שהוא שלי לאחוז בו, אני בקרבתו של אלוהים. והוא איתי.

אני נכנס לבית התפילה הרב-דתי של שדה התעופה ומתיישב בשורה האחרונה. מיסה מתנהלת שם בשפה ההולנדית. הכומר, איש מבוגר ועדין, אומר את דבריו בשקט חלוש כעומד בלב שבור לפני האלוהים. בקהל רק אישה כבת חמישים היושבת בשורה הראשונה. הוא קורא בשפתו והיא עונה לו בדבקות בשפה הספרדית. אינני מבין את המילים וגם אינני מתאמץ להבינן.

ריגוש מופלא עולה בי ממעמקים אינסופיים וגואה ומתעצם. לו פורש עלי את אהבתו. סופה של בכי חם, של חסד אלוהי, דוחקת להתפרץ מתוכי בדמעות. מעולם לא היתה סופה עזה כמוה, אינני יכול להכיל את גודל טובו של החסד. אני קופץ את השפתיים, בולם בכל גופי, מתאמץ לעצור את ההתייפחות – אם לא אצליח יתפרץ הכול בעוצמות בלתי ידועות. הבושה עוזרת במאמציה ובכל זאת הדמעות זולגות.

אחרי המיסה ניגשת אלי האישה ואומרת לי דבר-מה בספרדית כמברכת. אנחנו מתחבקים באהבת אלוהים. היא מביטה בדמעותי ומוסיפה שלושה או ארבעה משפטים.

אחר כך עוזבת האישה ואחריה גם הכומר. אני נותר בחדר לבדי. ורק אז שוכך לו הבכי.

* * *

בוקר ראשון בארץ. בלילה חלמתי חלום : ראיתי ערמות של גרגירי חומר רך, זהוב-עכור, ערמות ערמות סדורות בשורות. והנה הוחל לסנן את החומר. הגרגירים הוזרמו מערמותיהם ונצברו בערמות חדשות, ובתוך כך נתרכך החומר ונתעדן והצהיב ונתמעטה עכירותו. לבסוף סיימו הערמות להסתנן, והנה פחת גובהן. ומיד הוחזרו הערמות הקטנות למקומן הראשון, ושוב החל הסינון, והערמות הוסיפו להזהיב ולקטון. וכך המשיכו הערמות להסתנן

ולחזור למקומן קטנות וצהובות יותר, ושוב להסתנן ולחזור וחוזר חלילה עוד ועוד.

ואני שאלתי: מה זה? ונאמר לי שזהו תהליך של הזדככות, שכן כדי להיטהר צריך החומר להסתנן שוב ושוב פעמים רבות עד שיהיה בו טוהר גמור.

* * *

חמדה. ים של הבנות נפלאות מרחש סביבי, ואני, שהנני אטי מכדי לקלוט את עיקר דבריהן, נישא על גליהן. תודה לכולכן, למרפרפות עלי במגען, לחולפות בקרבתי ונעלמות, ולאלו הממלאות את הים אל מעבר לטווח ההבנה.

* * *

בזמני מעבר שכאלו אני נוכח לראות עד כמה אינני עוד של העובדות והעיסוקים. איני שייך לפה, אני של הלוּ. מנקודת המבט של מראה עיניים דומה כאילו אני משוטט ברחובות ירושלים, אבל באמת אינני דורך על המדרכות, איני מתחכך בעוברים ושבים, מראות וקולות אינם מגיעים אלי.

* * *

חזרתי ללמד באוניברסיטה, יומיים בשבוע. אני מרבה להתכונן והשיעורים טובים, שכן משהו מן העומקים עולה מתוכי ומהדהד בכיתה. אמנם אינני אומר "לוּ" או "ממשות", אפילו לא "אלוהים", אבל הלשון כבר אינה ברשותי בלבד, והיא מלחשת דברים של לוּ בתוך הדיונים על אפלטון והסטואים ודוסטויבסקי וניטשה, ואפילו – על דרך השלילה – סארטר. לוּ מתגנב לתוך דברַי ומדבר דרכי במילות כיסוי שאולות מן העגה האקדמית. ונראה שיש מן התלמידים החשים בדבר-מה, אבל אין הם מבינים בדיוק מה אני מוהל במנות הלימוד שהם טועמים.

* * *

מה עושה אדם שהלך ביער ושמע לפתע קול אלוהים – לא שאלה, לא ציווי, פשוט קול? אי אפשר להישמע לו, שהרי דבר לא נשאל או נתבקש. ובכל זאת הקול הוא קולו של אלוהים, חודר בחמדה רבה ומעורר אדוות של שפע ודבקות – ומה יעשה האדם? להמשיך כתמיד אינך יכול, אבל גם אינך יכול להשיב על מה שלא נשאלת.

קול אלוהים שאין לו מוצא. דלקת בוערת בי, דלקת מתוקה של אהבה שאין לה פתרון ואין לה תרופה.

* * *

הבוקר, בפינת ההתייחדות, דפדפתי בערמות היומנים שכתבתי פעם ונזכרתי כיצד החל אז הלו לעלות בתוכי. אחר כך העתקתי קטע יפה אחד אל מחברת, ואחריו קטע אחר, ובתוך כך חידדתי את המילים ושיפרתי את תנועתן כדי להקל עליהן לומר את מה שביקש להיאמר דרכן.

ופתאום עלה בדעתי שזוהי בדיוק המשימה: ללקט הבנות מן הלו ולקבצן יחד כמו ספר תהילה מן הלו ואליו. כן, עד שיגיע הזמן לצאת ולעשות מעשה, תהיה זוהי המשימה הכפולה: להזדכך בתוכי, ולכתוב עבור הלו כתפילה.

אבל אחר כך רפה בי הלב: כיצד אוכל לכתוב דברים של קודש? מעולם לא היטבתי לכתוב, וגם עתה המילים נאבקות במאמצי. צריכות היו לפתוח פתח לרוח, והנה הן מתעקשות לעמוד בדרכה.

וקול ענה לי בתוכי, שקט ונקי: אם תכתוב, אעזור לך.

* * *

אני יושב ומתאמץ לגלף במילים. לא לכתוב עוד ממני, אלוהים, לכתוב ממך; אם רק תינתן לי ההבנה להבחין בין מילותי למילותיך, בין מילים של מילים למילים של דממה. אבל המילים אצלי עילגות, כה מאומצות, רק את עצמי הן כותבות.

אני קם, מקמט את הדף באגרוף. מה נותר לעשות עם מילים חורגות שכאלו מלבד לבכות?

אבל אחר כך אני מתנחם: ומה בכך שהמילים כושלות? אין זה ענייני. אני את חלקי מקיים, יושב אל מול הדף ומעמיד לרשותה של הרוח את היד הכותבת.

ואולי אין זו אלא כתיבת הכנה והנקודה עתה היא להתאמן ולזכך את היכולת, כמו פסנתרן העמל בתרגילי אצבעות לא למען הצלילים המחוקים של עכשיו, אלא למען עתיד כלשהו שבו תזרום אולי מנגינה של ממש.

ואני מתיישב שוב וממשיך לכתוב. אולי אהיה מסוגל אי פעם לעבד את הכתוב ולזקקו מן הניסוחים העצמיים ולחשוף בו משהו מן התנועה המקורית.

* * *

לקתולים יש ישוע ואפיפיור וכמרים, ליהודים בתי מדרש וישיבות וספרי תלמוד ורבנים. ואני שאינני מאמין בישוע ובדוקטרינות הנוצריות וגם לא בַתורה שניתנה בסיני ובמצוות הרבניות, מגשש ומבקש את דרכיו של הלוֹ בתוכי ללא כללים להובילני וללא תורה מקודשת וללא מורה שיכבוש לפני את הדרך.

שכן אין סמכות בענייני לוֹ, אין לו רבנים הקובעים בשמו את החוקים. לוֹ אינו נזקק למתווכים שיקַשרוהו אל האדם, הוא נוגע ישירות. אין לו צורך בתחבולה מקצועית או בידע מוקדם או בהוראות חיצוניות: האדם פונה אליו בעומקיו הפנימיים.

סמכות היא דבר הנמסר למישהו ועתה היא ברשותו, אבל לוֹ הוא אופקים פתוחים. אין הוא שייך לאיש, אין הוא דבר שניתן למסור ולקבל ולהחזיק בו כברכוש. סמכות פירושה כך דווקא ולא אחרת, על פי הכללים, אבל לוֹ הוא תמיד אחֵר, חדש כמו עכשיו, רגע במגעה האישי של הממשות. סמכות פירושה תחום שהוגדר, אולם לוֹ אינו עובדה סגורה שניתן להכריז עליה כך או כך. תחומים הינם תמיד אנושיים מדי, מוגבלים לרשימת הכרזות, מצמצמים את טווח הראייה ומקפיאים את הציפיות. מוטב לפנות אל לוֹ מן השתיקה, ללא ציפיות מוקדמות, ללא רעיונות מחוכמים, ללא הנחיות של מומחים אלא דווקא מתוך בורות.

כך שלוֹ אינו תחום התמחות או עניין להכשרה מקצועית. רבנות מקצועית היא עניין אנושי: כתב מינוי, שעות עבודה, צרכים עצמיים, פרנסה ואף שררה וכבוד. כך הוא האדם: אפילו כשנוגעת בו הממשות עצמה בקדושה נוראה ובעומקים נפלאים הרחק מעבר לאופק האנושי, גם אז הוא מתפתה לשלוח את ידו וללפות ולאחוז את אלוהים ולהפכו לקניינו שלו, לתרגם את החסד האישי שניתן לו לדוקטרינות ולכללים שכביכול חלים על

כל בני האדם, להכריז על אמת בלעדית שאין בלתה, ולבסוף להפוך עצמו למוסד ולהרבות תלמידים וכוח והשפעה וכספים .

אין סמכות – אבל טוב גם להקשיב לאחרים. לו מדבר בכול. רבים מדבריו אינם נשמעים כאן אצלי. קל כל כך לטבוע בהמולתם של רעיונות עצמיים ולבלום את הקולות. לפעמים שופעים המרחבים אצל הזולת, וגם כאן אצלי אפשר לקלוט משהו מן ההדים. אבל לשם כך אין צורך בסמכות אלא בלב קשוב.

* * *

כן, אני מן היהדות אפשר לומר, משם אני בא, אבל לא מן היהדות המשומרת אלא מן הרוח. שכן, אלו המסמיכים עצמם בשמו של אלוהים לשמור על היהדות ה״אמיתית״, לאחוז בה בחוקיהם שלא תברח, שלא ישתנה בה דבר ; אלו הרואים עצמם כסמכות בענייני אלוהים ולוכדים את היהדות בנוסחאות של פירוטי מצוות ודברי רבנים ורשימות כללים שאין לשנותם – מחניקים בה את הלו. לו פירושו מפגש מתפתח בין האדם לבין הממשות : אתה אמנם מי שאתה, שתול בעבר, אבל תמיד גם מתקדם אל זמנים חדשים, להיות יותר מעצמך.

״נאמנות לדבר אלוהים,״ הם אומרים.

״דבר האלוהים״ הוא רגע מתנועה הלאה, משב הזורם מבעד לאדם, לעולם לא תוצר מוגמר וסופי אלא תמיד מתמשך, לעולם לא סיים לומר את דברו, תמיד מוסיף לשפץ ולחדד את העמום ולמחוק את מה שקודם לא נשמע כהלכה ועוות, להחליף ניסוחים ישנים בחדשים, להרחיב ולפרט ולטוות קישורים נוספים לעניינים שלא הוזכרו עד כה, לפרש ולהסביר לעומקים חדשים דברים שפעם היה ניתן להבינם רק כך ועתה יש להבינם אחרת, לבנות משמעויות נוספות מתוך המשמעויות שכבר הושגו, לומר דברים שלא היו יכולים להיאמר בעבר במילים חדשות שלא היו אתמול. תמיד הוא יותר מעצמו, לעולם לא יאמר את דברו האחרון, שכן נקודת הסיום אינה בתחומיו של האדם אלא באינסוף. מה שנגלה לאדם מן הממשות אינו אלא מה שכרגע ביכולתו לקבל ולהכיל בתוך עצמו ; ואדם הריהו שינוי.

אבל החומר הרוצה ללפות את הרוח ולשמרה שלא תאבד מרשותו, מקפיא את התנועה כדי להפכה לקניין שאפשר להניחו בארון הספרים ולהכריז עליו שזהו זה, הכול כאן אצלי.

* * *

להוסיף לכתוב יום יום עבור הלוּ. רק אם אתמיד, אלמַד את דרכו בַמילים. בינתיים, רק אל הדף אני מוציא החוצה את תנועתו בתוכי. כמעט שאיני מספר עליו לאיש, אני מסתיר את נוכחותו בי, רק רומז לפעמים.

ניסיתי לספר פעם, אבל המבוכה מנעה, ובמקום משב של רוח יצא רק ציוץ עלוב ומבויש. כל אותו הביטחון העצמי המתנוסס אצלי כרגיל, מתפוגג לו מרגע שאני מנסה לצאת מן הלוּ החוצה אל האחרים. במעמקים פנימיים שכאלו, אינני מסוגל לבטוח בכוחותיי שלי כפי שאני בוטח בהם בהרצאות אוניברסיטאיות או בייעוץ הפילוסופי; רק בנוכחותו בתוכי אני בוטח – וזו אינה בשלה עדיין. עדיין לא שֻלמה פעולתו אצלי.

עוד יהיו זמנים אחרים, ואני ממתין. עדיין אינני מוכן לתת מן הלוּ במגעֵי בזולת, עדיין לא נזדקקה בי היכולת לפתוח את תנועתו אל האחרים. ובינתיים, עליי ללמוד לכתוב מן הלוּ, כך שגם אם יתמהמה היום שבו אוכל להוציא החוצה את התנועה הפנימית – אולי להקים בית התבודדות, ללוות את מבקשי הדרך – אוכל לפחות להגיש לאחרים את משב רוחו באמצעותן של מילים.

אני ממשיך בייעוץ הפילוסופי ומשוחח עם הנועצים הבאים לדבר איתי. הם מספרים, ואני משוטט איתם בַריקנות, בַעצב, בַבלבול. אני עמל לפתוח פתחים בבוץ, אבל יותר משאני עושה זאת מן הלוּ, אני עושה זאת מן המחשבה והרגש, מעצמי.

* * *

ביקור במנזר הנזירות בבית ג'ימאל. חזית הבניין שוממה ומסוגרת. אנחנו מצלצלים בפעמון. נזירה חייכנית יוצאת מן הבניין ומזמינה אותנו פנימה. היא מכבדת אותנו בתה ובעוגיות ואנחנו משוחחים. אלוהים קרא לה, היא מספרת, כבר בגיל שמונה עשרה. אבל בגלל התנגדות משפחתה המתינה ארבע שנים עד שעשתה מעשה והצטרפה למנזר.

אנחנו חוזרים לירושלים. אם אמהר אספיק להגיע לקבלת השבת בבית הכנסת. אני מהרהר בדבריה ורגיעה רכה עולה בי ומנחמת. גם אישה זו השתהתה זמן רב עד שנענתה לקריאה האלוהית. בעניינים של ממשות אין להיחפז.

וגם לי מותר להשתהות. אמנם הלב כבר שמע ויודע ומשתוקק לצאת אל אלוהים, אבל יתר האדם עדיין אינו מוכן. דרושה לו עבודת סינון והזדככות עד שיוכל לאסוף עצמו למסירה עצמית.

* * *

בשיעור באוניברסיטה אני מקריא מן הטקסט האפלטוני ואנו דנים בטבעו של הנשגב. אחת התלמידות מספרת לכיתה על אישה המעבירה סדנאות רוחניות. היא יוצאת בחברת תלמידיה, כך היא מסבירה, לעורר בהם חוויות של התעלות.

אני מחייך חיוך של ספקנות. התלמידה מביטה בי כשואלת.

״הנקודה אינה תחושת ההתעלות,״ אני מסביר, ״אלא ההתעלות עצמה״.

״מה פירוש״?

״נניח שיש לך מאהב,״ אני אומר לה. ״הוא מספר לך שאתמול היתה אהבתו אלייך מתוקה כל כך, איזה עונג היה לחוש את גלי החמימות, את העוצמה הרכה, את הריגושים! והיום הוא מתגעגע לעינוגים הללו, מצפה להזדמנות לחוש אותם שוב. מה היית אומרת״?

״הייתי כועסת שהוא מאוהב באהבה שלו, בחוויות שלו, ולא בי״.

״בדיוק,״ אני אומר לה.

* * *

אני בא למנזר בית ג׳ימאל לביקור של התבודדות. בערב, לקראת התפילה, אני נכנס לכנסיית המנזר. מקומי באגף המבקרים, במרפסת פנימית המשקיפה על אולם התפילה הלבן. מתחתי הנזירות, יושבות במושבי העץ שלהן לאורך הקיר או קמות או כורעות, שרות בקול מתעלה, זך וגבוה, כמו חוט דקיק המסתלסל מן האדם אל האלוהים. מלמעלה אין רואים את פניהן, רק את ברדסיהן הלבנים.

עתה משתחוות הנזירות – ולפתע אני זוכה לראות: נזירה צעירה אוספת פרור מגלימתה באצבעות זריזות ומחליקה על המקום בידה, ומיד מסתיימת התנועה, כמעט לא היתה. והתנועה נשית כל כך, והתפילה רכה כל כך – וברגע זה נתמזגו יחדיו האישה בנשיותה והלב האנושי הפונה לאלוהיו.

* * *

אם המנזר של בית ג׳ימאל, האם א׳, הסכימה להיות לי מדריכה רוחנית. פעם בשבועיים אני בא אליה למנזר. לב ענק לה, מכיל באהבתו המחויכת את העולם, ואותי בתוכו. אני מספר לה על האירועים הפנימיים ואנחנו משוחחים. אנחנו מקשיבים לתנועות עומק והיא מציעה ומעודדת וגם מטילה שיעורי בית.

אני לומד. אבל למטה במעמקים הפנימיים אני הולך לי לבדי. לבדי אני מרחף בדממה או נאבק באבן, צף בשפע, מלטף צלקות ישנות, מבקש מעברים חדשים לרוח.

״יותר מדי אתה חושב על קשיים ומעצורים לרוח,״ היא אומרת לי במבטאה הצרפתי. ״כל לילה אתה צריך לחשוב על דבר טוב שקרה אצלך במשך היום״.

ואחר כך, בדרכים המתפתלות בהרים בחזרה לירושלים, אני מבין: להמיס את תחושת המשא, את ההתכווציות הדאוגות, את השחיחות תחת כובדו של הסלע. לשאת הכול בחדווה, גם את המחיצות הבולמות את הרוח, לשאת בגאווה אפילו את האני שהופקד בידַי כמו חסד. זהו אמנם אני קמוט כל כך, לופת ואטום, אבל תחת כנפיו של אלוהים.

* * *

אני מספר לאם א׳ על תחושות של מוזרות העולות בי לאחרונה בזמני התייחדות.

״יפה,״ היא אומרת. ״נראה לי שחלונות חדשים נפתחים אצלך בפנים. רוח חדשה נושבת במקומות חדשים, עדיין בלתי מוכרת, זרה כאילו״.

״אבל זוהי תחושה מוזרה,״ אני אומר לה, ״ללא אהבה, ללא חום״.

״אתה מתגעגע לתחושות האהבה המתוקה שקיבלת פעם. כדי להתקדם צריך להניח לתחושות הילדות המוכרות האלו. אל תנסה לאחוז ולשַמר את

הנעים והידוע. פתח את הלב, יעבור בו מה שיעבור בו, גם אם יהיה שונה ומפתיע".

אני יודע, לו הרי נוגע אפילו באמצעות הצחיחות.

"אין רע בתחושות של מתיקות," היא מוסיפה, "להפך לפעמים. אבל אלו הן תחושות אנושיות, לא אלוהים".

אחר כך היא שואלת כיצד מתפתחות המדיטציות שנתנה לי. אני מספר לה שבימי ההוראה באוניברסיטה אינני מצליח לפנות בתוכי מקום עבורן. אבל בימים האחרים בשבוע אני מרבה להתייחד. ובכלל, כמעט אינני יוצא מן הבית, מלבד הליכות בהרי ירושלים וטיולי לילה ברחובות.

"טוב," היא אומרת. "שקט הוא המקום של אלוהים".

* * *

"והשכל המנתח," אני שואל את האם א׳, "האם אין לו תפקיד בעבודת האלוהים"?

"יש, אבל רק אם הוא יוצא מן האהבה. לחשוב צריך מן הלב, לא מן הראש, אחרת השכל הופך עיוור".

* * *

דמותו של ישוע מופיעה בתפילה הנוצרית שוב ושוב, והיא מוסיפה להעלות בי תחושה של זרות. ניסיתי לפתוח אליה את הלב, אבל אין היא אומרת לי דבר. מספרים לי שישוע הוא אלוהים שירד להתגלם באדם ולסבול איתו כדי למחות את חטאיו, אבל אלוהים בגוף אנושי אינו דרוש לי. עבורי, לו הוא לו דווקא משום שאין לו דמות.

פעם אמרתי לאב סיפריאן שאני מרגיש כקאתולי מלבד ישוע ומלבד האפיפיור. הוא חייך, כביכול אמרתי לו משולש ללא צלעות.

* * *

כך אוכל להבין את דמותו של ישוע מנצרת – כאדם, כיהודי נאמן. בגיל שלושים הפעים אותו חזון – לקדם את היהדות ולשחרר את הלב הכבול; לא להחליף את היהדות במשהו אחר, כפי שהאשימוהו מתנגדיו וכפי שפירשוהו

אחרי מותו הנוצרים, אלא לחזקה ולהעמיק בה את הרוחניות. אז, לפני אלפיים שנים, היו ביהדות שפע של כַּתות וזרמים ומחפשי דרכים לדתיות חדשה, והיו מטיפים ומחדשים ומשיחים-בשם-עצמם. וגם ישוע אסף סביבו תלמידים ויצא, כמו רבים אחרים, להתהלך בעיירות ולהטיף את בשורתו.

ומה רצה ישוע לומר? שטוהר הלב חשוב מן העשייה החיצונית של פולחנים ומצוות; שרוחניות אמיתית אינה פלפולי הלכה והתחכמות מעודנת אלא אהבה פשוטה וישירה לאלוהים ולזולת; לא שיפוטים של "זה חוטא וזה צדיק" וספירה מתחשבנת של עבירות על חוקים מדוקדקים של מותר ואסור, אלא לב חופשי ופתוח אל הממשות האלוהית. משום שאין ערך לקיום המצוות ולדקדוקי התפילה ולידענות בכתובים, אם הלב מוכה בגאווה של צדיקים-בעיני-עצמם או באטימות לסבלו של הזולת או סתם בלהיטות לסיפוק עצמי. מחלתו הגדולה של האדם היא "שלי": ללפות את שכביכול שייך לי – כסף או עמדה וזכויות, קסם לשבות בו לבבות, חכמה וידע, בקיאות בתורה, הצטיינות במצוות – להכריז בעלות, לזכות בחֲזקה, לא לוותר ולא להרפות. אך מרוב תשוקה לשמור על שלו ולצבור ולהרבות, האדם מאבד את החשוב מכל – הלב החופשי הטהור. וכך זוכה דווקא זה המרפה ממה שברשותו, ומאבד את עצמו דווקא זה הלופת את שלו. ומי שיש לו – כוח או חומר או רוח – אינו עולה על זה שאין לו. להפך, כאשר אין "שלי" לדבוק בו, קל יותר לוותר.

בקצרה – יהדות של לב נקי, חופשי ואוהב, לא של שררת כוהנים והתחכמויות רבנים אלא של פנייה תמה ואישית אל האלוהים. בשורה אנושית-רוחנית, אם גם לא לגמרי חדשנית, שהרי עלתה מתוך חזונותיהם של הנביאים: "הגיד לך אדם מה טוב ומה ה' דורש ממך כי אם עשות משפט ואהבת חסד והצנע לכת עם אלהיך" (מיכה ו ח); "כי חסד חפצתי ולא זבח ודעת אלהים מעולות" (הושע ו ו). הרעיונות ריחפו כבר באווירת התקופה ובדבריהם של רבנים, ב"אל תעשה לחברך מה ששנוא עליך", וב"יהי ביתך פתוח לרווחה, ויהיו עניים בני ביתך", וב"אם למדת תורה הרבה, אל תחזיק טובה לעצמך". ככל אדם, גם ישוע צמח באקלים הרוחני של ימיו, אלא שהוא נשא את הבשורה קדימה מן האחרים, ללא פשרות, לקיצוניות רבה מגבולות הסובלנות של הסמכויות הדתיות: שמותר להקל במצוות המעשה למען הרוחניות הפנימית; שפשוטי העם והלב אינם נופלים בדתיותם מבעלי השררה הדתית וממלומדי הדת, שכן העיקר הוא הפנייה הטהורה ולא המעמד או הידע הנצבר או ההסמכה; שהסמכות הדתית המכרעת אינה

פסיקתו של הרב אלא לבו של האדם; שההתפלפלות והידענות עשויות לעמוד למכשול בפני הרוחניות.

כמה יפה היה אילו היו מבינים היהודים של אז שהבשורה שנשא ישוע היא יהודית, ברוח נביאי ישראל, קוראת לצעוד את הצעד הבא לקראת זיקוק הרוחניות והשלת המשקעים המתים שנערמו במשך שנים תחת מעמסתם של המוסדות הדתיים. היה זה יכול להיות המשך טבעי לצמיחתה של היהדות: לקראת יהדות של מרחב פנימי, של רוחניות חופשייה מסמכות והתחכמויות וקפדנות אנושית של רשימות מצוות ודינים.

כך פועלת הממשות בגלגוליה המתחדשים: תחילה נסתרת, אחר כך מופיעה בלבו של אדם כלשהו בבשורה המקדימה את תקופתה, והנה היא מופיעה באנשים נוספים, מעלה רגשות חדשים ותנועות רוח ותובנות שאינן מובנות עדיין לאיש, מבצבצת פה ונעלמת, מופיעה שם, מכינה את הלב האנושי ונעלמת שוב, וכך לאטה היא חודרת אל תוך הכרתם של בני אדם ומתעצמת, ואז, לאחר שהיא מתגלית ומתקבלת בלבותיהם של רבים, פונה להכין עצמה לקראת ההתפתחות הבאה.

כך בצבצה בישוע הרוחניות החופשית, אך ישוע היה רק אדם, והמוסדות הדתיים גברו עליו בקלות ומסרו אותו להיהרג בידי הרומאים. חבל, יכול היה להיות אחרת. היתה יכולה לצמוח יהדות שונה, אבל לא נותרה שהות מספקת לתיקון ההזדמנות. זמן קצר לאחר צליבתו של ישוע חרב בית המקדש ונעלמו כל אותן הכתות היהודיות השונות שהיו יכולות אולי – מי יודע – לפנות אל הרוחניות החופשית. רק הפרושים – אבותיהם של היהדות הרבנית, האורתודוקסית, אותה חבורה של מצוות המעשה וההתפלפלות התלמודית – נותרו, אולי משום שבחרו לקיים יחסים תקינים עם השליטים הרומאים; והפרושים הללו בוודאי לא רצו ברעיונותיו החופשיים של ישוע היהודי.

וכיוון שישוע וחסידיו היהודים הוצאו מתחומי היהדות, אימצו אותם לעצמם הגויים, היוונים והרומאים ואחריהם עמים אחרים, ותרגמו אותם לשפתם וצבעו אותם ברעיונותיהם, ומה לא עשו בישוע: הפכו אותו לבנו יחידו של אלוהים, למשיח, לבנה של בתולה, ולבסוף אף לאלוהים עצמו שירד להתגלם באדם ולהיצלב כדי לגאול את האנושות מן החטא. הוסיפו לו את רוח הקודש ויצרו את השילוש הקדוש, צירפו לו גדודי קדושים והעמידו בשמו כנסיה מפוארת והמליכו עליה אפיפיור שדבריו תמיד אמת, הכריזו בשמו מסעי צלב ואינקוויזיציות ועינו והשמידו כופרים. וכך עוותה תנועת

רוח יהודית של חופש פנימי לדת חדשה של גויים, כבולה בממסד חדש ובעושר חדש ובדוקטרינות מתוחכמות ובִצדקה עצמית.

אבל אולי הגיעה עתה העת להשיב אלינו את ישוע מנצרת ולהכיר ביהדותו. לא ישוע הנוצרי, זה של השילוש הקדוש ושל מריה הבתולה והכנסייה ורדיפות היהודים, אלא ישוע היהודי, שרצה להעמיק את רוחניותה של היהדות ונדחה בידי בעלי הסמכות הרבנית במשך אלפיים שנה. ישוע האדם, איש רוח מן ההיסטוריה היהודית, לא משיח ולא בן אלוהים אלא פשוט אדם. ואדם הרי הוא המרחב שבו מתגלמים ומתחדשים פניה של הרוחניות האמיתית.

9
סמסטר בחיפה, 1994

גם כשהיום נקטע בהכנת הרצאות, בנסיעה עירונית לאוניברסיטה, בדברי הרצאה ובדיקת עבודות, גם אז נפתח פעמים די מרחב של שקט – לא דממה של ממש אבל הפוגה מן ההמולה – כדי להקשיב פנימה. גם כשהמחשבות רועשות, כתיבה שקטה מסוגלת להיות תזכורת למעמקים הפנימיים להתעורר ולנשוב מבעד למלים הנכתבות על הדף.

* * *

הזמנים מתרבים וההשתדלויות נמשכות, ואף על פי כן הכול נותר כפי שהיה. שוב אירועי עבודה ואירועי בילויים ואירועי משפחה וקניות ודיבורים, והם מחליקים על פני הממשות, נערמים זה על זה מבלי לשנות מאום. דומה שדבר-מה צריך היה לבוא ואיננו בא. מתחת לפני ההתרחשויות החומר הוא אותו החומר, ללא תמורה, כמו סיפור שאיבד את עלילתו, כמו הבטחה שנשכחה, כמו חצץ.

והנה, כאילו פתאום, מופיע משב חדש – אולי ריגוש גואה מן האינסוף, אולי ים של שלווה, אולי חמימות מתוקה מציפה וממיסה את הסלע, אולי גל של אהבה מיטיבה אל עבר הכול – שוהה זמן-מה ומתפוגג.

ואפשר היה לחשוב שזהו סתם מצב רוח טוב, תחושה נעימה, ולשוב אל העניינים המוכרים במרץ מחודש. ואולי אכן כך הדבר, אבל ייתכן שלא זו הנקודה, שאין זו תחושה אנושית, אין זה כלל עניינה של הנפש, זוהי רוח חולפת על פני האדם, רפרוף של לו, הזמנה – לא לחזור לעיסוקים אלא לצאת לקראתו אל מעבר לעצמך. ומוטב שלא להחמיץ בתירוצים ובאדישות לב,

שכן הרוח משוטטת לה אי שם בדרכיה שלה, החומר עסוק בעצמו ואינו תמיד פנוי, ואין לדעת מתי, ואם בכלל אי פעם, תשוב לכאן ההזמנה.

* * *

ואז, כאשר בא אצלך הלו בעוצמתו, נוכח כתהום עליונה, אז מהדהדת בתוכך ההכרה, עמוק בפנים, במקום שממנו נובעים עומקיך: רק זה ממשי, זהו הדבר היחיד שהוא רציני באמת. כל היתר הם עיסוקים, וכל עיסוק הריהו תחביב: האדם מגדיר לו מסגרת, מציב מטרות וקובע כללים – סגנון חיים, התאמצויות, צריכה וצבירה, טיפוח, התעניינות – כל אלו אינם אלא עניין של טעם אישי, העדפה פרטית לכאן או לכאן, תחבולות וחישובי רווח והפסד, אפשרויות חלופיות. בסופו של דבר, בקנה המידה של הממשות, אלו הם עיסוק עצמי, משחק, קצת מזה וקצת מזה, אם לא כך אז אחרת, אולי. זהו האדם המכריז שכך יהיה, מארגן לעצמו את עצמו בינו לבין עצמו. אפשר אמנם לשחק "ברצינות" ולנסות לתת את כל הלב, אבל משחק נותר משחק וזוכרים שאין לאבד את המידה הנכונה ואין להגזים: אם לא אז חבל, עצוב מאוד אפילו, אבל איכשהו יסתדר דבר-מה אחר, אפשר לראות את הדברים מכיוון שונה, אפשר להתגבר.

רק לו רציני ממש, ממשי ללא תחליף. אין הוא "עיסוק" המתאים עצמו להעדפות אנושיות, אין הוא עניין לזווית ראייה. כאן הרצינות אינה המצאתו של האדם. כאן אתה מעורב בממשות, במימדיו של המוחלט שאין בהם "אולי" או "בערך", הוא במלוא משקלו. וזוהי היראה: ההבנה שהרבה מעבר לכל דבר בחייך, מעבר לחייך עצמם, הממשות האלוהית הזו איננה עניין למשחק.

ואם נמצא דבר כלשהו, אפילו בין העיסוקים של יומיום, שיש בו רצינות של ממש, לא התלהבויות עצמיות או פנטזיות של ערך, הרי שיש בו הבהוב של לו, אולי מתחת למסווה של עניין אחר, גם אם אין מופיעה בו המילה "אלוהים."

* * *

תחילה, בראשיתו של המפגש עם לו, ההתרחשות הרוחנית רבה: גלים של שפע, סערות של התעלות, דממה של קדושה גודשת את החללים, בכי מבורך.

הבנות חדשות מקלפות את מראה פניהם של הדברים, התאמצויות ישנות מתגלות בעוניין, ותחת העולם המוכר נחשפים מרחבים בלתי ידועים. מה שהיה קודם "אני" הוא עתה קליפה שטחית על פניהם של עומקים חדשים. כוח אחר פועל בתוכי. נדמה לפעמים שזהו, הגעתי. אבל לאמיתו של דבר זוהי רק ההתחלה.

שכן, לאחר טקס הכלולות מגיעה העבודה האמיתית. בא הרגע שבו אי אפשר עוד להוסיף ולהתקדם כמקודם, אי אפשר להמשיך עוד הלאה ללא מאבק פנימי. עתה חוסם את ההתקדמות אני עצמי: גושים עכורים של אופי סרבני, וצלקות ישנות שהגלידו למחיצות, וסלעים פנימיים החוסמים את האור ואת המעברים וסתם בוץ. האדם שהוא אני צריך להשתנות. אי אפשר עוד להמשיך הלאה בחברת הגושים והמחיצות והבוץ והסלעים. נחוץ כאן תיקון יסודי, לא די במעשה זה או זה, בריגוש או בחוויה. מכאן ואילך יכול להמשיך פנימה רק אדם שונה.

אלא שהגושים והמחיצות והסלעים והבוץ עקשניים כל כך: העמדות פנים שאינן מה שהן, והתכווצויות שאינן מסוגלות לתת, וסגירויות, והתכעסויות שאינן מוותרות, וקטנויות המוסיפות להיאחז למרות הכול כאילו יש להן רצונות משלהן, ולפיתות המסרבות להרפות. קשה, כמעט בלתי אפשרי להיות אור, מרחב פתוח, לפנות את עצמי לרשותו של דבר-מה אחר. לפני שהתחיל כל זה לא שיערתי עד כמה רב החומר בתוכי, עד כמה הוא קשיח ואטום לרוח. חשבתי שיש בי יותר רוח, שהרצון חזק יותר לרכך ולשנות.

ועתה מתחילה ההתמודדות. זוהי חציבה בסלע, המסה רוחנית של גושים. זהו מאבק – לא פסיכולוגיה של חיטוט בתוך עצמי, אלא מאבק רוחני של התגברות על הגבולות העצמיים. וכל תנועה כה קשה – מנגד ניצבות וחוסמות ערמות מוצקות כמו קיר של עובדות – כל התקדמות אל תוך האבן אטית כל כך, כמעט בלתי מובחנת, כמו תנועה נעלמה של גופה. ולעתים נראה שאי אפשר להתקדם עוד כלל מפאת הקשיות. אבל אפילו אז, המאמץ לדחוף עד לגבולות גמישותו של החומר וההבנה שאין ביכולתי להיות טוב יותר גם הן בחזקת התקדמות.

* * *

להיות גדול יותר בתוכי, להיות רחב. כאן בתוכי צפוף מדי, נוקשה וקטן, כה מכווץ בעצמו עד שמרגע שמתחילים להתרחב מגיעים מיד לאזור הספר ונתקלים בַּקירות.

להניח למה שאצלי, להשתרע הלאה, להיות בכל מקום, להיות של הכול. אבל מה לעשות והעובדות אצלי הן כאלו, צרות ולופתות ברצונות עצמיים, קשורות בפקעות של תחושות, רובצות תחת משקלם של זיכרונות מצולקים, מקובעות במקומן במנגנונים נפשיים. רק לעצמן הן שייכות, שומרות על שלהן ואינן מוותרות. לפעמים מבקשות להרפות, רוצות היו אחרת, אבל כאלו הן, עובדות אינן יכולות להיות גדולות מעצמן.

מה יש בידי לעשות שיעלה לו ויקבלני אליו וישא וינחם. בתוך גושי העובדות עוד נושמות נשימות כמו בועות של חיים בתוך בטון. לו שהוא כמרחב, שיבוא ויפתח ויפוגג את החומות.

* * *

בעת משב של חסד, כשהתהומות מתעוררים ממגעו של הלוּ, והמעמקים הקבורים נפתחים, והחללים האבודים שדהו מן השכחה מתחדשים, וכולם יחדיו באים ומצטרפים לדבקות ונוכחים בעוצמה מתוקה ונוראה, רק אז אני יודע עד כמה, בחיי העיסוקים של היומיום, אני קרוע ומהוהַ ומפורד. מעט כל כך יש פה בעצמי, שיירים דלילים, והעיקר מפוזר ותועה אי שם.

* * *

הנה כאן, מתחת לעצמי, עמוק מן המקום שבו מתרוצצים עסקי הלפיתה והרכישה והשימור, כאן המרחב בו ממתין לו לאדם. שם למעלה, על פני השטח, אני סבוך בעצמי כמו גלות, דוחק ולוחץ בבהילות ובטרדות, מחליט ומתאמץ וקובע, צמא להרוות את עצמי ומשתדל לדחוס את הדברים אל תוכי ומקטינם למידותי. ואילו כאן רחב כמו שלווה ומלא כמו חסד, ואני אינני מעצמי עוד, אני של הממשות. כאן בעומקים האדם מן הלוּ, ולוּ פירושו הכול.

להיות כאן תמיד, לא לשוב לשם, לא לעשות עוד מעשים מתוך עצמי אל עצמי, אני ומעשי, עיסוקים עיסוקים. לפעול תמיד מן המרחב, מאותו המקום מתחת לעצמי שבו נושקים זה לזה האלוהי והאנושי.

בשעות שכאלו דומה כאילו פשוט עד מאוד להתמיד כך, שהרי הכול זורם בדיוק כפי שהוא, גואה מעצמו, ללא טיפה של מאמץ וללא התכוונות, כאילו תמיד אוכל להישאר כאן אם רק לא אתערב ואקלקל. אלא שאני יודע כבר מן הניסיון, שמה שבא מן הדומייה ללא השתדלות אינו בידיו של האדם ואינו נועד להתמיד; שלאחר שיחלוף הזמן יחזרו הגושים האטומים; אבל שגם בזמנים כאלו שבהם המחיצות בולמות את השפע, אפשר לנצור את מה שבעומק ולשמור לו אמונים.

לנצור ולא להשתכח, כי מנקודת מבט של אחיזותי ומאמצי וסיפוקי לא אוכל לראות שיש בפנים מרחב ממשי יותר ממני. משם אדמֶה כאילו הכול כבר אצלי ובלעדַי אי אפשר. לא אוכל להבין שניתן להשיל את הלפיתה העצמית ולהיות מן המרחב המכונה אלוהים, קדושה, דממה, לו; שהמתקרב לעצמו מתרחק, ושהאני האמיתי (אם עדיין יאה לו הכינוי "אני") אינו בי אלא בממשות.

* * *

רוצה לפתוח לרוח, אבל הבוץ מכסה את הפתחים. רוצה לפַנות, אבל קשה כל כך למצוא פה יכולת. אי שם מובילים הפתחים אל הדממה והשפע. אילו רק תינתן מידה לי של ריכוז, אילו רק יירגעו היסחי הדעת. אבל הסלעים עצומים היום והמחיצות כבדות והמשקל חונק את התנועות הפנימיות. אתמול היה קל כל כך, המחשבות נשתתקו והקשב נתרכז לזַכּוּת של נקודה, הלב נתכוון פנימה והגוף התמסר כולו לתנועה העולה, קל קל. והנה היום החומר מגושם, אוטם עצמו שוב, וגם אם נפתח בו לרגע מרווח-מה, מיד הוא מתמלא בחצץ של טרדות.

זהו כוחו של החומר, שיש לו תנועות משלו שלא על פי רצונה של הרוח, לנוע מעצמו על פי חוקי הפעולה והתגובה ובהתאם למידת הכובד והלחץ וההתעייפות ותנאי התזונה והפסיכולוגיה. כמו אדון לעצמו הוא מכביד כאשר הוא מכביד ואוטם ושוקע, ואז ללא סיבה ידועה, מתרווח פתאום ונפתח לרוח לנשוב בתוכו ואף מתמסר לתנועותיה – והנה שוב הוא חוזר להתעקש לשקוע בעצמו וסוגר ומעכב.

וזהו המסתורין: כיצד ייתכן שהִנה יש רצון לפתוח עבור הרוח ובכל זאת אין הוא מצליח; שאפשר לרצות לצאת אל הממשות ואף על פי כן החומר מסרב ומקשה ובולם כחיכוך מול תנועה. כמו אלוהים הבורא את עולמו כדי

שיהיה טוב, והנה בני האדם משחיתים את הארץ, והוא נותן את התורה כדי שיקיימוה, וניתן היה לצפות שכך יהיה, שכן מי יעמוד כנגדו? ובכל זאת האדם אינו רוצה או אינו מסוגל, ואלוהים שולח נביאים כדי להזכיר ולהתריע, ולמרות הכול האדם נעצר לו בעיכובים ובהתעקשויות. כיצד זה שהדברים אינם כפי שהיו ראויים להיות?

וזהו הקושי לפתוח ללוּ פנימה: התעקשותו של החומר אל מול רצונה של הרוח. שכן האלוהי אינו עושה הכול – הוא נע בחומר רק כאשר החומר פתוח. ואילו החומר רגיל להיסגר בתנועותיו שלו, וכנגדו אין משקל לרוח. אפשר לאמן את החומר בתרגילי ציות ומדיטציה, בשקט או בהתבוננות או במקרא קודש, לדלל בו את המשקל והקשיחות ולהרגילו לכיווני הנשיבה של הרוח. תרגילים רוחניים אכן מסייעים לרכך את החומר ולהעמיק את הפתחים. אבל תמיד מוסיפה לבלום שארית מתמרדת של מחיצות וסלעים ובוץ. ורק ברגע של חסד שהוא מעבר לחוקי החומר, רק אז נמסות ההתעקשויות כולן ונותרת התנועה האלוהית לפעול לבדה באדם כמו תנועה בלי חיכוך.

קשה לרוח לעלות בחומר. אבל ייתכן שמה שנדמה כקושי, או אף ככישלון, הינו בעצם הצלחה; שדווקא הרוח הנתקלת באטימות נוקשה היא זו העובדת בהמסת גושי ההתנגדות, ושדווקא תחושת הקלילות היא אמנם נעימה, אבל אינה עושה כל עבודה, מסתובבת לה חופשייה בחללים מבלי לקדם דבר.

* * *

אומרים "לעשות מה שאני רוצה באמת", אבל "באמת" הוא הדבר הקשה ביותר. אין זה עניין של חשק או הרגשה או העדפה לכאן או לכאן. אין זה עניין פסיכולוגי כלל.

שם, על פני השטח של העיסוקים העצמיים, הכול נדמה כה פשוט וישיר: מעשים ומילים ותחושות, טרדה או סיפוק – כל עובדה הינה כפי שהיא בדיוק. אולם כאשר מתחילים להעמיק פנימה כלפי הלוּ, נוכחים לראות שמה שהיה נדמה פעם כאמיתי הוא למעשה כיסוי על פני עומקים בלתי מוכרים, ומה שדמה לכֵנות הוא הד לוואי מן הדבר העיקרי. ומתחילים לראות מהו עומק, שכן מנקודת ראותם של העיסוקים החיצוניים אי אפשר לשער עד כמה עמוק בפנים ועד כמה שונה הנוף הפנימי ממה שנגלה בחוץ.

רק עתה, מנקודת מבטם של המעמקים הפנימיים, מבינים את קלילותם של העיסוקים, עד כמה הם המצאה שרירותית מרחפת, נשענת על גבי עצמה, מייצרת את קיומה שלה. ולעומתה, רק עתה מתחילים להבין את עוצמת הממשות, עד כמה עמוק יש לרדת, עמוק מתחת לעצמי, מתחת למנגנוני הנפש, בעומקים שמתחת להישג ידן של ההתעסקויות שם בחוץ.

אכן, את האמיתי אין רואים מכל מקום. יש להעמיק ולרדת פנימה כדי ללמוד. אמת של ממש אינה מונחת לה שם מול מבטי כעובדה נתונה שדי להסתכל בה ולראות. אין היא עניין של מבט אלא של אופן קיום חדש, הוויה אחרת, שינוי האדם שהוא אני. ניתן לחוש בה רק מן המרחב הפנימי. ומשם רואים שאין היא עניין של נכון או מוטעה, כמו פיסת מידע שניתן לשנן ולנסח, אלא של עמוק יותר, עוד ועוד, צעד צעד, כמו פנימיות שאין לה סוף.

וככל שמעמיקים מבינים עד כמה העומקים מתמשכים הלאה ועד כמה רב עוד הסילוף. ועתה, מתוך הפנימיות הנפרשת נוכחים לראות: לוותר על ההשתדלויות והסיפוקים וההישגים והביטחון והנוחיות והתוצרים וההצלחות העצמיות – אלוהים, אם רק ייתן לי לעמוד נקי במחיצת הממשות, אמיתי ללא זיופים, הרי שיהיה לי הכול. די לי בזה, על השאר אני מוותר.

שכן, ככל שמעמיקים מכירים גם בחוסר האונים: כיצד אוכל לפנות מעלי את כל הערמות הללו ובידי רק אני. אינני יודע אפילו כיצד להתחיל.

* * *

זוהי הקריאה המוסיפה ומתדפקת, אלא ששם בחוץ, מן הצד החיצוני של האדם, בחיי ההתעסקויות והמשימות העצמיות, קשה להבינה. קשה להבין שפה בפנים, מתחת לאני, פרושים עומקים של פנימיות, עולם שלם ועצום, רבדים רבדים מעמיקים והולכים.

ובפנים הכול גדול מן האדם, לא עוד נפתוליהם של תהליכי תודעה ותת-מודע אנושי ומנגנוני נפש, לא אני אלא מרחב. וזהו מקומה של הממשות, לא בעיסוקי קריירה ובמאבקי הישגים וצבירה ובגירויי ההתעניינות וההנאה ובבילויים ובסיפוק העצמי, לא בחוץ מסביב אלא כאן בפנים, תחת המחשבות האנושיות והרגשות העצמיים ומנגנוני הנפש, היכן שמסתיים האדם עצמו ומתחיל האלוהי. זוהי ממשות רבה יותר מכל העולמות החיצוניים אבל אין מבחינים בה אלא מבפנים.

והחוץ אינו יודע, מוסיף להתנהל כאילו הכול הינו בחוץ, כאילו אין בפנים דבר, כמו בגד ששכח את הגוף לעטפו והוא משוטט אבוד ועוטף את הריק: עמלים ומתכננים ומבטאים ומחפשים ואוספים ומטפחים ומשתוקקים לעוד קצת – וכל זאת באופן שאין לו מאום עם העומקים. מתחילים בחוץ ונותרים בחוץ, עיוורים לחלל שמתחת ולכודים בתוך עצמם.

משם אין איש יכול לשער מה משתרע מתחת, לשער שמה שנראה כרצפה אטומה, עובדה, הינו לאמיתו של דבר נקודת התחלה, פתח; שניתן להיכנס דרך האדם פנימה אל הממשות. אולי נדמה לעתים כאילו גם מבחוץ מבינים, ואכן, אומרים מילים שנשאלו מן העומקים וטווים השערות ומנתחים וכותבים מאמרים מלומדים – אבל לא. מבחוץ אין רואים את הפְּנים. פנימיות אין רואים מפה לשם. יש להיכנס כדי להבין.

ולמשוטט שם בחוץ נדמה כאילו הכול סביבו חשוב ומכריע, שצריך להשיג ולאחוז ולפתח. שהרי, כך נראה, העובדות הן עובדות, מה שהינו כך וכך הוא אמיתי ויאה וטוב, ואפשר להתקדם ולהצליח ולהגיע אם פועלים בהיגיון או אולי בהגינות או בהתמדה או בהתאמצות. אולם מנקודת ההבנה הפנימית מבינים שהעניינים שם בחוץ, כאשר הם לעצמם, אינם אלא משחק עצמי שתעה מן הממשות והוא מעמיד פנים שיש לו קיום עצמאי. רואים שמבחינתה של הממשות אין שם מאומה להפסיד או להרוויח, כך או אחרת – בסופו של דבר אין זה משנה. כל כמה שלֹא נלפות ונשתדל, תמיד יהיה שם מהוהַ ומפוזר, בערך, עדיין לא, כמעט, לעולם לא כך בדיוק, לעולם לא ממש.

והקריאה עולה מבפנים כמו הזמנה, לעתים ניתן לשמוע אותה בהפוגות שבין העיסוקים. הכול מוזמנים, אולם קשה מאוד, אולי קשה יותר מן הכוח האנושי לבדו, להניח לגמרי לעיסוקים ולהיות פנימי. מרפים מעט ומתחילים להעמיק ולחוות ולהבין קצת יותר, והנה על אף המתיקות והתובנות והשפע, בכל זאת תועים מן הפנימיות וחוזרים ללפות, ושוב מנסים ומעמיקים מעט, ושוב מאבדים ושוכחים כאילו לא היה דבר. ויש המוהלים את זיכרון הממשות בפולחנים ובנוסחי תפילה ובמצוות, ונאחזים בדת על מנת שניתן יהיה להתמיד מבלי לשכוח – מוטב לעתים פנימיות מהולה מפנימיות אבודה. אלא שאז מתגבר החיצוני – החוקים שממציא לו האדם ושררת הכוהנים וגאוות הידיעה והאשליה והדמיון, והפולחנים מקבלים משקל משלהם ותאוצה עצמאית.

ולמרות כל זאת מוסיפה הממשות בפנים לקרוא פנימה ולהזמין. וברגעים נדירים של חסד שאינו בא מכוחם של מאמצים אנושיים, עוטפת

את האדם הממשות עצמה, ובלי שיעשה דבר הוא בפנים, ולרגעים היא גואה בו והוא פרוץ אל הלו, ממשות מן האינסוף – עד שחוזר בו שוב האנושי-סתם ומותיר אותו בעצמו, מתגעגע ואחר.

* * *

"להיות עצמי", כך מרבים היום לומר, "למצוא את עצמי". אבל אפשר לתהות: לשם מה? אילו אוצרות מופלאים טמונים פה אצלי?

להיות יותר מעצמי, למצוא את מה שמעבר לי ולהיות שלו. לא "לעשות מה שאני רוצה" אלא להניח למה שהוא גדול ממני לפעול בתוכי; לא "לבטא את עצמי" אלא את דבריה של הממשות.

* * *

תחילה מופיעה במרחב הפנימי גבשושית קטנה, אולי משקע שנשר מבושה חולפת או גרגיר של אשמה, לא מעצור של ממש, רק בליטה זעירה מן הדופן אל תוך חלל המעבר; כמעט ואינה מפריעה לזרימת השפע, באותם הזמנים שבהם הוא בא לזרום – בכוח או בחדווה או בשלווה, על פי דרכו – רק מסמנת קו דקיק על פני הזרימה. אחר כך נאחז שם גושיש נוסף, אולי נתז ממנגנוני הנפש או שייר שניטלטל לכאן באקראי, גושיש קטנטן, לולא הבליטונת היה נשטף הלאה ונעלם, אבל כיוון שנתקל בה הוא נעצר ונצמד. ועתה הגבשושית כפולה. וכשגואה שוב השפע בחללים הפנימיים, היא חורצת חוט קל של ערבול בתוך הזרימה.

אחר כך נתפסים בבליטה עוד בדל ועוד רצועה, וככל שהיא צוברת היא מתעבה כגידול. עתה היא מחיצה קטנה, בולמת מקצת מן הכוח ומערבלת את החדווה. אחר כך נכרכים שם זרדים וגושים והחלל הולך ונסגר, ומכביד כל כך על התנועה עד שהשפע נחסם, ורק לעתים נדירות, בזמנים של חסד מיוחד, הוא מטפטף מעט מבעד לחריצים. ועכשיו במקום מרחב פתוח יש כבר סבך פסיכולוגי, רשת של משקעים לכודים בעצמם, אוחזים זה בזה שלא ייפרדו, מקשיחים עצמם אל מול הזרם שלא ישטפם.

ופתאום מתעוררים ונוכחים לראות את הסבך ואת המחיצות, ומרגישים את מה שאיננו ואת מה שהיה יכול להיות. ואולי גם מבינים שעד שלא יישטפו הבוץ והגושים יהיה הכוח חסום, הזרימה תישאר דלילה ומעורבלת

והחדווה צנומה. אלא שהסבך כבר סבך, התאחה בדפנות הבשר. השלוחות מצולקות כבר אל הגוף, הספיקו להסתופף אל מתחת לעור ולהתחבר אל כלי הדם. עתה הן חלק ממני כמעט, גדלות אל תוכי ואני אל תוכן. לא ידוע אם ניתן לעוקרן. אין זה ברור אפילו מהו כאן דופן חי ומהו סבך. וגם אם ניתן להפריד ולעקור, נוח כל כך להניח לדברים להישאר כפי שהם, במנוחה ובהסתר. פחד הקריעה גדול והנחישות הדרושה עצומה. קשה לרפות את הלפיתה ולהיפרד מכל כך הרבה שהוא כבר שלי. קשה לזעזע ולהפריע ולנתק ולהיוותר ריק. קל יותר לטשטש, להסביר שגם כך טוב, שממילא אי אפשר, שדווקא הסבך אמיתי והיתר אשליה.

ואז מתחילים התירוצים, והתירוצים המתרצים את התרצנות, וההסתרה העצמית, וההסתרה המסתירה את ההסתרה, והקשרים וההתפתלויות, והרצון להוכיח בכל זאת ולהצדיק ולכסות ברוב משימות ולהתנחם בהצלחות ובהישגים, וצרכי ההפוגה וההרפיה וההתבדרות – ועתה גודשת אותי כבר פסיכולוגיה שלמה. כבר אין קולטים את עומקיה של הפנימיות, אין חשים מהו שפע גואה. את הממשות כבר מכסות שכבות על שכבות של המצאה עצמית ושרירות לב. ואם בכל זאת מנסים להקשיב, שומעים רק את פטפוטיו של הסבך ואת הבטחותיו שיהיה בסדר, את חזון השווא של הלב הלכוד בעצמו והמתאמץ להסיח את הדעת ולהתנחם.

ואפשר לפנות לפסיכולוגים לשימון התהליכים הנפשיים, ואפשר גם להיזקק לתרגילי הרגעה או לתורות הנסתר או לפילוסופיות חדשניות או עתיקות על משמעותם של החיים, ואפשר לומר "אלוהים" וללכת לבית הכנסת ולהקפיד על המצוות – אבל הסבך נותר סבך. אין הוא נעלם מכוחה של תיאוריה מתוחכמת או שיפוץ פסיכולוגי או הנחת תפילין ואכילת כשר. פתיחת פתחים לממשות אינה עניין של הנחת טלאים על פני הבוץ. יש לקום ולטלטל את הכול ולעשות מעשה שלם. אבל לשם כך דרוש לא פחות מכל הלב.

* * *

ובכל זאת, גם כאשר לו נסתר מעבר למחיצות, גם אז הוא לגמרי כאן, חבוי מן המבט המפוזר אבל כאן. כמו ראשיתו של ציר קואורדינטות, הוא נקודת המוצא, הוא המגדיר ממקומו את כיווני ההתרחקות ואת הכאן המוחלט. אני, לעומתו, תמיד בערך, תמיד קצת: לעתים קרוב יותר או קרוב פחות,

לעתים מפוזר הרחק מכאן או נעדר בכלל. לו כאן יותר ממני, אני יותר מאני, פנימיות מוחלטת; אני עצמי לא הייתי יורד אליה לולא פתח אותה הוא עבורי. וכאשר אני זוכה ויורד פנימה אל מתחת לעצמי, שם, תחתי, ממעמקים גדולים ממני, לו עולה לקראתי.

אומרים "עמוק בתוכי", אבל לו הוא עמוק יותר, כאן יותר, בפנים. אני איני אלא מכסה חיצוני המונח על פני עומקים היורדים פנימה ומגיעים עד בראשית.

10

ששה חודשים במנזר, 1995

ההתרוצציות המוכרות של תום הסמסטר, לפני הפרישה מעולם העיסוקים. גמר ענייני ההוראה, בדיקת בחינות, כספים, תיאומים, כל עניין דורש את שלו. הזמן דחוס ובהול, גם הוא מתרוצץ ומסוכסך, גם הוא רוצה לסיים ולהירגע. ואז – זהו זה, העלייה למטוס, המראה.

עתה אני יכול לצפות לרגיעה. כך היה בשנים האחרונות בטיסות אל ההתבודדות: שתים-עשרה שעות אל אמריקה, מרווח בין עולמות, פסק זמן, מקדש.

אבל לא הפעם. זוהי טיסה עכורה. אני מתקשה למצוא תנוחה מתאימה, מתקשה לצוף בעיסה הזו, מתקשה למצוא עוצמה.

בקרוב, אני אומר לעצמי בתוך המולת המטוס, יגיע המועד לצאת מתוכי החוצה ולעשות מעשה של התקדשות. עדיין אינני יודע מהו, אבל אני ממתין, משתוקק להיענות, לעשות את "רצון האל" כמאמר אנשי הדת; משתוקק – מתוך אותו המקום שבו נגע בי אז אלוהים, מתוך עמוד האש שבתוכי.

* * *

כמה טוב לחבק את החברים הוותיקים שלי בשדה התעופה ולנסוע איתם אל אן ארבור, העיירה הישנה. אלו הם אנשים אמיתיים. מנקודת מבטו של ה"עולם" אין הם נחשבים כלל. זהו זן צדדי של אנשים, אנשי שוליים – לא סיימו, נשרו מן המסלול, דירה שכורה, דולר פה ודולר שם, משוטטים להם אי שם בין השוליים לאינסוף. כישלון, כך מלחשים אחריהם, חבל. אין הם מסוגלים להתאים עצמם לנהלים הראויים. אין הם מבינים כיצד אפשר להסתפק במשחק העצמי המכונה הצלחה. אומרים להם שינסו לפחות

להסתדר, אבל אין הם מבינים מה העניין בנחת רוח של בעל בית אם העיקר חסר. הם השתדלו פעם, לפעמים עדיין משתדלים, הרי הכול מאיצים בהם לנסות, אבל מעולם לא הצליחו, מעולם לא הבינו מהי בדיוק הנקודה במאבקי הנוחיות והצבירה והטיפוס.

יותר מדי יש בלבם – כמיהה, מרחבים, הדים של ממשות – מכדי שיוכלו להתייחס ברצינות הראויה לחוקים שקבע עבורם השוק, למטרותיו של המעביד או המוסד, לכללי הדיבור והפוליטיקה והמסחר. דרושה מידה של קטנות רוח עבור כתיבת מאמר אקדמי על הפילוסופיה של הפשפש, עבור פיתוח תעלול חדש בשוק האלקטרוניקה של המטבח, עבור שיווק מטפחת מהפכנית לקינוח האף. אבל עד כדי כך הם מעולם לא הצליחו לצמק את עצמם.

אחרים בינתיים רכשו בית בשכונה טובה בקצה העיר, מעמד, כספים, פרופסור, תעשיין, פוליטיקה, ראיונות בטלוויזיה, יחסי ציבור, הישגים. הם "חשובים" כביכול, הם במרכז, לובשים להם בגדי מעמד, עוטים סמכות, מוכרים ומפטרים ומכריזים ומפרסמים. אבל מנקודת מבטה של הממשות, או אפילו מנקודת מבטן של מאה שנים, כל זה הוא הבל חולף. אין לזה כל נגיעה בדבר של ממש.

ובאותו הזמן שבו מתעסקים לחם אנשי ההצלחה בקידומי דרגה ובחשבונות הבנקים ובקניונים ובמכונית החדשה ובמאמרים מתוחכמים ובפוליטיקה ובאופנה האחרונה, באותו הזמן מתרחשים הדברים האמיתיים ממש, לא בצווחותיהם של כתבי הטלוויזיה, לא בפרסומים מרעישים, לא במיליוני דולרים, אלא במקום היחיד שבו מתרחשים דברים ממשיים: בעומקים הפנימיים; בעומקים הפנימיים של אותם המעטים שנותר בתוכם מרחב כלשהו, של אנשי השוליים – איש כמעט אינו מעיף בהם מבט, איש אינו יודע שהם העיקר – אלו שלא מכרו את עומקיהם בעבור המשחק.

בכל מקום חבויים מעטים כאלו. אני מזהה אותם לפעמים בקהל כמו בועות של אור בבוץ. איש כמעט אינו יודע שאנשי השוליים והאינסוף הללו הם אזרחי כבוד. הם עצמם אינם יודעים זאת. נדמה להם שדבר-מה פגום אצלם, שהרי לא הצליחו להשתלב, אין הם שייכים למשחק. אבל אפשר לומר שכל הבוץ העולמי הזה הינו עבורם, שמנהל תאגיד ההלבשה מתעסק בתפקידו רק כדי שיוכלו הם ללבוש חולצת טי פשוטה, ושנשיאי המדינות יושבים במשרותיהם רק כדי להבטיח את ביטחונם. כל המשחקים המורכבים האלו – חברה, תרבות, רשתות מסחר, גושים פוליטיים – אינם

אלא תופעת לוואי לעומקים הפנימיים המעטים העולים מן הממשות לפעול את פעולתם.

* * *

על הכבישים, בטויוטה הישנה שקניתי, אל המנזר. את הזמנים הללו אני כבר מכיר מן השנים שעברו, הימים של טרם הפרישה ושל ימי ההתבודדות הראשונים. אלו הם זמנים של תקווה לפגישה מחודשת עם הלו, ציפייה שהנה עומדים להיפתח העומקים – מן ההכרח שיפתחו, כך נדמה, שישובו שיאי ההתעלות וההבנות שהיו.

אולם תמיד מופתעות הציפיות. בסופו של דבר תמיד מתרחש משהו אחר, מובן רק בדיעבד. לפני שהתרחש לא יכולתי לשער עד כמה היה צפוי לאמיתו של דבר. כך היה בשבועות ההתבודדות במנזר באירופה: נכנסתי בביטחון שהנה אני עומד להתעלות, ובמקום זאת שקעתי וירדתי לסיור היכרות, אפשר לומר, בשערי הגיהנום. הפתעה הייתה גם בשהות האחרונה במנזר אליו אני נוסע עכשיו, ובשהויות שלפניה, וכן גם על האי הבודד.

כל זה כבר ידוע: עמידה בפני לו אינה עניין לתכנונים אנושיים. זוהי הפקרה עצמית. ללו דרכים משלו. תוכניות שאני משרטט עבורו אינן אלא מחסומים. ובכל זאת אני חש את הציפייה והריגוש שהנה עומד להתרחש דבר-מה, ואת הצמא לליטופו המוכר של הלו.

* * *

שוב במנזר; סחרחורת מערבלת את סדרי הזמן, כאילו חזרתי אל עבר מוכר. האם זהו עבר תמים שאיננו עוד, שכוסה כבר בשכבות חדשות? או חזרה לאחור אל נקודת המוצא? או המשך והתחדשות?

ואחר כך תחושה של דלדול. יותר מדי מוכר כאן במנזר וגם יותר מדי אנושי. פעם היתה לי כאן טלטלה, פריצה מפתיעה של זוך, כאן פגשתי את הקדושה. עתה הקדושה היא כצילום בתמונה ממוסגרת. מצדיה האחרים, אני כבר יודע, מציצים גם סרחים גשמיים.

זהו האב צ׳, קול קדוש, שירה מופלאה; ולאחר התפילה, ברגעי שיחה, הוא משרשר לו שרשראות של בדיחות משעשעות. והנה האח א׳, לב תם, פשטות של אדמה, וביטחון שלם במוסדות הכנסייה. והאח ג׳, נחוש

ומשתדל, הכול צריך להיות נכון, עד כדי התכעסות. מבעד לקדושה הממוסגרת אני יודע כבר להבחין בקמטיהם של הפנים האנושיים. כאן יש מעט עיקשות וכאן מידה של תמימות יתר, לפיתה עצמית, התרופפות.

כמובן, למה אפשר לצפות? מגוחך שאי פעם ציפיתי לשלמות של מלאך. נזיר הוא אדם; אמנם לא אדם בלבד, שהרי הוא משתדל להכיל גם את דברו של אלוהים, אבל הגוף תחת הגלימות מוסיף להיות אנושי.

ובכל זאת בערב אני מוצף בריגוש חם. אני משתוקק להתפלל בעוצמה, בדיבוק. כמו הנזירים הללו, גם אני איני אלא אני קמוט, ועל אף כל הקמטים אני כמה להיות של הלוּ. ובתפילת הערב אני עוצם עיניים ועולה ועולה עם המזמורים המתוקים.

* * *

ובעצם, אין כל סתירה בין האדם תחת גלימת הנזיר – חבוט מעט בלבו, צר כאן או מעוך שם – לבין הנזיר המתקדש. להפך, אדם פירושו מידה של כיווץ, קימוט הרוח, גלדים של חבורות ישנות. דווקא בתוך האדם המצולק קרועים סדקים אל עבר הממשות. התקדשות אין פירושה שזהו זה, הכול כבר נשלם, שלמות עצמית שאינה זקוקה לדבר – רפרודוקציה של אלוהים בצלם של אדם. דווקא משום שאני חסר כל כך, חלקי ללא תקנה, דווקא משום שלעולם לא אהיה הרבה יותר מן הקרעים הללו, אני משחרר מעט מן הלפיתה העצמית ומעמידם לרשותו של מה שהוא הרבה יותר, לרשותו של הלוּ.

כך שהנקודה בהתקדשות אינה להפוך חומר לאור – כל חומר הינו מה שהוא, קשיח פחות או נוקשה קצת יותר, אבל תמיד רק חומר, את זאת אי אפשר לשנות – אלא להקדיש את החומר לממשות. קרעים ניתן להקדיש לממשות לא פחות, אפילו יותר, מאשר שלמות.

האב ר׳ סיפר לי פעם סיפור: אדם אחד התפלל יום יום לאלוהים: ״אנא, אלוהים, הפוך אותי למושלם כמו אברהם אבינו, עשה אותי שלם ביראת שמים כמו אברהם, עשה זאת לא עבורי, אלא עבורך.״ לבסוף יצאה בת קול אלוהית: ״מספיק, יש לי כבר אברהם אבינו אחד, אין לי צורך באברהם נוסף״.

* * *

טוב להתחבק שוב עם האב סיפריאן. זהו המדריך הרוחני שלי – חיוך, שֶקט צנוע של הקשבה, כוח וחולשה מהולים יחדיו. אחרי השיחות של השנים האחרונות אין הרבה חדשות מרעישות לספר. בעניינים העיקריים אין הפתעות מרובות. תנודה פה, תובנה שם, אבל התנועה הבסיסית מתמידה בדרכה. בפנים, תחת פני השטח של האירועים המתגלגלים, הזמן אטי ובטוח, צומח לו בממדים אחרים, במרחבים של הנצח.

* * *

בבוקר מביא אותי האב סיפריאן לבקתת ההתבודדות, בשולי אדמותיו של המנזר, שניים או שלושה קילומטר מבניין המנזר עצמו. כאן אגור לבדי בחודשים הקרובים. בקתה קטנה בקרחת יער מושלגת בין עצי אלון.

בפנים, האב סיפריאן מפעיל את החשמל. אנחנו מציצים אל החדרים, פותחים ארונות. חדר מגורים – ספה וכורסה ושטיח, שלוחת מטבח, חדרון שינה, תא תפילה, שירותים. מהוקצע, בנוי בקפידה, מצויד כהלכה – חמוד, חמוד מדי. מוטב היה צריף ראשוני יותר, גולמי כמו עצי יער. טוב לפחות שאין כאן טלוויזיה, רדיו, או טלפון.

אני מניח את המזוודה על הרצפה. הלב אדיש, אינו מבין את משמעותו של המעמד. נדמה לו שזהו סתם אירוע נוסף – שלשום, אתמול, מחר. זוהי התחלה חדשה, הייתי רוצה לומר לו. אבל ללב יש חיים משלו.

האב סיפריאן מראה לי כיצד מסיקים בעצים את תנור החימום. אנחנו מחייכים זה אל זה, לוחצים יד. הוא יקפוץ לביקור באחד הימים הקרובים לראות כיצד אני מסתדר. הוא מתניע את מכונית המנזר ומסתלק.

הזמן, איכשהו, אינו עוצר, אינו מאט אפילו. הוא מוסיף לרחף לו הלאה כאילו לא נשתנה דבר, כאילו דבר אינו מתרחש ממש, נמוג מבלי להותיר דבר אצלי, אוורירי מכדי שיטביע בתוכי עקבות בחצץ.

* * *

כמעט שאינני בא לתפילות בכנסיית המנזר. אין הן חודרות אלי כמו פעם. בבקתה שלי אני שר בעצמי, מודט, הוגה בכתבים, אבל בתוכי רבה ההמולה

ואני מתקשה להתמיד. אני מרבה לשוטט ביערות האלון ומצפה להתחלת הדומייה.

לא נוח לי עם סמכותם של פולחני התפילה, לא רק של המנזר, גם של היהדות, של הדתות המאורגנות בכלל. יותר מדי נהלים וסגנון יש אצלם, יותר מדי ביטחון של בעל בית – אלוהים יושב פה אצלנו, כאן, בבית הכנסת, בתנ״ך, בכנסייה. הם רכשו זכויות חבר בשמים ועתה יש להם חזקה: זוהי התפילה, אלו הן המצוות, כך פודים את הנפש, כך רוצה אלוהים.

יכולתי לזלזל בכל זה אלמלא עוצמתה של המסורת: תיאולוגיות נפלאות בעומקן, תפילות עזות, שירים מבעירים את הנשמה, דמויות הקדושים והצדיקים והחכמים גדולות עד השתאות. אכן, כאן במנזר הזה, לפני שלוש שנים, ניתנו לי חיים חדשים מן הלו; ואחר כך גם בבתי התבודדות ובבתי תפילה אחרים – רפורמים, קונסרבטיבים, קתולים, פרוטסטנטים – מעולם לא הקפדתי על הגבולות שסימנו ביניהן הדתות השונות. עבורי, בית תפילה הוא בית תפילה.

הרבה בוץ יש בדת המאורגנת, אבל דווקא בתוך הבוץ יכולה לפעמים התנועה האלוהית להתנועע ולהפעים. זוהי אמנם תנועה אלוהית, אבל יש בה יותר מדי צרכים אנושיים: למסד את התנועה, להכריז בעלות, לאחוז במשרה, למכור גאולה לצרכנים. אינני מבין את נפשו של המאמין הבוטח. אינני מבין כיצד אפשר לבטוח במה שמכריז האדם, אפילו הוא כוהן והוא מכריז זאת בשם אלוהיו. אולי הדבר גבוה ממני, אולי אין בי די עוצמה לבטוח, אינני יודע. אני אינני יודע אם אלוהים הוא אחד או שילוש קדוש, אינני יודע אם הוא מצווה מצוות, אינני יודע מה הוא רוצה – אם הוא ״רוצה״ כלל. אצלי לו שורה בתנוחת הגוף, בקצב הנשימה והמילים, בכמיהה – אין הוא עניין להכרזות ידעניות.

וודאי, גם אני אומר לפעמים ״אלוהים״ או ״תנועה אלוהית״ או ״אור״, אולם אלו הן מילים שנושף דרכי הלו, לא תיאוריות על אודותיו. אין אלו הצהרות על מהו אלוהים ומה ציווה ומה אמר. אלו הן בועות מן המעמקים, אולי משל ללא נמשל ידוע שממשיל הלו בתוכי. כל שאני יודע על אודותיו הוא האַין, ואַין הוא עצום מכדי שניתן יהיה לארוז אותו בניסוחים אנושיים.

* * *

סלעים צחיחים סוגרים עלי מאז הגעתי לכאן. לוּ רחוק כל כך, האובך מעיק והדרכים אטומות. קשה לי. אינני יודע אם נותרו לי עוד דרכים אל הלוּ, או שמא זהו זה, הושלכתי מעל פניו. אני מגשש בפנים, בחוץ, מחפש בקיע. אינני יודע לאן לפנות.

* * *

כל הבוקר אני ביערות, משוטט בשבילים, מזמר, שותק. נוכחות דלילה, דקה דקה, כמעט נעדרת, פרושה על השלג ועל השביל שלפני ועל עצי האלון. ובעצם, אין זו נוכחות של ממש, זוהי הבטחה לנוכחות שאיננה.

כמעט שבוע שאני בבקתה, ועדיין אני בלוי בפנים ומקומט. עדיין אני מפוזר אי שם בערמות החצץ. קשה כל כך לאחות את הקרעים לנקודה מרוכזת אחת ולהיות פשוט נוכח, כאן, בחברת הממשות. שומם לי בפנים.

* * *

מחשבה צפה לה לפעמים, מנסה לנסח את עצמה. אני מקשיב – תנועת הלוּ, מסורת, ישוע, מצוות – ואז היא מתמלאת ומתעגלת ופוקעת. ושוב שקט, והנה אני שוב מהמהם.

והנה שוב חוזרת לה המחשבה: מין יחס סבוך יש לי עם התפילות המסורתיות, רתיעה מהולה במשיכה, פתיחות הלב וסגירות הלב, כמו בעל ואישה שלעתים רבים ולעתים מתחבקים, רוטנים ומתלוננים אולם גם אוהבים .

מסורות דתיות – מצוות ונוסחי תפילה וטקסי חג והלכות פולחן, חפצי קודש ודוקטרינות – כשלעצמן הן מצבורי חומר: משקעים מקוטלגים של נוסחי דיבור והתנהגות, שיירים של סיפורי עלילה שסופרו פעם, רשימות קדושים שחיו חיים ומתו. זהו חומר, אבל גם חומר גלם: דרך פריטי החומר הללו עולה לפעמים משב של לוּ אל תוך האדם. ברגעים כאלו מתלבש לוּ במונחים של כה אמר ה׳ או שמירת שבת או ישוע, מפיח השראה אלוהית במזמורי התפילה, מעלה הבנות מתורגמות למילים של מסורת, אהבה גדולה מן האדם, אור. אמנם, לוּ אינו מתאים עצמו לתיאוריה תיאולוגית או לנוסחי תפילה של רבנים ולרשימה של מצוות – לוּ גדול מן הכול – אבל כדי להגיע

אל האדם הוא נאלץ לפעמים לדבר בו במילים אנושיות. ואז המסורת היא יותר ממסורת; היא אוצר המילים של הממשות.

אולם כאשר המסורת מידלדלת לעניין בפני עצמו, לאמת משומרת – כך אמר אלוהים וזהו זה, מוצר גמור – אז היא מתרוקנת והופכת לעצמה בלבד, כלומר לתוצר אנושי, לצלם רעיונותיו של האדם, כלומר לעבודת אלילים.

* * *

בצהריים אני חוזר מן ההליכה לקרחת היער שלי ונכנס לבקתה. קיר של מועקה, מועקה של סתמיות, הולך ומתעבה. זהו החסך החושי – אנחנו כבר מכירים זה את זה מתקופות קודמות של התבודדות. הגעת מוקדם הפעם, אני אומר לו, פחות משבוע ואתה כבר כאן. כזה הוא, מופיע לפעמים בזמנים של התנזרות ללא ספר לקריאה, ללא רדיו או עיתון, ללא משימה לעשותה: תחילה מבצבץ חוסר השקט – הגוף רוצה לעשות דבר-מה. קל להסיח את הדעת בניקיון הבית או במבצעי כתיבה או לימוד מן הספר, אבל מוטב שלא להתפתות ולהפיג את הנחישות בעיסוקים. אל לו אני משתוקק ואליו צריך לכוון. לאחר כמה ימים כאלו מתפוגגת המציאות והאופק נעלם. הרוח חסרת אונים. היא משותקת ואינה יודעת למה. ואז, אני כבר יודע, צומחת לה חומת המועקה.

והנה גם הפעם הופיעה לה החומה. אני אומר לעצמי שבדרכיו של הלו אין מעקפים, אין הקלות. כדי להמשיך יש להישיר אל תוך החומה ולחדור מבעדה אל צדה האחר. אבל לא בכוח. נחוץ מעט רוך. אין להכריח את הרוח. מוטב לנוח מעט. לא לאמץ את עצמי יתר על המידה כמו בשנה שעברה. אז כמעט ערערתי דבר-מה.

אני מתרפה לשעה או שעה וחצי ומשתעשע במשחק. אבל מיד כשמסתיים השעשוע אני מתחרט; לא מפני שאסור – דווקא מותר, מוטב אפילו – אלא משום שנתפוגגה לה המועקה ונדמה לי שאיבדתי דבר-מה .

בזמנים שכאלו אני חש עד כמה רבה בי הדלילות. אילו רק יכולתי לאסוף את עצמי ולמקד את עצמי לפנייה שלמה אחת. הייתי צריך להשתדל יותר, אבל אינני יודע כיצד. עזור לי לו – אם בכלל אפשר לפנות אליך כך.

הרגעים משוטטים להם אי שם מבלי שיתרחש דבר של ממש.

* * *

האב סיפריאן מבקש שאערוך סדר פסח איתו ועם שני אנשים נוספים. האם זהו תכסיס לקרב אותי אל היהדות המסורתית? על כל פנים, הסכמתי ברצון. היום נסעתי לעיירה הסמוכה, מרחק שעה וחצי, כדי לקנות הגדות של פסח ומצות. נסיעה טובה, נקייה, חלקה חלקה.

ובתוך השקט עלתה בי הבנה. עד כה באתי לקבל – חוויות התעלות, עומקים, הבנות חדשות. עכשיו אני רוצה להעניק. מה אוכל לתת ואני רק אני? אקדיש ללוּ את הצחיחות שבתוכי הצמאה אליו. לא אמלא אותה בעיסוקים, לא אכסה אותה בתקוות שיהיה אחרת, לא אלחם בה במאמצים פנימיים, אלא אעמידה לרשותו כפי שהיא. שהרי צחיחות אינה פחות עבור הלוּ מאשר אושר של התעלות – היא רק קשה יותר. רק האדם הוא המבחין בין יובש לשפע. הוא רוצה ליהנות, אין הוא אוהב את המועקה. אבל מבחינת הממשות, ההעדפות האישיות הללו אינן הנקודה כלל. צמא או מועקה או שפע, כולם עשויים לפנות אל הלוּ, שהרי אני שלו.

* * *

״יובש רוחני,״ אומר האב סיפריאן בזהירות כדרכו, ״עשוי להיות איתות לכך שאינך עושה מה שאלוהים קורא לך לעשות; שאתה שומע את הקריאה אבל דוחה אותה בליבך. מצד שני, אם לבך פתוח ואתה משתדל להיענות, ייתכן שהמשמעות היא אחרת. יובש רוחני יש לו תפקידים חשובים, למשל – לגמול אותך מן החמדנות לחוויות דתיות; ללמד אותך להיות בחברת אלוהים ללא גמול רוחני. זהו ליל החושים הידוע להולכים בדרכים רוחניות״.

סיבוב ההליכה שלנו עומד להסתיים. אנחנו יורדים בשביל אל עבר הבקתה.

״כן,״ אני עונה לו, ״הספר ׳הלילה החשוך של הנפש׳ של יוחנן מן הצלב היה אחד מארבעת הספרים שהיו איתי בשנה שעברה בחמשת השבועות במנזר באירופה. קראתי בו שוב ושוב״.

״ומה מצאת בספר?״ הוא שואל.

״באופן שכלי הבנתי שהיובש הוא הכרחי, שהוא שלב פורה בתהליך ההתפתחות הרוחנית. ובכל זאת הלב לא התעודד. להפך, הרגשתי שהושלכתי מן החסד ושאני גולה. וזה בדיוק מה שאומר יוחנן מן הצלב: בחשכה, הנפש אינה משתכנעת מנימוקים שכליים״.

"הרבה מיסטיקנים גדולים מספרים על תקופות ארוכות של יובש," מחייך אלי האב סיפריאן, "אתה בחברה טובה".

"אם כך, מה לעשות"?

"המשך להקשיב לתוכך ונסה להבין את המתרחש. התפלל שתינתן לך הבנה פנימית. ייתכן שאתה עומד בפני שלב חדש ואתה נקרא לצעוד את הצעד הבא. בבוא הזמן תלמד מהו הדבר".

אני שואל אותו אם יש בי חולשה מיוחדת שעלי לעבוד לשפרה. האב סיפריאן מהסס. אין הוא אוהב להשליך עלי את דעותיו. אני כבר מכיר את דרכו: הוא רוצה להניח להבנות לעלות בתוכי בדרכן שלהן.

בעיה עיקרית, הוא אומר לבסוף, כך נדמה לו, היא הקושי שלי להאמין בעיקרי היהדות.

אני מסתכל בפניו. אנחנו עומדים בקרחת היער, ליד הבקתה. עוד מעט ניפרד עד השבוע הבא. מה ששמעתי קודם ברמז הוא אומר לי עתה בבירור, אמנם בעדינות רבה, אבל בפירוש: הוא היה רוצה לראותני יהודי שומר מצוות ומאמין בעיקרי הדת.

"חיים דתיים מבוססים על אמונה," הוא מסביר. "האדם חורג מגבולות ההיסוס והפקפוק. אין הוא נזקק להוכחה רציונלית. הוא צועד קדימה לקבל את האמונה".

אנחנו שותקים. שנינו יודעים שלאלוהים שלי – אם בכלל יאה לו חכינוי המסורתי "אלוהים" – אין מצוות ואין עיקרי דת. האמונה בדת מאורגנת, בשלב זה לפחות, אינה אפשרית עבורי.

אני שואל אותו אם אני הססן יתר על המידה. לא, הוא משיב, מוטב לצעוד צעד צעד.

* * *

אחר הצהריים אני יוצא לשוטט בשבילים ביער ולהרהר. אכן, ללא דת חסרה לי מסגרת מוצקה לפנייה לאלוהים. אצלי נקודת הפנייה היא הלב, אולם מה יש ביכולתי לעשות מחוץ לרגעי החסד המיוחדים, לאחר שנתפוגג השפע והלב שותק? אין לי נוסחי תפילה, אין לי סדרי פולחן, מצוות, מיתוס, ספרי קודש, חגים. כל אלו תפקידם לכונן נקודות מפגש בין האדם לאלוהים. הם פורשים מרחב של מילים ותנועות שאליו יורדת, כביכול, רוח אלוהים לשכון

באדם. זוהי המסורת הדתית – מעין בית מקדש שאליו עולה האדם כדי לעמוד בחברתה של השכינה.

אני מבין את הצורך במקדש שכזה, אבל כדי להחיותו יש להאמין. ואילו אצלי, מצוות היהדות, כמו גם התפילה לישוע, אינן חורגות במידה מספקת מן האנושי: סיפורי אגדה, כללי התנהגות, תיאוריות תיאולוגיות, מנהגים. אינני יכול להשכין את אלוהים, מכוחה של החלטה שרירותית, בתפילת שמונה עשרה או בהצטלבות או בהנחת תפילין. את זאת יכולה לעשות עבורי רק התנועה האלוהית.

* * *

הערב ערכנו סדר פסח אצלי בבקתה: האב סיפראן, התיאולוג פ׳ השוהה במנזר כנזיר זמני, אישה מבקרת ואני. קראנו, הסברתי, שוחחנו, אכלנו. ארוחה חברתית נעימה, שיחה טובה, אבל הטקס היה רק טקס, לא יותר.

* * *

היום נפגשתי שוב עם פ׳. הוא היה מרצה פרוטסטנטי לתיאולוגיה. עתה, לאחר שיצא לפנסיה מוקדמת וגם הפך לקתולי, הוא מתבודד בבית קטן שקנה לא הרחק מכאן. במנזר הוא שוהה כדי להכין עצמו לכמורה.

אנחנו יושבים בפינה שקטה בבית ההארחה של המנזר. אני מספר לו על היובש והכובד הרובצים עלי. השיחה מתמשכת, שעה, שעתיים, שלוש. הוא מדבר בחיות רבה ומתלהב מרעיונותיו. אני שואל אותו כיצד אפשר לאינטלקטואל כמוהו להאמין בדת מסורתית. מנקודת מבט ביקורתית, קשה שלא לפקפק בסיפור על אלוהים שנתן תורה בסיני או שירד למות על הצלב. מפתה אמנם להידחק אל תוך מסגרת דתית, להיפטר מן הגישושים המפרכים אחר אלוהים, ובמקומם להירגע בשלוות הידיעה: מעשי הפולחן מוגדרים, הדוקטרינה ברורה ועונה על כל ההתלבטויות, כך אמר אלוהים וכך הוא מצווה, כך נברא העולם. לפעמים גם אני משתוקק להאמין, אני מוסיף, אבל אינני יכול להעמיד פנים שהתורות הללו הן אמיתיות.

״נשמע לי מן הניתוח המורכב שלך על אי הידיעה,״ הוא מכריז, ״שאתה יודע הרבה יותר ממה שאתה מרשה לעצמך להודות, אולי אפילו יותר מדי.

אתה ואני נתברכנו בשכל מנתח. הקושי שלנו הוא להניח את האמונה לנפש, במקום להרשות לשכל להשתלט״.

״ובכל זאת,״ אני מתעקש, ״הנה אתה כאן במנזר, עומד להיות כומר קתולי. איך אתה יכול שלא לפקפק״?

״עבורי,״ הוא עונה לי בשטף של מרצה מאומן, ״דת אינה תיאוריה על העולם. האם אכן היה ישוע אלוהים? האם היה בכלל אדם כזה בהיסטוריה? אולי כן, אולי לא. מן הבחינה הרוחנית אין זה משנה כלל. דת תפקידה להפנות את האדם לאלוהים, אין זה מענייננה לתאר מה התרחש בהיסטוריה״.

״ובכל זאת אתה מאמין בישוע״.

״ישוע עבורי איננו עובדה היסטורית, הוא מתרחש אצלנו כל הזמן. הסיפור על ישוע שהוא אדם ואלוהים כאחד משמעותו שאלוהים נמצא בינינו ושאהבתו משתקפת בפניו של כל אדם. ישוע על הצלב פירושו שאלוהים בא אלינו לשאת איתנו את הכאב״.

אני מעיר לו שגישתו אינה מתאימה למנזר הזה. לא כך היא התורה הקתולית. אבל אין זה מפריע לו כלל.

״וגם יציאת מצרים מעבדות לגאולה, שקראנו עליה בערב פסח,״ הוא ממשיך בהתלהבותו, ״מתרחשת כל הזמן. וגם הברית בין אלוהים לאדם – וזוהי אולי מהות היהדות – פירושה שהאדם ואלוהים נוכחים זה לזה, לא רק פעם, בעבר, אלא גם עכשיו. חשׁוב על כך: להיות נוכח לנוכחות״.

המשפטים יפים, אבל דבר-מה אינו נוח לי, אינני יודע בדיוק מהו.

״דת,״ הוא אומר במין סיכום דרמטי, ״אינה תזה היסטורית אלא עדשה שדרכה מסתכל האדם אל אלוהים״.

״עימנואל קאנט,״ אני אומר בקרירות. ״התודעה מבינה את המציאות באמצעות הקטגוריות שהיא עצמה משליכה על העולם״.

״עימנואל קאנט,״ הוא מסכים, ״פחות או יותר. אלא שיש יותר מעדשה אחת בלבד. עדשות שונות – דתות שונות. אין כל סתירה בין מה שנגלה בעדשה של דת אחת לבין מה שנגלה בעדשה של דת אחרת. שתיהן פונות אל אותו הדבר״.

כעת נקטע השטף והוא בוחן את פני. ״אבל אני רואה שקאנט איננו לטעמך״.

* * *

לאחר השיחה אני יורד לנחל וצועד לאורכו עד החשכה. משהו אינו נראה לי נכון בהשוואה שבין מסורת דתית לעדשה. זוהי כמובן גרסה של רעיון פופולארי מאוד, רעיון שהפך בימינו כמעט לסיסמה: כביכול, דתות שונות הן "פרספקטיבות" שונות על אותו האלוהים, או "שפות" שונות לתיאור ממשות אחת.

אבל אינני אוהב את הדימויים הללו. אם מסורת דתית היא "שפה" שהמציא לו האדם או "עדשה" שבחר לו על פי נטיות לבו, הרי אין היא אלא המצאה אנושית. ומכאן שדת אינה אלא מוסכמה חברתית מקרית שהיתה יכולה להיות גם כך וגם אחרת, כלומר אמצעי שרירותי שהמציאו לעצמם בני אדם.

אלא שמסורת דתית, אם יש לה תוקף כלשהו, אינה המצאתו של האדם. האדם אינו בורא את הפנייה לאלוהים. אדם אינו אלא אדם; הוא עצמו, ללא השראה אלוהית, אינו יכול להיות יותר מעצמו. הוא יכול אמנם לטוות אגדות מלבו ולהמציא שדים ומלאכים ולְמַנות רבנים ולהנהיג כללים, אולם לחרוג מגבולות עצמו וליטול חלק בממשות – לשם כך דרושה תנועה אלוהית. ואם מסורת דתית אכן פותחת בתוכו פתח אל המעמקים, אם היא פורשת בו מרחב פנימי עבור התגלמותו של אלוהים, אזי אין היא באה מן האדם אלא מן הממשות, כלומר מן הלוּ.

כך שאפשר לומר שמסורת דתית היא תנועה אלוהית המפעפעת בחומר האנושי, מתאמצת להיכנס בתוך ערמות העיסוקים העצמיים והרכוש והבילויים והיומרות ותאוות הכוח ופלפולי המילים, להעלות בועות של אור בחומר ולהאיר. כמו זרם בבוץ, גם תנועה אלוהית נאלצת להשתמש בחומרי הגלם המצויים – באוצר המילים והדימויים ובתנאים ההיסטוריים ובדעות הקדומות ובנטיות הלב האנושיות. היא עולה באדם דרך התבניות החברתיות, באמצעות המנגנונים הפסיכולוגיים, בשבילים שהותירו החינוך והתרבות המקומיים. היא מתגלמת לה במונחים של אגדת בריאה שומרית, במונחים של מלך יושב על כיסאו בשמים, במונחים של תפילין וכשרות ואיסור שעטנז, במונחים של צליבה רומאית.

כך, כביכול, זורמת לה התנועה האלוהית בתוך תנאי ההיסטוריה, עולה במקום שאפשר ומתפתחת, או נסוגה מפני הגושים ונאטמת ושוב "מנסה" בדרך אחרת. ותוך כדי כך היא גם מעוררת – שלא ברצונה, כך אפשר היה לומר אילו היה ניתן לדבר כאן על רצון – תנועות של רפש: שאננות של

מאמינים ויוהרת כוהנים ותאוות סמכות ורדיפות דת ופוגרומים. האדם רוצה להשתמש באלוהים למטרותיו. הוא לופת אותו אצלו כמו רכוש פרטי ומחוקק לו חוקים עצמיים. רוצה היה לסגור את מה שהוא תנועה חיה בחשבון חיסכון ולשמור אותה בכספת אצלו.

ככה זה, חומר הוא חומר, וגם כאשר מנסה לעלות בו אור, עדיין רבים בו הגושים. לעתים דומה שמסביב לכל בועה קטנה של אור צומחות מערבולות מערבולות של בוץ אנושי. לפעמים תוהים אם שווה היה לאלוהים להעלות בועה זעירה כל כך של אור במחיר של כל כך הרבה תנועות רפש.

כך שהיהדות והקתוליות אינן שתי "עדשות" אנושיות – אין אלו המצאות אנושיות כלל. אין הן "שפות" שונות שבהן מדבר האדם על אלוהים, אלא שפות שונות שבהן האלוהים מדבר באדם. אלו הן – אם מותר להשתמש בדימויים הידרולוגיים – שניים מפלגיה הרבים של הזרימה האלוהית בתוך העיסה האנושית. והזרימה מוסיפה ומתפלגת לתת-זרמיה השונים, ופועלת בכל דת ובכל קהילה ובכל אדם, מעלה בועות של אור וגם מעוררת מערבולות של רפש, על פי תנאי המקום וחומרי הגלם המצויים.

* * *

כל היום וכל הלילה אני נוכח עבור לוּ. לא שפע, לא דממה קדושה, לא בכי מבורך – אינני מרגיש את לוּ איתי כלל. מאז שהגעתי לכאן, לפני שבועיים (ובעצם כבר חודשים רבים, להוציא גלי שפע חטופים) לוּ נעדר. אבל היום אני פרוש כולי, ללא קמטים, ממתין עבורו. בבוקר אני הולך ביערות, ואני נוכח עבורו; אחר כך אני כותב כתיבה רוחנית, ואני נוכח עבורו; אני אוכל ושוב יוצא ליער וחוזר לבקתה למדוט ולקרוא, ואני עבורו. אינני חש את נוכחותו, אני חש את נוכחותי. וגם זהו חסד גדול – לחוש בתוך הכובד והקהות הרוחנית שאני עומד לרשותו.

הכרתי בשנה שעברה אדם שהיה פעם חילוני. יום אחד, לפני שנים, נגעה בו נוכחות אלוהית. לנוכח אלוהים, כל מה שהיה חשוב אי פעם התנדף. הוא עזב הכול והחל לחיות חיים דתיים. שלושה חודשים היתה עימו הנוכחות – ואז נעלמה לה. אין הוא יודע מדוע, פשוט נעלמה. ומאז, הוא סיפר, כל יום הוא מאבק כבד להחיות את האמונה.

ואני, מה אני רוצה? מה אני מחפש כאן ביער? להיות כולי של הממשות, לא של עצמי אלא של הלוּ. שיקח אותי אליו, שיעשני שלו, כולי – ללא שיירים

של היסחי דעת, ללא רגע של סתמיות. אין זו רומנטיקה רגשנית, זוהי נאמנות למה שנגע בי בעומקים בלתי ידועים. נאמנות, אבל גם יותר מכך – מסקנה הכרחית: לנוכח אינסוף שכזה של ממשות, לנוכח עוצמת השפע והאהבה, אני לעצמי אינני כלום. אל מול ממשות שכזאת כל עיסוק עצמי אינו אלא שטות.

* * *

סוף השבוע השלישי. האַין חופר בתוכי ומעמיק. עתה הוא תהום איומה של ריקנות. אני מתאמץ שלא להיכנע לה, שלא להסיח ממנה את הדעת או למהול אותה במעשים קטנים. יכולתי להסתלק מכאן ולבקר חברים – את ל׳ והקומונה הדתית שלו, או את ר׳ בביתו, על פי המפה רק חמש או שש שעות נסיעה – להפיג קצת את המועקה הנוראה ולחזור. לפעמים אני כמעט מתפתה. אולי מנוחה קלה? ובכל זאת אני נשאר להישיר מבט למטה. ״תהום שלי,״ אני אומר לה. בתחתיתה של המצולה, היכן שדבר אינו יכול להתקיים עוד מפאת עוצמת הריק והכובד, גם שם מצוי אינסוף. ונדמה לי בתוך הסחרחורת הזו שאילו רק אצליח לצלול לשם פנימה, לא להירתע על שפת התהום כפי שרוצה הגוף אלא לרדת לשם עד הסוף, דרך שכבות האַין והכאב והריקנות – הלחץ באוקיינוס גדל ככל שמעמיקים – ולצאת מצדה השני, אמצא שם חיים.

* * *

האב ב׳ ממנזר טרפיסטי בחוף המזרחי – שוחחתי איתו פעם בביקור קצר שערכתי אצלם לאחר כנס פילוסופי – בא לכינוס של נזירים הנערך כאן במנזר. יהודי אמריקאי שהתנצר, דיבורו עדין, מבוגר ממני בשלוש או ארבע שנים. פגשתי אותו היום לאחר התפילה, ויצאנו ביחד ללכת ביער.

אני מספר לו על הצחיחות, על התהום. אני יודע שאין בידו לתת לי תרופה, כמו שאין תרופה בשיחות השבועיות עם האב סיפריאן. אבל אני צמא למגע של ניחומין, לעצה טובה. הוא שואל על סדר יומי, ואני מספר.

״אורח חייך נזירי כראוי,״ הוא אומר לי.

״ובכל זאת, אלוהים רחוק ממני כל כך״.

אנחנו מגיעים אל נחל קטנטן, עוצרים ומביטים אל קילוחי המים. אחר כך אנחנו חוצים את הנחל בפסיעה וממשיכים בשביל בין העצים.

"אתה בוודאי אוהב את מזמור תהלים מב," הוא אומר.

"בוודאי, יש לי מנגינה עבורו." ואני עוצר ושר את המזמור במנגינה המתגעגעת שפעם, בעת התייחדות, נזדמרה בי וניתנה בתוכי כמו מתנה:

כְּאַיָּל תערֹג על אפיקי מים, כן נפשי תערֹג אליך, אלֹהים.
צָמאה נפשי לאלֹהים, לאל חי, מתי אבוא ואֵרָאה פני אלֹהים?
היתה לי דמעתי לחם, יומם ולילה... (תהלים מב)

אחר כך אני מספר לו על החלום המרחף אצלי כבר זמן רב לייסד קהילה רוחנית ובית התבודדות.

"יום אחד תוכל להצליח," הוא אומר, "אבל לא עכשיו. כדי להקים קהילה תצטרך להעניק לה חיים, ואתה עדיין אינך מוכן".

ואני מסכים לדבריו.

* * *

שוב מסע אל תוך האַין, אל עין התהום. כשם שהתעליתי בשנים הראשונות אל הלוּ, הממשות, האלוהים, כך מתחייב שארד אל צדם השני – אל האַין המוחלט, האינסוף הריק, הגיהנום. לעשות זאת ללא הקלות, למסור עצמי לאַין כפי שמסרתי עצמי לשפע. עדיין נותרה בי, כך נדמה לי, מידת-מה של כוחות להעמיק הלאה פנימה אל התהום.

ממשות, אפשר לומר, היא נקודת המפגש בין יש לאַין. לקבל אותה פנימה ללא פשרות, עד הסוף, ניתן באחת משתי דרכים: על דרך של יש, כלומר שפע אינסופי, או על דרך של אין, בתהום של ריקנות. ואין השתיים כה שונות זו מזו כפי שנדמה מנקודת המבט של ההנאה האנושית.

* * *

מה אני עושה כאן ביער? לשם מה אני נאבק כל כך פנימה? לא לשם ההנאה – לשם כך יוצאים אל בתי הבילויים. לא לשם סיפוק עצמי – לשם כך משיגים עליות בדרגה ופרסומים בכתבי עת.

לוּ נגע בי וסימן אותי במגעו, ומאז אני נגוע, מאוהב, נשימות ליבי הם שלו. בשמו אני נאבק לשחרר את החומר מעצמו. שבעים קילוגרם יש לי פה באחריותי, שבעים קילוגרם של גוף ומנגנונים פסיכולוגיים ועיסוקים עצמיים.

* * *

עדיין נפעם מן ההתרחשות של אתמול: חציתי את הלילה. חלפתי מבעד לתהום והגעתי אל הגדה האחרת. הגעתי; גם אם אתדרדר שוב לאחור – הייתי שם, נגעתי בחוף שמן העבר השני.

הערב התחיל כערב סתם. יצאתי מן הבקתה, הגעתי לקרחת היער הגדולה ושם עצרתי. בחושך כזה לא רציתי להמשיך אל תוך שבילי היער. פניתי לאחור, וכך התחלתי לפסוע בחושך הלוך וחזור, משוליו של היער מזה לשוליו מנגד. במחשבתי ניסיתי לפצח סוגיה תיאורטית: כיצד ניתן לגשר על המרחק המוחלט המפריד בין האדם לממשות?

לא שמתי לב שהדיון הפנימי התפוגג. הוספתי לצעוד סתם כך, חמש מאות מטר לשם, פנייה לאחור, חמש מאות מטר חזור, פנייה לאחור, ושוב חמש מאות מטר.

ואז, לפתע, הבחנתי בתוכי בנוגה בלתי מוכר, שונה מכל מה שהכרתי: חדווה של קיום עבור הלוּ. חדווה שאינה חווית נוכחוּת סוערת ואינה דממה מהדהדת, אין היא חוויה כלל אלא אמון מוחלט, מנוחה באלוהים. היא זורחת עמוק מתחת לפני השטח של החוויות, בנקודת מגעה של הממשות. דווקא משום שאין לה חוויות מרעישות בעוצמתן היא חדווה. אין היא מבקשת גבהים, אין לה מתלולים נאדרים ותהומות פראיים של ריקנות אלוהית. כל כולה שלווה בחברתו של הלוּ, פשוטה פשוטה, ללא עוצמה כלל. איזו הפתעה: תחת הסערות הנפלאות והברקים העצומים והשחור האיום, פה למטה על הארץ, צומחים פרחי נוגה זעירים.

ואז ידעתי בוודאות: נסתיימו להן שנתיים של כמיהה. כל מה שיתרחש מעתה – העמקה או שקיעה או אפילו התדרדרות בחזרה אל הכמיהה היבשה – כל מה שיתרחש יהיה חלק מעידן חדש. חדרתי דרך שכבת החוויות האטמוספריות ונגעתי באור הפשוט על פני האדמה.

* * *

דבר-מה אכן נשתנה מאז המהפך של השבוע שעבר. תוואי השטח אחרים עתה. אין הם מסומנים עוד בקואורדינטות גדולות של חוויות מופלאות, אלא באור עדין, אמון רך, אהבה. גם הכיוונים נשתנו: אין הם מתכנסים פנימה אלי אלא גואים החוצה.

כל הלילה נישאתי באהבה של ביטחון, חדווה, הודיה. אינני עבור עצמי. אני כלי להכלת האור האלוהי.

* * *

נסעתי לתפילת אחר הצהריים בכנסיית המנזר. אישה מוכרת היתה שם, לבושה בגדי נזירות כחולים. היא עמדה באגף המבקרים והתפללה. ופתאום נזכרתי: הרי נפגשנו כאן לפני שנתיים. באותו הזמן עמדה לפרוש לבית התבודדות שבנתה. אז טיילנו שנינו לאורך כביש הגישה למנזר, והיא היתה נרגשת וסיפרה לי את סיפורה. היתה בה שמחת לב שלווה שרואים לפעמים אצל בני אדם הבוטחים באלוהיהם.

אלמנה, בת חמישים וחמש אולי, שניים או שלושה ילדים בוגרים. לאחר שנתאלמנה ניסתה להתקבל למנזר, אבל הנזירות כך ספרה לי אז – לא היה יאה בעיניהן שאישה נשואה לשעבר תהיה נזירה. לבסוף קיבלה אישור מן הבישוף המקומי לחיות כנזירה עצמאית שאינה שייכת למסדר. ידידים הזהירו אותה שזהו טירוף לאישה יחידה שתגור בבית מבודד, אבל היא צחקה. למרות כל האזהרות, היא עמדה להיכנס בתוך זמן קצר לבית שבנתה.

לאחר התפילה ניגשתי לתת לה שלום. הזכרתי לה את פגישתנו הקודמת. היא נזכרה – ומיד, ללא שהיות, עלו בה מילים של כאב. קשיים רוחניים היא עוברת, אורח חייה חייב להשתנות, היא יודעת, אבל אין היא יודעת כיצד.

משהו בתוכי יצא לקראתה ומשהו בה נפתח לקראתי. לקחנו איתנו מגשי אוכל ופרשנו לחדר הקריאה. בירכנו על האוכל ואכלנו. היא סיפרה לי על שתי שנות ההתבודדות. בשנה הראשונה, כך אמרה, הכול היה טוב. חייה הרוחניים העמיקו והתפילה חיזקה את לבה. יום אחד בשבוע היתה יוצאת לעבודה בשכר בבית חולים מקומי, והעבודה היתה טובה. אבל אחר כך התחילו הקשיים. מבפנים נסתכסך דבר-מה – אין היא יודעת בדיוק מהו. גם מבחוץ נסתכסכה עם כמה מעובדי בית החולים.

ופתאום יכולתי לעזור לה; יכולתי לדלות מן העבר את היכולות שהיו לי פעם, בעבודתי כיועץ פילוסופי. אלא שעתה יכולתי ללכת אל מעבר לגבולות הייעוץ הישנים אל הרוח עצמה. דיברנו ודיברנו, והיא סיפרה לי ובכתה. שאלתי והקשבתי וגם דיברתי מעט.

משאות ישנים שהיא נושאת בתוכה, אמרתי לה אחר כך, צפים ומתגלים עכשיו. חיי ההתבודדות אינם תחבולה לחמוק מבעיות עצמיות ומכאובים אישיים כפי שנדמה לפעמים. להפך, מה שבחיי העיסוקים הוסתר בהמולת היומיום ובהיסחי הדעת, מה שבחיי המשימות לא היה יותר מטרדה קלה, ניצב עכשיו במרכז כמו סלע בדרך. אין ברירה, עליך לעמוד מול עצמך, להמיס ולחצוב מה שאפשר – או להכיר בשפלות רוח שכך הם הדברים, זהו החומר, מכאן תיעשה הפנייה לאלוהים. אבל אין פשרות. אין הקלות. הדרך הלאה עוברת דרך הסלע. הפנייה השלמה לאלוהים עוברת דרך עצמך.

שלוש שעות דיברנו. הבנות חדשות, כך נדמה לי, עלו בה. לבסוף נסתיים מה שהיה צריך להיאמר. קמנו והיא הודתה לי. ״קודם חשבתי,״ אמרה לי, ״שאני באה לכאן למנזר בגלל סיבה מטופשת. עכשיו אני מבינה מדוע באמת אני כאן״.

גל של הודיה גואה בי שביכולתי לתת מעט אור. שהרי לוּ פירושו לא לבלוע את האור עבור עצמי אלא להפיצו הלאה. זוהי האהבה האלוהית: אור העולה מן הממשות ועובר דרכי – אם אינני אוטם את המעברים במחיצות – בדרכו אל האחרים. אני אינני אלא תחנת ממסר.

* * *

אין לכך כל מילה אחרת אלא אור, כלומר אהבה. מאז המהפך, לפני שבועות אחדים, אני מואר. כל תנועה בגופי היא פולחן ללוּ. אני פותח דלת – אור; נוטל עט בידי – אור; שוטף כלים – אור; יוצא מן הבקתה לשוטט ביער – אור. והמופלא כאן הוא שהאור אינו עבורי אלא אני עבורו. אני כלי קיבול.

מה רוצה כביכול לוּ? לחלחל בגושים, לעלות באדם, להאיר את הכול, או בלשון התנ״ך: שיזרח כבוד ה׳, שתאיר תפארתו ותתגלה, שיחזו בנוגה כל הגויים. לוּ רוצה להתגלם אצלנו, להתפשט ולהציף ולגאול את החומר ולהמירו לחומר מואר.

ומה אני רוצה? להיות עבורו בקע בסלע, משכן, צינורית לזרימת האור אל העולם. אני אמנם רק קמט פעוט בפרודה חולפת, אבל את החלל הלחוץ שבתוכי אני מעמיד לרשותו.

אור של משי מלטף אותי מן האינסוף, שלֵו, פשוט כמו קדושה; כאן, לא אי שם מצידם השני של השמים אלא כאן ממש. לוּ שרוי בכול. המדיטציות דואות ללא חיכוך, הקריאה הרוחנית שקופה. אפילו הרגע הטפל הוא שלווה מחויכת. לעתים מגיח גל ריקנות או מציצה לה שוב תהום, אבל אין זה משנה. חדווה או תהום, כך או כך אני של הלוּ. עוברות שעות אחדות, והנה אני חש את החמדה חוזרת ומפעפעת פנימה שוב.

אכן, חוויות ההתעלות של פעם לא היו אלא שכבה עליונה. מתחתיה משתרעים עוד עומקים נוספים, רבדים רבדים של אהבה ואור. מי יודע מה עוד טמון הלאה פנימה אל עבר האינסוף. ורק עתה אני מבין עד כמה אטמתי, במשך כל חודשי היובש, את תנועתו של הלוּ בהשתוקקות לחוויות המוכרות. לפתתי את מה שהתרחש כבר, רציתי בדיוק אותו הדבר, רציתי עוד. רציתי להיות עבור הלוּ במונחים של זיכרונות, במונחים של מה שאני כבר מכיר. לא השארתי עבורו פתח להפתיע בתנועות בלתי ידועות.

* * *

אהבה רכה עולה ושופעת אל עבר העצים והנחל וההרים ואל עבר האדם. אני יוצא אל הכול.

האח ד׳ הגיע היום לקחת מכאן רהיט למנזר. בדרך כלל אני סוגר את השערים כלפי טורדנות מתלוצצת כזו ואני אדיב ומרוחק. והנה, עתה אינני יכול להעמיד מחיצות של טינה – הן מתמוססות מיד. אני מקבל אותו בלב מחייך ועוזר לו להעמיס את הרהיט על הטנדר.

אהבה – לא אהבה לופתת ומספחת אלא אהבה של נפילת השערים ושפע יוצא אל הכול – היא סוג של אור. ואור אינו דבר שניתן לשמרו ברשותי, הוא רוצה להאיר. קרא לו טוב או אהבה או חדווה או חסד או שפע – אי אפשר לקבלו מבלי להפיצו הלאה. לוּ רוצה לגאול את הכול.

* * *

משהו חדש מתרחש כאן בפנים. אני מוסיף לרדת פנימה לעומק בלתי מוכר, אל תהומות תת קרקעיים של שלווה חדשה; פנימה – אבל ככל שאני יורד כך אני מגיע יותר לכאן. כאן הוא עניין של עומק פנימי. הכול הוא כאן ממש, כלומר נוכח בעוצמה של הווה: מחשבה, תנועת יד, ידית החלון, שמים, אדמה. אותה המולת דימויים ומחשבות שדמתה פעם לכאן לא היתה אלא קרעים מעופפים אי שם.

גם המדיטציות נשתנו, הן פועלות בסמיכות מתוקה. מקראי הקודש מוצאים להם פתחים אל הממשות. הבנות חדשות מבעבעות ועולות מן המעמקים. אני לומד דרכים חדשות להתבוננות, דרכים חדשות לקריאה רוחנית ולתפילה. אני לומד להכיר את עצמי מן הצד הפנימי, את הקמטים שהקשיחו לאבן ואת פיתולי המחילות בין הסלעים ואת החללים החבויים.

וככל שאני מעמיק להגיע לכאן כך ברור יותר שמה שמתרחש אצלי חולף דרכי אמנם, אך אין הוא הסיפור שלי. אני רק דמות עזר בעלילתה של הממשות. כוחות של בריאה מפעפעים באדמה, חודרים בגושי הקרקע, עולים אל השורשים ומחיים את הכול. ואני שריטה קלה בַּשורש, צינור פעוט לנוזלים, נוטל חלק בהתרחשות המופלאה הזאת, בבריאה, כלומר בכול.

* * *

עוד מעט ערב, ועדיין אני נושא את הזעזוע מן הבוקר. לפני שש שעות, בבקתה, בעיצומה של מדיטציה, לוּ טבע בי את חותמו. חדירה מחרידה ומרוממת, כמו מוט פלדה קדוש במעמקי הבשר. כמו יד זרה שוקעת אל תוך הנשמה. אימה קדושה. נחתמתי.

אחר כך יצאתי מזועזע מן הבקתה. שוטטתי בדרכים עד שהגעתי למנזר. האב סיפריאן עמד בחצר. סיפרתי לו.

"שימני כחותם על לִבך," הוא ציטט באנגלית משיר השירים.

וגם עתה, כשאני כותב את הדברים הללו, אני נחרד.

* * *

לבקשתו של האב סיפריאן, אערוך קבלת שבת יהודית בכנסיית המנזר ביום שישי הקרוב. בשבוע שעבר הוא הצטרף אלי לתפילה ולארוחת שבת בבקתה,

ועתה הוא רוצה לשתף את יתר הנזירים. אב המנזר החדש נתן את ברכתו החמה.

בזמן המוקצב לא נספיק את הכול. מתוך הסידור שלי אבחר את קטעי התפילה שנקרא או נשיר, אלו המשמעותיים והמוזיקליים – לך דודי, מזמורי תהלים, קריאת שמע וברכותיה, קטעים מן הערבית. את קטעי הש״צ אקרא אני. עלי לברור מתוכם כדי שלא לעייף את המתפללים. אשיר את הנעימות היפות של ברכות שמע, ״ויכולו״, וקטעים מן ה״מעין שבע.״

אני נפגש עם האב צ׳, האחראי על המוזיקה, כדי להכין דפים למילות המזמורים ולתרגומן, ואולי גם תווים. הוא רוצה להתאמן עם הנזירים על שניים או שלושה שירים. נתפלל בכנסיית המנזר ואחר כך נלך לחדר האוכל של הנזירים לקידוש ולארוחת שבת. אב המנזר אישר לשנות את סדר היום הקבוע כדי לפנות כשעה וחצי עבור קבלת השבת, וגם הסכים להעשיר את ארוחת הערב הנזירית הצנועה.

יפה בעיני שהנזירים רוצים כל כך להשתתף בתפילה היהודית. ובמיוחד יפה בעיני שאלו הם נזיריה של הכנסייה הקתולית, אותה כנסייה שרדפה באלימות ובנידוי ובגירוש יהודים ומוסלמים וכופרים וסתם מחדשי חידושים, ושרק לאחרונה, אולי רק בשלושים השנים האחרונות, היא נפתחת, יותר מדתות רבות, לקראת אחיותיה האחרות.

אם יש דבר שהוא חילול השם, הריהו ההכרזה שרק הדת שלי בלבד היא האמיתית. ״רק אצלי האמת״ פירושו שאני מכיר את כל דרכיו של אלוהים באדם ואני יודע שרק כך הוא מתגלם ולא אחרת; פירושו שאני מקיף במחשבתי הפעוטה את כל דרכיה של הממשות ויודע לסמן את הגבול בין כן לבין לא, את תחומו של המוחלט, את גבולותיו של האינסוף; פירושו לגדור את אלוהים בתוך נוסחה מותרת אחת, שלא יעזו לחרוג מכללי הפולחן, הדוקטרינה, נוסחי התפילה. האדם רוצה לכלוא את הממשות המוחלטת אצלו. אין הוא רוצה לחלוק עם רבים, הוא רוצה את הכול לעצמו. אין הוא מוכן להיות צבע אחד בתוך המגוון המופלא של התגלמויותיו של אלוהים באדם, הוא רוצה את אלוהים בצבע אחד, בצבע שלו בלבד.

אינני נוצרי, אבל אני שמח לעמוד אל מול האלוהים בחברתם של הנזירים, אחַי לַפנייה אל הממשות העולה ומדברת בנו בשפות רבות כל כך, איש איש על פי לבו. אני שמח בחברתם לא משום שכמוהם אני מאמין בישוע או בסמכותו הרוחנית של האפיפיור. דווקא משום שאנו שונים, אנחנו מקהלה בשני קולות לתפארת הממשות האלוהית.

* * *

קבלת שבת טובה היתה. עמדתי על הדוכן בקדמת הכנסייה, מסביבי ישבו הנזירים במושביהם, ומאחוריהם, באגף האורחים, שמונת המבקרים מבית ההארחה. לא הרביתי בהסברים. פתחתי ב"לכו נרננה" בנעימתו המסורתית. קולי היה חזק באולם והכול היו איתי. מזמורי תהלים; לכה דודי – הקהל שר איתי את הפזמון החוזר; "בואי כלה" – השתחווינו כולנו כלפי דלת הכניסה לבואה של שבת המלכה; ברכות שמע; קריאת שמע אטית ומודגשת בכיסוי עיניים; "מי כמוכה"... השקט הנזירי נמס מעט מפאת הנגינות היהודיות, מפאת הקצב הזר, ותנוחות הגוף נתרופפו. בתוך השמימיות הנזירית רטטה בכנסיה תנועה אחרת, ארצית יותר, מבמבמת, יהודית.

לאחר התפילה אני צועד בחברת הנזירים לחדר האוכל. שמונת האורחים, לצערי, אינם מורשים להיכנס לתחומי המנזר. אנחנו מתיישבים מסביב לשולחנות הפשוטים. "שלום עליכם מלאכי השלום"; קידוש; אני מברך על היין ועל הלחם, בוצע, ממליח, ומחלק ליושבים.

"כך בצע ישוע את הלחם לשליחיו בסעודה האחרונה," אומר מישהו, "ישוע היהודי".

אב המנזר מתיר באופן יוצא מן הכלל את השיחה בעת הארוחה. הנזירים סביבי שואלים, הם רוצים לשמוע, להבין, ולשיר שירי שבת. אני שר מתוך הדף שהכנתי את "יה ריבון", והם ממלמלים איתי במבטא אמריקאי כבד את הארמית. יהדות, הם אומרים לי, היא שורש הנצרות.

לאחר הארוחה הכול מודים לי. השעה כבר מאוחרת מאוד בסדר יומם של הנזירים. בשלוש לפנות בוקר עליהם לקום לתפילות. אני יוצא למגרש החניה בדרכי אל המכונית, שמח, אבל מוכן לחזור לבקתת ההתבודדות. האורחים מבית ההארחה מקיפים אותי. הם מברכים אותי על התפילה הטובה. "אתה רב בוודאי, לא?", "האם אתה אורתודוקסי?", "המנגינות יפות כל כך?", "מעולם לא ידעתי שהתפילה היהודית קרובה כל כך ברוחה לשלנו".

נעים להיות יהודי ביניהם. ואכן, אני יהודי. אמנם אינני שומר על המצוות העתיקות, אבל אני צומח מתוך התנ"ך היהודי כמו עלה חדש מגזע עתיק. ומה בכך שאני מתפלל בחברתם של נזירים קתוליים? אינני יהודי-

לעומתם אלא יהודי-עמם, וכן עם הנזירים הטיבטים שביקרו כאן לפני שלושה חודשים, ועם המתודיסטים שבכנסייתם התפללתי פעם, ועם היהודים הרפורמים שאצלם, בארץ, קיבלתי את השבת בכל יום שישי, ועם הקונסרבטיבים של תפילת שבת בבוקר; ואפילו עם היהודים החרדים שניסו להמיר אותי לדתם – אני עם כולם, גם כאשר הם מתאמצים להיבדל מ״כופר״ שכמוני, גם כאשר הם מכריזים שרק הם בלבד, גם כאשר אני מתרעם – ואכן אני מתרעם – על יוהרתם של בעליה-כביכול של האמת. אני יהודי על דרך של אחד בין רבים, גם כאשר אני מתכעס על אלו התובעים את אלוהים כולו לעצמם. כמו עלה קטן בחברתה של כל הצמרת, אני משתאה על העושר המופלא שמצמיח סביבי הלו. שהרי רוחניות של ממש פירושה אמנם לצמוח בדרך המסוימת שניתנה לי – אינני יכול להיות אלא אני, אינני שייך למדיטציות של זן-בודהיזם או להצטלבות לישוע – אולם בחברתם של הכול. רק האדם הוא הקורע בקיעים בין האלוהים הפרטי שלו לבין האלוהים הפרטי של מאמינים אחרים.

* * *

שלווה טהורה של לפני חזריחה, רכה רכה. חם כאן בבקתת ההתבודדות. אמצע הקיץ במישורים הלוהטים של מרכז ארצות הברית.

אני מתיישב למחזור הבוקר ופותח בהתרוקנות קלה של שקט. אחר אני פונה לספר תהלים, מבטא את המילים ומניח למזמורים להתנגן בתוכי כחפצם, והנה הם מפכפכים להם בנגינות בלתי מוכרות, יפות יפות, שרים את דבריהם ואני מקשיב. ״...אנה אלך מרוחך ואנה מפניך אברח; אם אסק שמים שם אתה, ואציעה שאול – הִנך; אשא כנפי שחר, אשכנה באחרית ים; גם שם ידך תנחני, ותאחזני ימינך...״ (תהלים קלט ז-ט).

ועכשיו אני מתחיל להעמיק, מרפה את המאמצים העצמיים, מיישר בשלווה קפלים מוסתרים, מחליק את הקמטים הפנימיים, פורש את נוכחותי אל נוכחותו של הלו; הנה אני, בנוכחות מלאה ככל שהדבר בידי; הלאה, פנימה, אל תוך הבוץ העצמי, החצץ, הסלעים, אל נקודת המפגש בין אדם לבין לו; השתהות במחילות המתפתלות בפנים, נגיעה, ליטוף, גושים נמסים; ועוד הלאה, אל מתחת לקרקעית, מתחת לעצמי, אל הדומייה הגדולה של המרחבים.

ועתה, בתוך העומקים, אני פותח את ספר התנ"ך למקרא הקודש היומי, קורא בלבי אט אט ומניח לתנועת הרוח לעלות בי באמצעות המילים: עבד ה' "לא תֹאר לו ולא הדר, ונראהו – ולא מראה ונחמדהו; נבזה וחדל אישים, איש מכאובות וידוע חֹלי, וכמסתר פנים ממנו, נבזה ולא חשבנֻהו; אכן חלינו הוא נשא ומכאֹבינו סבלם, ואנחנו חשבנֻהו נגוע, מֻכה אלוהים ומעֻנה..." (ישעיהו נג ב-ד).

מבעד למילים העתיקות, מבעד לסיפור על עבד ה' – אותו דל מראה שהיום אין איש יודע מיהו (דמות היסטורית? הנביא עצמו? עם ישראל? משיח לעתיד לבוא?), עולה בי תנועת הלו המקורית. לו מפעים את תנועתו בתוכי באמצעות המילים התנ"כיות הללו ומעלה בי הבנות חדשות שאין להן מילים.

במחצית הבוקר מתחילה הרוח להתפוגג. אני אוסף את הגוף אלי, משיב אלי את התחושה והמחשבות, ואני חוזר. אני קם לשתות מים. עוד מעט אצא מן הבקתה להליכה בשביל. שוב חם כל כך. מיד אצא – רק אשב לרגע לכתוב מילים שהניחה אחריה הרוח בעוברה בתוכי.

מחשבות קלות משוטטות להן הנה והנה, ואני משתהה להקשיב.

11
בוסטון, 1995

באיזו קלות צנחתי מן האדם המואר אל העולם הישן: גושים שנתרככו ונמסו בחודשי השקט והתפילות והתרגילים הרוחניים מתחילים עתה להתקשח שוב בתוכי. אני מנסה להרגיע את החומר והוא נענה, מוותר אבל לא על הכול. משהו בו רוצה להתעקש, מבקש להיות בהול במחשבה ובדיבור, טרוד בעיסוקיו, עצבני כפעם. כמו נגע עתיק, הדלקת אולי סולקה, אבל הנגיפים יוסיפו תמיד להסתתר בדם, ממתינים.

כבר ביום היציאה מן המנזר, בנסיעה צפונה, החלו רחשים קלים של המולה לחזור לתוכי פנימה. הריכוז נתפזר בחום הנורא. ניסיתי להשיב את השקט, ניסיתי לערוך מקרא קודש בנהיגה, אבל לכבישים סאון משלהם, לא טרוד ורועש כמו יום עבודה בעיר, אך גם לא שלֵו כמנזר. אחת עשרה שעות של שדות, כפר קטן, שדות, נחל, מבנה חקלאי, שדות, מתגלגלים להם כמו דרדור חרישי.

בערב אני בביתם של ד' ובני משפחתו. אני אומר מילים והם אומרים מילים, השיחה נשמעת, אבל פירושה מרחף אי שם, כמו מחזה בשפה זרה. אחר כך אני מלווה אותם למגרש הספורט של העיירה, למשחק הבייסבול השבועי. ד' עולה על המגרש. המשחק ידידותי, השחקנים נינוחים. על הדשא, באגף הצופים, מסתובבים להם עשרים או שלושים אנשים צעירים. שיחה קלה, מעשי התלוצצות, אמהות מספרות זו לזו, ילדים משתעשעים.

אני רואה, שומע, אבל אינני מבין. אני מביט בתנועות הידיים, בעמידה הקלה, מנסה לקרוא את החיוכים, מקשיב לסיפורים. גם אני מדבר מעט כשפונים אלי, אבל אינני מבין. דבר-מה מתרחש כאן. הכול מתנהגים בנעימות שאננה כאילו הכול מובן להם, אין חיים אחרים, כך הם הדברים.

מה עושים כאן האנשים הללו, מה פשר העמידה על הדשא, השיחה הקלילה, התנועה על המגרש?

אבל למחרת אני כבר מתחיל להיזכר ולהבין. אני משוחח עם ד'. אני מתכנן תכנונים. יש לברר שניים או שלושה עניינים ולהחליט. המחשבות חוזרות לזמזם, והנה חוזרים בי דברים של פעם, אותה תנוחת הגוף, אותן התכווצויות, אותו סגנון ההיטרדות ונגינת הדיבור הבהול. חזרתי מחודשי המנזר – האם נשתניתי בפנים, תחת החזות המוכרת, או שבתי כמו בובה אוטומטית לאותה התנוחה הישנה? ואם צמח אדם חדש בחודשי ההתבודדות, האם הוא חזק דיו כדי לעמוד בפני משקלם של עיסוקי החולין?

* * *

שוב אני גר במקום ישוב. על המדרכות מתהלכים אנשים, ילדים משחקים, רעשי המכוניות, הבהובי טלוויזיות, סופרמקט, שכנים. העיסוקים מתרבים להם והאור מתעמעם קצת ומתערבב בחול. אבל אינני מתלונן. להפך, שהרי אור תפקידו אינו להאיר את עצמו אלא לצאת אל החומר. אור הוא אור כדי לגעת בטרדות היומיום ובפניו של הזולת ובסבל ובפיזור הרוח ובקשיחות האבן. ועל אף שהנה שוב אני דורך באבני החצץ, רועש לפעמים ואפילו אלים, אני יודע שבפנים עוד מאיר לו אור, לא בטוהר מתוק כמו במנזר, אבל אור.

נדמה לי שאני אוטם אותו יתר על המידה. האצבעות גסות ולופתות, עדיין איני יודע כיצד להניח לו לפעול את פעולתו. אבל אני משתדל, לומד להאיר בו את החומר – זוהי המשימה. יש בני אדם שבהם האבן פתוחה והאור עולה ומאיר כאילו מעצמו, מעניק חיים, אהבה אל הכול, שפע. מה שעבורם הוא נוגה טבעי, עבורי הוא מאמץ. ודווקא משום כך אני יודע מהו אור, שכן האור שעלה בי לא עלה בהיסח הדעת אלא בדרך ההתקדמות בסלע, בדרך המאבק.

* * *

אני מגשש בדרכיו החדשות של הלו – דרכיו חדשות תמיד. תמיד הוא מחדש ומפתיע ומשנה את מה שכבר נאמר. לעולם אי אפשר לסכמו בטכניקה או בתיאוריה, אי אפשר לקבע בבטון את הפתחים המובילים אל המעמקים. יש להיזהר שלא להתפתות ולנסות ללכוד את מה שהיה. לפעמים, מה שהיה

פעם מילים חיות מתאבן לצלילים ריקים שסיימו לומר את דבריהם, לא עוד משבי רוח אלא מחיצות – הן אמנם מזכירות את מה שחי פעם אולם עתה אין ביכולתן עוד לנשום.

אני מגשש. עדיין אינני חש את תוואי המתאר של הזמנים החדשים – מביט קצת סביבי, ממתין שיתבהר דבר-מה, אבל אינני חרד. אינני יודע בדיוק מהו ההמשך מכאן, אבל אי שם מתפתל לו המשך. בינתיים אני מנסה קצת מעשים חדשים, מחפש בספרים שלא הכרתי, משוטט ברחובות.

ואכן, דומה שדבר-מה נובט לו. נגינות חדשות מתגלות לי. אני מתרחק אל מעבר לשורות הבתים אל רצועת החול הפתוחה, ושם אני הולך ושר מזמורים של ציפייה ודבקות, הולך ושר.

דבר אחד נשאר איתי מן המנזר: דרכים נפלאות נפתחו לי לקריאה רוחנית, ועתה הן הולכות ומתעצמות.

* * *

בחודש השלישי לשהותי האחרונה במנזר הסביר לי האב סיפריאן מהי הלקציו דיווינה: מסורת בת מאות שנים לקריאה רוחנית. האדם מתבונן בקטע מכתבי הקודש ומקשיב באמצעות המילים לדבר האלוהים.

סיפרתי לו שבשבועות האחרונים למדתי גם אני להקשיב לתנ״ך, ואני מקשיב יום יום: מתיישב, משתתק, מתרוקן, והנה באה מין דומייה כזאת, קשה להסביר. ואז אני פותח את ספר התנ״ך וקורא, קורא לא מתוך עצמי אלא מתוך השלווה, קולט פנימה קטע – אולי ארבעה או חמישה פסוקים – והמילים צפות בתוך הדומייה, מעצמן כביכול. אני אילם. אין לי עוד דעות, אין לי רעיונות לפרש את הדברים כך או כך, אין לי מילים. מרחב נפתח בפנים ואני מאזין. איני מתערב, דבר-מה אחר מתרחש כאן. ואז עולות בפנים הבנות חדשות, צומחות מתוך חומרי הגלם של המילים התנ״כיות. הבנות מופלאות, קשה להאמין שהרבה כל כך יכול לעלות מתוך טקסט מיושן כל כך, מענייני ממלכת יהודה העתיקה ומענייני המלך והשרים והקנוניות הפוליטיות והתמרמרותם של הנביאים. יש שההבנות אומרות דברים כלליים: על האהבה ועל הפחד ועל הרוח ועל אלוהים. ויש שהן פונות אלי אישית וחודרות אל סודות פרטיים ופצעים שהוחבאו וגושים מעוותים, נוגעות ומלטפות. כל מיני הבנות, הכול מרפרף, קשה לעקוב.

כיניתי זאת ״מקרא קודש״. לא, לא למדתי זאת מאיש. ישבתי אל מול התנ״ך והדברים התרחשו מתוך עצמם: השתתקות, דומייה, קריאה, הבנות. מוזר, לא?

האב סיפריאן חייך ואמר: ״מה הפלא? התנ״ך הוא דבר אלוהים. הוא מדבר עבור מי שמקשיב״.

* * *

מתוך מקרא קודש על אודות בראשית א א:

״בראשית ברא אלהים את השמים ואת הארץ.״

האם אכן ברא אלוהים את העולם? אלוהים במובן של לוּ אינו מסוג הדברים העושים מעשים כמו תהליכי טבע. כיצד נוצרו האור והיבשה והצמחים והחיות – זהו עניינו של המדע, לא של הדת.

אבל על דרך של אגדות ניתן לומר שלוּ משתקף בעולם ונכנס בחללים הפתוחים ומאיר במשמעויות את העובדות כמו אור על גבי דופנות החפצים. ואלמלא הוא, היו כאן רק עובדות-בלבד, גוש גלמי של סתמיות, חושך גמור. כך שעל אף שסיפור בריאת העולם הוא אגדה, גרסה ישראלית עתיקה של המיתולוגיות השומריות והבבליות והכנעניות שנפוצו בימי קדם במזרח התיכון, בכל זאת ניתן לומר שאלוהים בורא את העולם מן התוהו כל הזמן.

אמנם, לוּ אינו כוח טבע, לא קרינה ולא אנרגיה, אבל אם משהו ממנו בכל זאת מגיע אל האדם, אם איכשהו הוא מותיר בהכרתנו איזה רושם, הוא עושה זאת בתוך חומרי הגלם המצויים אצלנו: בתחושת שפע, בגלי השראה, וגם בסיפורי אגדה. כדי לעלות באדם עליו להופיע בערבוביית החומר, בכמיהה, כלומר בתוהו ובוהו. עליו להיתרגם למילים שלנו, לחוקי הדקדוק, לאוצר הדימויים, לסיפורי בריאת העולם. אלמלא כן לא היינו חשים בנוכחותו כלל.

וכיצד זה שדווקא בתוך התוהו ובוהו עולה ומופיע דבר נשגב כל כך, הממשות עצמה? ככה זה, זוהי סגולתו של הבוץ האנושי: על אף שאין בו דבר של ממש משל עצמו – ואולי דווקא בשל כך – מבעבעת בו תנועתו של הלוּ.

* * *

אני מתיישב – אין זה פשוט לשבת ממש, לא ישיבה של עשייה אלא של שקט, משום שההרהורים מתגלגלים להם מעצמם והמחשבות נודדות להן אל מה שהיה ואל מה שהלוואי שיהיה, יש תוכניות וסידורים שאל לשכוח ודימויים מהבהבים וקטעי זיכרונות – כה דחופים, או מושכי לב, או מעניינים. מנקודת מבטה של ההמולה דומה שזהו העניין: להתעסק ולהקים ולוודא ולהכין, לצאת מפה לשם או משם לפה, לפגוש ולדבר ולנוח ולהתבדר ושוב לעשות. אולם רק מנקודת מבטה של ההמולה. מן הצד הפנימי, מבחינתו של השקט, אין אלו אלא התאבכויות מרוחקות של אבק.

תחילה יש לשבת, כאן, לא אי שם במחשבות ובעיסוקים. כאן היא התחלה הכרחית. להניח לעניינים שיתנהלו להם היכן שיתנהלו. אינני מנהל עוד, אינני מפעיל את המתרחש. אני עֵד. אני מרפה את המושכות הרגילות לשלוט בכול, מוותר מעט, נותן. בהתבוננות, האַין הוא יותר מן היש.

אולם גם לא להכריח את השקט להיות בשקט. שקט של ממש, כלומר דממה, אינו המצאה עצמית – עלי לפנות את עצמי מן הבמה ולהניח לדממה לעשות את שלה, אם אכן תעשה את שלה. להניח לרווחים לחלחל אל בין המחשבות. לשבת, כאן. לא הכול מעשים, לא הכול התרחשויות.

ועתה עולה וגואה הדממה, לעתים מבעבעת בתוך ההמולה, לעתים עוטפת את הכול בעוצמתה. דממה היא היפוכו של אותו האני המשתדל ומחליט ואומר את דברו ושולט.

והנה אני פותח את התנ״ך בשלווה – כל תנועה עולה מן הדממה, והמילים צפות מעצמן: כה אמר, והיה ביום ההוא, וכרתי להם ברית, קול קורא במדבר. אינני מפרש, אינני מנתח, לי עצמי אין מה לומר. אני עֵד בלבד. אני מסיג עצמי עוד קצת לאחור ופותח עבורן מרחב נוסף, שיתרחבו, שיתפשטו על פני הכול.

ועתה עולה הד של משמעות מן המילים, ואחריו הד אחר, ומאלו מסתלסל לו הדהוד נוסף, והם צפים בתוכי וטווים את עצמם אלו באלו בדרכם שלהם, והרשת הולכת ונפרשת לה במרחב הפנימי. עתה הקטע הכתוב אינו רק הוא עצמו בלבד, הוא שדה של משמעויות.

וכשהשדה מתמלא, הוא מתחיל לבעבע. הוא רוצה להוליד דבר-מה. עתה הוא מתרגם עצמו מן המילים היפות של התנ״ך להבנות חדשות: מי אני, מה אומר לי לוּ, תנועת הממשות, ערמות הגושים שבתוכי. אין אלו הבנות של מילים מנוסחות, זוהי נגיעה, תנועה פנימית, חיים. עתה מתרחש הדבר העיקרי – ודווקא עליו אין לומר דבר. מה שהינו נגיעה פנימית איננו מילים.

ורק אחר כך, לאחר שהתפוגגו ההבנות והכול כבר רוגע, רק אז אפשר לחזור בזיכרון ולשחזר את רפרופי ההבנות, ולתרגם את מה שהיה תנועה פתוחה למשפטים סגורים. הד עדין מרחף לו אי שם, ואני לוכד שאריות של תנועה וכותב.

* * *

מתוך מקרא קודש על אודות סיפור בריאת העולם (בראשית א ג-יב):

"ויאמר אלהים יהי אור... ויאמר אלהים יהי רקיע בתוך המים ויהי מבדיל בין מים למים... ויאמר אלהים יקוו המים... ויאמר אלהים תדשא הארץ דשא עשב..."

אמנם, לו אינו אומר אמירות, הוא קודם למילים כולן, ובכל זאת כך נשמע אצלנו מגעו באדם: ויאמר אלוהים, נאום ה', יהי כך ויהי כך, ציוויים, אזהרות. כך הוא מהדהד בתוך מחסני המילים האנושיות – מרעיד מילה כמו רטט בבוץ, מטלטל משפט ונותן בו חיים ותנועה, מעלה קטעי מחשבות ומעורר את הדמיון לכרוך אותם יחדיו ולצרפם לסיפור עלילה. והסיפור אנושי אמנם – כך אמר אלוהים וראה והבדיל ועשה ונתן ובירך ושבת – ממש אגדה. ובכל זאת אפשר שזהו הד מדברו של אלוהים – לא דבר אלוהים כמו משפט מנוסח בסגנון דקדוקי, לא הודעה מדובר אל שומע, אלא דבר אלוהים כמו רחש של תנועה עלומה העולה מאי שם לחדור אל לבו של החומר, תנועה חדשה בתוך האדם.

ולעתים ניתן להשתתק ולשמוע מבעד לסיפור הבריאה העתיק, מבעד לאגדה שכך וכך אמר אלוהים, את התנועה המקורית עדיין רוחשת. זוהי תנועה של משמעויות עלומות, מעין "ויאמר אלוהים" העולה באדם ומוליד בו הבנה חדשה. וכשההבנה העולה בתוכי אינה המצאה עצמית שלי, כשאין היא מן התהליכים והמנגנונים הפסיכולוגיים, אז זהו דברו של אלוהים: מגע של ממשות בתוהו ובוהו, יהי אור, בריאת עולם חדש שלא היה.

כך ש"ויאמר אלהים" פירושו שלא הכול כאן אצלנו הוא סתם גושים של עובדות. בתוך ערמות התוהו ובוהו והמים והבוץ וגופי השמים וגופי השרצים והחיות, וגם באטומים ובמולקולות ובחוקי הכימיה והפסיכולוגיה – בתוך כל זה מופיעים גם מרווחים של קדושה, כמו דבר אלוהים המתפשט בין המילים המיתולוגיות של סיפור הבריאה.

* * *

אני מוסיף לשבת למקרא קודש כל בוקר, לפעמים מחצית השעה, לפעמים שעתיים או שלוש. הירגעות, דומייה, מעמקים, ואז מתחיל לעלות משב של הבנות. לפעמים הן עולות בתוקף, לפעמים הן מרפרפות וצריך לאמץ את ההקשבה, אבל תמיד הן מפתיעות. "כי לא מחשבותי מחשבותיכם," אומר ישעיהו הנביא, "ולא דרכיכם דרכי, נאם ה'" (ישעיהו נה ח). לעולם אין לדעת מראש מה יהיה הפעם.

יש שהן עולות בניסוחים כלליים, בגוף שלישי: טבעו של האדם, מהותה של האמונה, תנועתו של הלוּ בעולם. אבל יש שהן עולות בתוכי בגוף אישי, ואז הן מספרות על המחיצות האישיות שלי ועל חללַי הפרטיים, ממששות צלקות מדממות אצלי בפנים, מעלות הבנות עצמיות מפתיעות ופורשות בתוכי פתחים בחומר ומעוררות תנועות חדשות. זהו מגע מרפא, טיפול על ספתו של האינסוף.

גוף אישי או גוף כללי, בעומקי הממשות אין הבדל. אני או אדם בכלל, חיי שלי או החיים עצמם – אלו הם פנים שונים של אותו הדבר. ובכל זאת, מה שהוא נגיעה אינטימית בתוכי הוא פרטי שלי, ועליו אינני מספר. פה אכתוב רק את הדברים הנאמרים בגוף שלישי.

* * *

מתוך מקרא קודש על דבריו של משה לבני ישראל הממתינים במדבר לצאת לכיבוש ארץ ישראל)דברים א פסוקים א, כא):

"אלה הדברים אשר דבר משה אל כל ישראל... ראה, נתן ה' אלהיך לפניך את הארץ, עלה רש כאשר דבר ה' אלהי אבֹתיך לך, אל תירא ואל תֵחת."

אלוהים כבר נתן את הארץ לפניך, אולם אין היא עדיין ממש שלך, אתה עדיין משוטט במדבר. עתה עליך לממש את התפקיד שניתן לך, לרשת בעצמך את המקום המיועד. אלוהים אינו עושה מעשים במקומך, לשם כך אתה נמצא בחומר, כדי לגלם בעולם את התנועה האלוהית. אפילו ברגעים של חסד מיוחד, ברגע של השתחררות מעבדות בארץ מצרים לחירות במדבר, אפילו אז לא נמלט אלוהים במקומך מסיר הבשר המצרי והנוחיות השאננה אל עבר ים סוף. כאב הוויתור והקושי והסכנה היו משימותיך, לא משימותיו. ציפית אולי מאלוהים שיקל מעט על האדם, אבל למרות המצרים הרודפים

והחום והתינוקות והזקנים, הוא רק הלך לפניך בעמוד ענן או אש להנחותך את הדרך. אלוהים אמנם הוציאך ממצרים, אבל את הצעדים החפוזים בחול, והמבטים החרדים לאחור אל חיל פרעה המתקרב, והקפיצה אל המים – את זאת צריך היית לעשות אתה.

"אלה הדברים אשר דבר משה..." – ייתכן ולא כך היה, ייתכן שלא היו אלו דבריו של משה במדבר אלא של סופר מאוחר שהשתמש בשמו. אכן, נראה שהתורה חוברה מאות שנים אחרי משה, מי יודע בדיוק מתי – בתקופת מלכי ישראל ויהודה, או בשנות הגלות בבבל, או בשיבת ציון – מה נכתב מתי הוא עניין של עובדות היסטוריות, עניין למחקר מדעי, לא לאמונה. מנקודת מבט מדעית-היסטורית, נראה שהתורה לא נכתבה בעט אחד, אלא נארגה מקולות רבים שקובצו יחדיו, וגם שופצו בתוספות ובמחיקות ובתיקונים עד שתויקו ונחתמו בידיהם של רבנים כספר קודש סגור וגמור: זהו זה, זוהי התורה. כך שייתכן שסיפורי יציאת מצרים ומשה ומתן תורה וכיבוש הארץ הם המצאה מאוחרת או הגזמה דמיונית של גרגיר היסטורי חיוור.

ייתכן, אולי סביר מאוד. אבל בענייננים של ספרי קודש אין זה משנה. דבר אלוהים אינו פוסק להיות דבר אלוהים רק משום שהוא עולה לאטו ומתחדד ומתגלה במהלכן של מאות שנים. מי אמר שדבר אלוהים חייב להישמע בשלמותו ביום אחד? מנין שהוא בוחר להיאמר כולו בפיו של אדם יחיד דווקא? שאין הוא יכול להופיע צעד צעד, תוספת תוספת, באמצעות כתביהם של סופרים רבים ועורכים ומתקני תיקונים?

להפך, אדם יחיד אינו אלא אדם יחיד, מצבי רוח, דעות קדומות, נטיות לב, מנגנונים פסיכולוגיים. צפוף מדי בתוך כל זה, קשה להכיל פה התגלמות אלוהית בהירה מבלי להכתימה ברעיונות עצמיים. באדם היחיד חסרים חוש הביקורת, חוש ההבחנה בין נדמה לי לבין ממשות, חוש הזיקוק וההשתפרות.

אכן, דבר אלוהים יכול לומר את דברו באמצעות אנשים רבים, במעין תנועה אלוהית בחומר החודרת להיסטוריה לאטה על פי קצב היענותם של הלבבות, פותחת מעט פה, מרחיבה שם, עולה ומתגלה קצת, חוזרת ומתגלה שנית, תנודה תנודה, על פי מה שמתירים לה חומרי הגלם האנושיים ומגבלותיהם של קשיות הסלע ועיקשות המזג ואוצר המילים התקופתי; לעתים ממתינה מעט לחללים חדשים שייפתחו כדי להמשיך, או נסוגה מפני גל אטימות מתגבר, ואז משתתקת עד שישתנו הזמנים ויהיה אפשר לחזור

ולומר שוב אותם דברים. אין היא מופיעה כולה בבת אחת, שכן זהו פירושו של החומר: כוח הבלימה וההתנגדות, ההתעקשות שכך דווקא ולא כך, כל שינוי כפוף לאטיותו של הזמן. תנועה נזקקת להדרגתיות, לביאורים, לתוספות, לעריכות חוזרות, כדי להעמיק את הקליטה האנושית, להשליך את הסיגים המוסיפים להידבק בה ואת הפרשנויות הערלות, לתקן דברים שלא נאמרו היטב, לזקק ולהרחיב את דברה במשך הדורות.

* * *

דומייה עצומה יש במקראי הקודש הללו, מרפאה ומזככת. לכאורה אני מתרכז במילים התנ״כיות, אבל באמת אני פונה דרכן אל הדממה, אל אותו המרחב השוכן מתחת לאני הטווה ומלהג מתוך עצמו, אל השורש ממנו נובט הכול. אני אמנם מקשיב למשמעותן של מילים ואף כותב מילים לאחר שנסתיימה הדומייה, אבל לא השורה התחתונה שנותרה על הדף היא העיקר. דומיית קודש היא משב של רוח בעמקי החומר, לא תוצר.

בפנים, למטה כביכול, גדל דבר-מה, אני מרגיש זאת בכל ישיבה: אט אט מתרחבים החללים הפנימיים, עומקים חדשים נחשפים לרוח, כאבים ישנים מקבלים את ניחומיהם. זוהי עבודת הזדככות, המסת הערמות הפסיכולוגיות, פתיחת מעברים לאהבה שנחסמה ומבקשת לצאת, עבודת קודש.

* * *

באמצעות מקראי הקודש של הימים האחרונים התחלתי לחלחל פנימה אל שכבה חדשה בעצמי. ושם בפנים, תחת הבשר המוכר, אני מגלה אט אט תינוק מאובן שנשכח. אני נוגע בעזובה שבאיבריו, מלטף את הצינה. אין הוא מכיר את הלו עדיין, אין הוא בוטח בדבר. מקופל בעצמו, לופת, רק את עצמו הוא מכיר. אינני מתאמץ להעירו או לרפות את תנוחתו, אינני מטיף לו מוסר, רק לוחש לו ומלטפו באהבתו של הלו.

כיצד זה הגעתי פנימה לעומקי השכבות העצמיות באמצעות התנ״ך דווקא? אולי משום שכך הוא העולם: כל פרט בו משקף את הכול, כל דבר בו הוא מָשל לכל דבר אחר. כך שאפשר להתבונן בטקסט קדמוני של איזה

נביא עתיק שהסתובב אי פעם בשווקים של ירושלים – ולקרוא בו את הסודות החבויים בתוך עצמי.

* * *

מתוך מקרא קודש על אודות קריאתו של ישעיהו הנביא להתכונן לקראת הגאולה הקרובה לבוא (ישעיהו מ ג-ה):

"קול קורא במדבר: פנו דרך ה', ישרו בערבה מסלה לאלהינו. כל גיא ינשא וכל הר וגבעה ישפלו, והיה העקב למישור והרכסים לבקעה. ונגלה כבוד ה' וראו כל בשר יחדו כי פי ה' דבר."

כך הוא דבר אלוהים, אין הוא בא כמו כמו פריט נוסף ברשימת סדר היום, אין הוא תוספת לתלי החצץ והחול הגודשים אותי כבר ממילא. אין הוא כלל עניין של תוספת אלא של התרוקנות, פינוי מסילה לאלוהינו, התקדשות. ולשם כך נחוץ סילוק הקיים, השלכת הבנייה העצמית ומחסני ההישגים והגינונים והדעות שנצברו והתוכניות והפרויקטים – יותר מדי יש כאן, דרוש כאן מִדבר. דרושה כאן התמעטות, פירוק הערמות הפנימיות והקירות והאבן, יישור הפיתולים והמסת הקמטים – כל אותם הדברים שאני רגיל לכנותם "אני."

לא, נראה שלא לזאת התכוון כותב הקטע התנ"כי. מה שרצה הדובר לבשר, כך נראה, היה החזרה לציון מגלות בבל. אבל אין זה משנה. כוונות אנושיות הן תרגום של תנועה אלוהית לתנאי המצב ורעיונות התקופה. מה היו מחשבותיו של האדם שבפיו נאמרו המילים – לא זה העיקר. ממילא לא היו אלו אלא תוצרי לוואי של הדבר עצמו, ניסיונותיו של האדם לפרש במילים את מה ששפע מן המעמקים החוצה, מבעד ללבו. אם תרגם זאת בפיו למילים של חורבן, או גלות, הכרזת כורש, תקוות גאולה והתחדשות – כך הוא האדם, הוא נתלה במראה עיניו ומתרגם הכול למונחיו שלו. כך או כך, הנקודה היא שכדי לשוב לארץ הקודש יש לפַנות בלב דרך חדשה.

* * *

עתה כשיש זמן בידי ואינני מפוזר במשימות, אני מוסיף להעמיק אל תוך מקראי הקודש, כלומר פנימה אל עצמי והלאה פנימה. שני מקראי קודש אני עורך בכל יום, לעתים אף שלושה. בבוקר אני מתבונן בפסוקים היומיים

ויורד בעדם אל תוך הדומייה, אל תוך מחילות הסלע העצמיות, מעמיק דרך השכבות המובילות מטה זו אל זו. ואז נעלמות המילים התנ"כיות המקוריות, נוכחות, הבנות אילמות, עתה אין כאן עוד תנ"ך אלא נשימתה של הממשות.

אי שם בסופו של הבוקר אני חוזר ועולה ויוצא מן הבית. אני משוטט בחולות בין הסלעים ונושא בתוכי את הדיהן של ההבנות החדשות. אחר כך מנוחה, ארוחת צהריים, ושוב מקרא קודש, ושוב חולות.

היום כולו הוא מקרא קודש, רפואת נפש, עוצמה, תפילת לוּ. יש אמנם קשיים ופיתויים והסחות כתמיד, והם מתנשאים עלי ומאיימים לבלבלני, אבל היום בעת מקרא הקודש הבנתי: באמת אין הם אלא הבל, אין להם קיום של ממש.

* * *

מתוך מקרא קודש על אודות הדברים שאומר ה' בפיו של ישעיהו הנביא (ישעיהו נה ח-יא):

"כי לא מחשבותי מחשבותיכם ולא דרכיכם דרכי, נְאֻם ה'. כי גבהו שמים מארץ כן גבהו דרכי מדרכיכם ומחשבותי ממחשבתיכם. כי כאשר ירד הגשם והשלג מן השמים ושמה לא ישוב, כי אם הרוה את הארץ והולידה והצמיחה ונתן זרע לזֹרע ולחם לאֹכל, כן יהיה דברי אשר יצא מפי, לא ישוב אלי ריקם כי אם עשה את אשר חפצתי והצליח אשר שלחתיו."

כשיורד שפע של לוּ להפרות את החומר ולהיכנס במילים ובמחשבות ולהוליד בהן הבנות פנימיות חדשות – "דבר אלוהים", כביכול, נכנס באדם – אז מצטמקות להן ההכרזות העצמיות הרגילות להכריז את עצמן. בשעה שכזו נותר רק לשתוק. לנוכח מרחבים שכאלו ברור שמה שבא ממני אינו מה שבא מן הממשות; שמילים יכולות להיות הרבה יותר מהמולה של מחשבות עצמיות; שמה שנאמר מעצמי אינו אלא אותיות שצרפו להם באקראי מנגנונים פסיכולוגיים, תחליפים לדבר העיקרי, זמזומי לוואי לדבר עצמו. וזה דברו: שהנקודה אינה להשמיע את מחשבותיו של האדם, את חריקותיהם של מנגנוני החומר, אלא להניח למילים להיאמר מן הממשות, כלומר לעמוד לרשותו של המאמץ האלוהי לחדור אל הארץ ולהרוות ולהצמיח ולהתגלות.

* * *

וזאת למדתי משעות החסד ומשעות הצחיחות ומן הנסיקות לגבהים וההתגוללויות בַסתמיות והצלילות לתהומות: לו מצוי לא רק ברגעים מופלאים של התעלות, לא רק בפסקי זמן של חוויות נדירות, אין הוא שוכן אי שם בעולמות אחרים. כאן הוא נמצא, תמיד כאן. פעם לא ראיתי זאת, הייתי זקוק להזדככות בחושך ובאור כדי ללמוד לראות: שאותו הטוב המציף בחסדו, שוכן גם בסתמיות ובצחיחות.

אכן, גם כאשר אני עסוק במשימות ובהיסחי דעת, גם כאשר מופרע סדר מקראי הקודש, גם אז יש אור, חבוי אולי ומכוסה בחול אבל אור. לו משתדל לעלות בכל מקום. אמנם, לא תמיד הוא מופיע ממש אבל הוא מנסה כביכול, מתאמץ לחדור – ראיתי זאת במקראי הקודש – גם אל תוך מאבקי השלטון בירושלים העתיקה ואל תוך סכסוכים בינלאומיים ומליצותיהם של כהני דת, גם אל תוך בתי הבילויים והאופנות החדשות ומבצעי הקנייה וחמדת הרכוש, גם אל המהומיהם של חסרי הבית ברחובות ואל פטפוטי הממתינים בתורים לאוטובוסים ואל ההבטחות שלא קוימו ואל דברי האהבה והעלבון והשְפלות, אפילו אל המולתן של הטלוויזיות וקשקושי הכתבים וחיוכי הפלסטיק של הזבנים בחנויות.

בכול מקום לו מנסה. ואולי יש שמץ של התגלות אלוהית בכול מקום, אפילו בתוך עבי החומר הגס, האטום, הצעקני, החמדן, אולי אפילו שם. אולם יש פעמים שהוא מתגלה ממש: שפע, מעמקים פנימיים נפתחים לאין סוף, הכול נכון וטוב ושקוף, עוצמה חמה או דוממת או נוראה, גאות של הבנות חדשות, דבר אלוהים קורא לשוב פנימה ולפתוח פתח לממשות. ומי יודע מדוע דווקא כאן הוא פורץ ומופיע לעין, ואילו שם הוא חבוי.

* * *

מתוך מקרא קודש על אודות אכזבתו של אלוהים מעם ישראל (ירמיהו ב כא):

"ואנכי נטעתיך שורק כֻּלה, זרע אמת, ואיך נהפכת לי סורֵי הגפן נכריה?!"

העניין בדבר אלוהים, אומר הנביא ירמיהו, הוא לזרוע באדם "זרע אמת", כלומר לנטוע בו את ההבחנה הקדושה שבין קדושה לבין תעייה בשקר. אמת היא היענותו של האדם למה שמעבר לאדם-סתם, התרוממותו מעל ממדיו

האנושיים. אין הוא שייך לעצמו אלא לדבר גדול לאין שיעור ממנו. וזוהי הדבקות באלוהים: "והייתם קדושים לאלוהיכם" (במדבר טו מ).

אבל נוח כל כך לאדם להישאר במידת גודלו של האדם, להיות של עצמו בלבד. נעים להתפרקד בזחיחות דעת בעיסוקים של יומיום, בסיפוקים פרטיים, להתעסק בהישגים ובהצלחה. בטוח יותר להתמקד במטרות מעשיות, לשלוט בתנאים ולתכנן, מאשר להעמיד את עצמך לרשותה של האמת.

וכך האדם מתפתה ללא הרף לשקוע בעבודת אלילים, דהיינו בדמויות גשמיות, ניתנות למישוש, בעובדות אנושיות: בהבטחות של נוחיות וביטחון לעתיד, בבידור ובקלילות, בזוהר של גינונים ואופנות ודיבורים מתחכמים, בדקדוקי מצוות בפה וביד ולא בלב, בצבירת רכוש וכוח, בעלייה בסולם הדרגות, לספק את עצמי, להשיג, להסתדר ולאחוז.

האדם נקרא להניח לאלילי השווא ולשוב אל זרע האמת שבלבו, אבל ההיסוסים והתירוצים והדחיות מטשטשים את קולה של הקריאה. קשה כל כך להשתדל תמיד להיות גדול כל כך, ומפחיד לוותר על מה שיכול – כך נראה – להיות שלי. אמת דורשת יותר מכל דבר אחר, לא פחות מכל כולי.

ואולם האדם, מתוך כך שהוא להוט להשיג לעצמו את עצמו, חומד לעצמו עניינים נוכריים ותועה ומאבד את הכול. ומכיוונה של הממשות, מן הלו, עולה כביכול פליאה גדולה: כיצד זה שנזרע בלבו של האדם זרע אמת – אמת היא דבר עצום, גדול כל כך מן הבוץ האנושי – והנה, למרות זאת, במקום גפני שורק משובחים הוא מצמיח מתוכו שיחים שוטים?

* * *

הבוקר, בהליכת הקודש על רצועת החול, נתגלגלה בי מילה אחת – אלוהַי – ושרתי אותה וחזרתי ושרתי וקראתי בה עד קצה העולם. ואז הבנתי: לפעמים, ברגעים של שקיפות גדולה, מילה אחת אומרת את כל הדברים, את כל פרטי העובדות הזעירות והעצומות, את העלים וחלוקי האבן וגלי המים, את הפרצופים שהיו פעם ושעוד יהיו ואת כל גווני התחושות וההתרחשויות וההרהורים ואת כל הרעיונות האפשריים. לפעמים מילה אחת יכולה להיות הכול.

* * *

מתוך מקרא קודש על אודות קריאתו של ירמיהו הנביא לתושבי ירושלים הנצורה להיכנע לכוחות הבבלים המכתרים את העיר (ירמיהו כא ח-י):

"כה אמר ה': הנני נֹתן לפניכם את דרך החיים ואת דרך המות. הישב בעיר הזאת ימות בחרב וברעב ובדבר, והיוצא ונפל על הכשדים הצרים עליכם – וחיה, והיתה לו נפשו לשלל."

כך מהדהד דבר אלוהים בירמיהו הנביא. ובנסיבות שהתקיימו באותה העת – מרד, מצור, הבבלים מכתרים את חומות ירושלים, הקרבות מתעצמים והלחץ מתחזק, ובכל זאת שרי המלחמה הנצורים מתעקשים, והמלך צדקיהו מתלבט – בנסיבות הללו דבר אלוהים נשמע כאומר: צאו מן הביצורים העצמיים, מן החומות שהקמתם, השליכו את תכסיסי ההגנה המתוחכמים. אלוהים אינו נמצא במבצעי גאולה פרטיים. הניחו לתוכניותיו של האדם להשיג לעצמו עצמאות פוליטית, לא זו הנקודה כלל.

כך מתפרשת לה התנועה האלוהית במונחים של תנאי המצב – לא כדי לייעץ הצעות מועילות בענייני השעה, אלא כדי לחדור באמצעות הנסיבות אל האדם ולעלות בו ולהישמע. כביכול היא משתמשת במצור הבבלי כהזדמנות, כאמתלה כמעט, כדי לומר את דברה: שמבחינתה של הממשות, מה שנדמה לאדם כהגנה עצמית עשוי להיות דווקא מוות, ומה שנדמה כהפקרת חומות ההגנה, כוויתור על חלום, כנפילה בידי האויב, עשוי דווקא להיות חיים.

ועתה, כשאני מתבונן אל מבעד לדבריו של ירמיהו, אותה התנועה ממש שדיברה אז במונחים של מצור מיתרגמת אצלי למונחים אישיים על מצבי שלי. וכך נשמעת בי אותה התנועה שעלתה בירמיהו: בן אדם, הנח לביצורים העצמיים שבנית לעצמך, ולמחסני הצידה והתחמושת שצברת, ולתוכניות ההתקדמות וההצלחה, ולרעיונות המתוחכמים, ולתוכניות שכך יהיה או כך – לא זו הנקודה. לוּ אינו מתאים עצמו לתחבולות הגאולה הפרטיות שלך. אל מול הלוּ דרושה יציאה החוצה, חריגה אל מחוץ לכל חומה. מה שנראה לך פעם הגיוני כל כך, נחוץ ללא תחליף, כביכול לא ייתכן אחרת, מתברר כאשלייה, מה שחשבת שהוא יש עשוי להיות דווקא אַין, ומה שחששת שהוא נטישת החומות, הפקרה עצמית בידיהם של הכוחות הזרים, נפילה בידי הבלבול והאבדון, עשוי דווקא הוא להיות חיים.

כך שגם אצלי, כאן בחדר, אל מול ספר תנ"ך, מהדהדת אותה התנועה האלוהית העתיקה. שהרי כל הנסיבות שבעולם, לא רק רגעי פלא חריגים

מתקופות קדומות, אלא כל מעשה וכל הרהור וכל מילה וכל תנועת יד, כולם הם מרחב אפשרי עבורה. כל התרחשות היא הזדמנות עבור הממשות האלוהית להשמיע את דברה.

* * *

מתוך מקרא קודש על דברי ירמיהו אל נביאי השקר שאינם מבחינים בין חלום שווא לבין דבר אלוהים אמיתי (ירמיהו כג כח-כט):

"הנביא אשר אִתו חלום – יספר חלום, ואשר דברי אִתו – ידבר דבָרי אמת, מה לתבן את הבר? נאם ה'. הלוא כה דברי: כאש, נאם ה', וכפטיש יפֹצץ סלע."

למראית עין, דומה שאין הבדל בין אמת לנדמה לי. אולי כך הם הדברים ואולי אחרת, איך נוכל לדעת לבטח, גם זה וגם זה מתקבל על הדעת. למה לא, דעה אישית היא עניין שימושי וזמין, כמו עשה-זאת-בעצמך, כמו הגשה עצמית: השקפה פוליטית, המצב הכלכלי, אופנה, בריאות, גבולות היקום, חיים אחרי המוות. הכול עניין של פרספקטיבה: פרשנויות, הסברים, נימוקים לפה או לשם, ואפשר גם לעטר במעט דמיון וקישוטי ניסוח.

אבל כאשר באה תנועה מן הלו, עולה מאי שם פנימה, אז נוכחים לראות מהו פטיש מפוצץ סלע. אז מתפוררות להן בפנים כל מראיות העין ובמקומן גואה ללא הקדמות הבנה אחרת, שונה מכל מה שיכולתי לחשוב אני, אומרת את דברה ללא כל התחשבות בכללי ההיגיון והסבירות ובשכנועים שצברתי ובדעות העצמיות ובצרכים ובמנגנוני הלב והנפש ובחצץ האישי. זהו דבר אחר מכל מה שיכולתי להמציא בעצמי, לא רעיון נוסף לאלו שכבר ברשותי אלא שונה כמו התעוררות, עוצמה כמו חלום מתרסק, דבר אלוהים, אש מול תבן, אי אפשר שלא לחוש בהבדל.

* * *

לו אינו מסתפק בכך שהוא לו, הוא רוצה להפיץ עצמו לכל הכיוונים, דווקא אל תוך הבוץ והחצץ והסלע, אל תוך האדם. הוא חודר אל המרחב הפנימי, אם הוא פתוח, אבל לא די לו שהוא בפנים. הוא רוצה להאיר גם החוצה, להמשיך הלאה אל גושי החומר העכור, לא רק לנוח בשלווה פנימית, לא רק לזרוח לעצמו בעת מדיטציה, ברגעי התעלות וחסד, אלא להתאמץ ולחדור

גם אל ההמולה, העיסוקים, העובדות האטומות, אל תוך החושך הנוכרי ביותר, המרוחק, בקצווי הארץ.

וגם לחומר אין זה די שהוא חומר. הוא אמנם רובץ בתוך עצמו תחת משקלו, אטום ומכונס, אבל אפילו הוא מבקש לפעמים להיות קצת יותר מעצמו. חומר אינו מרחב פתוח, אבל גם הוא מסוגל להיפתח בדרכו שלו. גם בתוך גושי הסידורים והטרדות והפגישות העסקיות, בתוך מאמצי ההצלחה העצמית וערמות המשימות והקניות והטלפונים, גם שם ניתן לפתוח לאור להשתקף על גבי הדפנות. לא קל אמנם אבל ניתן, אם אין מניחים לעובדות להשתלט ולהשכיח מה כאן מקור, מרכז, ומה פה שוליים. לו קורא בכל מקום ומזמין את הכול. אף בתוך הבוץ העכור ותחת ערמות החצץ, אפילו במעמקי הגסות והרוע, גם שם ניתן למצוא לפעמים רסיסים של אור דוחקים לעלות.

והחומר, אם הוא נענה, אם הוא מסכים להכיר במה שצלול ממנו, מזדהר וזורח. הכול אז קורן, כל תנועת יד, כל הרהור, כל חיוך מוצף בקדושה. אתה מטאטא את הרצפה, שוטף כלים, מכין תוכניות למחר – כביכול כמו תמיד, אבל הכול מוצף בעוצמה רכה, הכול נכון כפי שהוא, הכול פונה אל האינסוף, כמו מעשה פולחן. וזהו כוחו של החומר, שביכולתו לקבל אור אל תוכו ולהפיצו הלאה.

* * *

מתוך מקרא קודש על אודות מזמור תהלים צו ב-ג :

״שירו לה׳ ברכו שמו, בשרו מיום ליום ישועתו. ספרו בגוים כבודו, בכל העמים נפלאותיו.״

מוזר, כיצד זה שאלוהים נזקק ליצור הפעוט ששמו אדם שיכריז על גדולתו? אכן מוזר – אם מציירים את אלוהים כשליט כל-יכול היושב לו למעלה ומצווה וגוזר, והכול נעשה מיד כחפצו עד קצה העולם. אפשר אפילו לומר שקטנוני מצד מלך מוחלט שכזה להתענג על מחמאות שמצטט לו אי שם למטה על פני האדמה יצור מקרי עם מאה ומשהו יחידות של מנת משכל.

אולם אם משליכים את הציורים הללו, או זוכרים שציור הוא ציור ולו הוא לו, אז אפשר לומר שאכן זה מה שלו ״רוצה״ : ״להתהלל״ ו״להתפאר״ כביכול בין ה״גויים״, לקבל את הכרתו של האדם, כלומר להופיע בתוכו ולהתגלות. זוהי התנועה האלוהית : לעלות בתוך הבוץ והאבנים ולחדור אל

תוככי האטימות, להאיר את החומר ולהמירו מסתם חומר – עובדות גולמיות, נתונים, תופעות, כוחות עיוורים מושכים לכאן או לכאן – לחומר מואר.

ואני, מבחינת העובדות המדעיות אמנם איני אלא פריט ביולוגי, פרי של מוטציות מקריות שנצטברו במולקולות די-אן-איי במהלך האבולוציה ובמהלך שינויי הסביבה והאקלים, חלבון ושומן ונוירונים במוח, אבל מבחינת הממשות אני תמיד גם יותר: אני התשוקה להיות מזמור עבור הגדולה האלוהית שתשיר בתוכי, כלומר להיות בחיי הללויה: "הללי נפשי את ה׳. אהללה ה׳ בחיי" (תהלים קמו, א-ב).

כך שהללויה אינה חנופה לשליט חסר ביטחון או מילוי חובה פולחנית. הללויה פירושה שאני אמנם חומר, אבל גם פתח בחומר אל תוך המעמקים, כלומר האפשרות להיות עדות לגדולה האלוהית. "ואתם עדַי, נאם ה׳, ואני אל" (ישעיהו מג יב).

אבל קשה כל כך להיות עֵד כל כולי. מוזר, הרי אני הנני אני – מחליט ומתכנן וקובע ועומד על שלי, ומדוע שלא אוכל להיות עֵד אם כך הוא רצוני? אבל ככל שיורדים לעומקים, תחת פני השטח של הרצונות השרירותיים, תחת המתחשק-לי ובא-לי וכך-אני-מרגיש, אל עבר מקומם של השפע והאהבה והפנייה לאלוהים – כך מבחינים במעלליה של הפסיכולוגיה העצמית, כלומר בגושים. גושים יש להם משקל משלהם. אין הם ממהרים להמיס את עצמם מפני רצוני. נדמה להם שהם יודעים טוב יותר. יש להם הרגלים, אין הם מוכנים להעמיד את עצמם לרשותה של הממשות האלוהית. הם דורשים לנהל את העניינים ולכוונם על פי דרכם. ולעתים קשה להבחין בהם ולהישיר בהם מבט נוזף – הם יודעים להעמיד פנים שגם הם הללויה.

כך שהללויה היא גם מעין בקשה עצמית לעשות בכל זאת מה שלפעמים אינו אפשרי מחמת הגושים העצמיים: "ברכי נפשי את ה׳ וכל קרבי את שם קדשו" (תהלים קג א).

* * *

עצום כל כך היה מקרא הקודש של אתמול, ועצומה כל כך היתה הליכת הקודש שלאחריו על רצועת החול – וכשהתחילה החשכה לרדת השלתי את נעלי ופשטתי את גרבי, ועל אף הצינה והרטיבות עמדתי כעל אדמת קודש בפני כבודו.

והיום אני קודח במיטה בחום גבוה ומדמדם לפעמים. אפשר היה להאשים את העמידה היחפה על החול החורפי. אבל אפשר גם לומר שזוהי עזות פנים. בעוצמות כאלו של ממשות אי אפשר לנהוג בקלות ראש, אי אפשר לעשות את מעשהו של משה ולצאת נקי .

12

וורמונט, 1998

לכאורה הגעתי סוף סוף למקום שאליו נקראתי: מנזר פרטי ללו, לא עוד על אדמותיה של הכנסייה הקתולית אלא בבעלותי. בית בודד על צלע הר, יערות מסביב ככל שיכולה לראות העין ושבילים מתפתלים בתוכם. מחצית השנה אני מתבודד כאן, להיות של הלו ולהעמיק את הזיכוך והאור, ומכאן אני חוזר ארצה ללמד באוניברסיטה ולפגוש ולשתף ולגעת ולהינגע, ולחזור שוב לכאן.

בינתיים זהו מנזר אישי. כשיזדמן לי הכסף הדרוש, אוסיף לו בקתות התבודדות כדי להעמידן לרשותם של מבקרים המבקשים – כפי שביקשתי אני פעם – לצאת מן ההמולה לשבוע או לשבועיים של שתיקה והתייחדות.

ואכן, תחילה היה נראה שהכול נכון: תפילת מדיטציה של שחרית, הליכה ביערות, מקרא קודש של בוקר וכתיבה רוחנית, עבודות בבית וביער, התבוננות של לילה, ושוב יום ושוב שבוע, כמו תפילה אינסופית, כמו מקדש לממשות. הגוף חבר לשקט. אור רך ויציב פשט בכול. ניתן לי להיות כאן כמו עץ, כמו עלה ביער עבור הלו, עבור הכול, להיות של החסד.

נדמה היה שהגעתי – ולפתע החל לחדור לתוכי דבר-מה בלתי מובן וערבל והפריע את השלווה. ושוב אינני כאן ממש, שוב אני גלות.

נראה שמשהו עדיין איננו נכון בתוכי. גושים חדשים עולים ומתגלים. בחיי העיסוקים שם בחוץ אפשר להשכיח את ההתפתלויות העצמיות ולהטביען בהמולה ובמשימות, אבל בעוצמות כאלו של התבודדות קשה כל כך להסתיר. כאן אתה – על כל פיתוליך וכיווציך וקמטיך – עומד חשוף בַשקט. וככל שמעמיקים, כך נגלים יותר פני הסלע.

* * *

מחשבות מרפרפות בי היום, אתמול, בהליכות ביער, מבעד לשינה: נבלמתי, מחיצות, מחנק. מה שצמח פעם, רופס ומידלדל. לרגע אני מתפתה להסתכל במין סיפוק של הישגים על השנים האחרונות – על חודשי ההתבודדות, החוויות הרוחניות, עומקים של התבוננות שנפתחו, הבנות חדשות – אבל דווקא ברגע כזה של היזכרות ברור שלא "השגתי" דבר. בדברים החשובים באמת אין צבירה, אין נקודות זכות. כל רגע הוא תפילה חדשה. לפני הלוּ יש רק עכשיו, ובעכשיו הנוכחי יש מעט כל כך, הרבה פחות ממה שהיה צריך להיות לאחר כל מה שהיה. נידרדרתי, חזרתי אל הגירעון הראשון כאילו מעולם לא היו העמקות רוחניות, פינוי גושי אבן, התקדמות. שוב יש יותר מדי עצמי בפנים. עצמי עקשן כזה, מתכנס וגונח ומשתדל, כורך את עצמו בעצמו, אינו מצליח לפנות את מקומו לאהבה, לטירוף, לחוסר אונים, ולחסדיו של הלוּ.

* * *

אינני יכול להכחיש: אני הולך ונושר. עוצמות פנימיות שנשבו בי פעם הופכות לשלוליות עכורות. אין הן יכולות לשאת אותי עוד ואני נשמט החוצה אל העיסוקים והטרדות. אני מתהלך בבית, מתעסק בדבר-מה, מתעסק בדבר-מה אחר, יושב אל השולחן אבל חוזר וקם ומציץ מן החלון ושוב מתיישב. רוצה הייתי לחזור לתוכי פנימה, אבל המשקל רובץ. חרטה מייסרת על הפנימיות שאני מניח לה להתפוגג, על הזמנים האובדים לי בסתמיות. יכולים היו להיות אחרת, יכולתי להתאמץ יותר, אולי, אילו רק היתה בי הרות.

* * *

מקרא קודש יומי, ירמיהו לא יז-יט. אפרים שהוגלה על חטאיו מתחרט:

"שמוע שמעתי אפרים מתנודד: יסרתני ואִוסר כעגל לא לֻמד, השִׁבני ואשובה כי אתה ה' אלהי."

ועונה לו אלוהים: *"הבן יקיר לי אפרים אם ילד שעשועים, כי מדי דברי בו זכֹר אזכרנו עוד, על כן המו מעי לו, רחם ארחמנו, נאם ה'."*

כמה נורא: אלוהים מרחם, אולי מתחרט אפילו על העונש שהטיל, אבל אינו גואל. אפרים (כלומר עשרת השבטים) נותר בגלות, וכפי שתַראה ההיסטוריה – יקמול, יתבולל וייעלם. הלב סרח, המצב נפגם, חורבן, תחנונים – אבל את מה שנפגם אי אפשר לחזור ולתקן. אפילו אלוהים לא יעזור. לא תהיה עוד שלמות. אולי הוחמצה הזדמנות חד-פעמית, אולי מעולם לא היתה. כמה קשה: אפרים מתייפח אל אלוהים ומתחנן לשוב – ואלוהים רק מרחם, מרחם ולא יותר.

מה נותר לי לעשות? להודות שהשבור שבור ולהשלים עם רסיסיה של השלמות. לא לכסות ב"יהיה בסדר" או להסתיר בניחומים ובתקוות לתחליף. גם לא לנסות להטליא במאמצֵי גאולה עצמית. לשאת את השברים, את החידלון, לפרוש את הכול, להגיש לאלוהים.

* * *

אפילו הגוף ממאן. הוא מסרב להירגע ולהניח לי להשתתק לחצי שעה או שעה ולהתבונן פנימה. לא נוח לו. הוא מוסיף להתנועע, רוצה דבר-מה אחר אבל אינו יודע מה, רק לא מדיטציה, רק לא דומייה. אולי זהו אני ישן מכביד, לופת, מסרב לוותר על מקומו בפני ניצוץ חדש. או אולי הרוח תשושה. ואולי אימצתי את הרצון יותר מן האפשר.

הזמנים אינם זמנים של מדיטציות ותובנות במעמקים. היום לא עשיתי מקרא קודש. היום אני באדם בלבד.

* * *

כבר ימים שאינני מודט. אין מקרא קודש. נכנעתי לעוצמת ההתנגדות. הנחתי לסדר היום הרוחני להתמוטט. אין בי אפילו צער, אין אפילו צמא. האם נכשלתי? חטא? בגידה? שיילקח הכול, שייגמר.

* * *

משהו אצלי אינו יכול לעמוד עוד בתרגילים הרוחניים. אולי זוהי התכווצות שרירים פנימית. אולי נשבר דבר-מה מעוצמת המשמעות העצמית.

אני לובש את המעיל וחובש את הכפפות ויוצא מהבית. השלג אינו עמוק מדי, אפשר ללכת בו בנעליים גבוהות רגילות. אני נכנס ליער ועולה בין הברושים במעלה השביל. למעלה, על ראש הגבעה, אני מנקה את השלג מעל גזע שקרס ויושב. עצים חשופים גונחים ברוח. ופתאום עולה בי משב רך של נוכחות, מלטף את השברים ומנחם. והנה אני יכול לשבת זמן-מה סתם כך, לבהות ולהרהר.

להיות רך, להניח לתרגילי ההתבוננות – לפחות לעת עתה, עד שתעלה, אם תעלה, עוצמת רוח חדשה. בתוכי מונחת לה גופה. אתן לה שהות להירקב ולהעלם. ובינתיים ארפה מן המשמעת וההחלטות והסדרים. להניח לדברים להיות על פי דרכם, לפנות מקום לתנועות חדשות, להקשיב.

* * *

על הסף. אין עוד הלאה מכאן. משהו ישתנה בקרוב או שהכול יקרוס. בסלעים שכאלו לא נקברתי עדיין, ללא פרצה לשמים, למשב של לוּ, לחסד, להפוגה. רק חצץ מרוסק ובוץ אני נוגס, שנייה שנייה, חצץ ובוץ.

ואולי כבר אינני: גופה מתה שהושקעה באדמה, כוסתה, נמחקה, עדיין חולמת, ומעליה כבר צומחים חיים אחרים ופורחת התחלה חדשה.

אינני כותב עוד. אני "הולך במר רוחי" כיחזקאל הנביא "ואשב מַשמים" עד שישמע שוב דבר האלוהים.

* * *

דבר-מה מנקר אצלי לפעמים בקירות התודעה. מין הבהק של היזכרות, משהו שהיה פעם ואבד עולה ומאיר כמעט, ומיד שוקע ונעלם. רפרוף בלבד, כמעט שאיננו, לא הרבה יותר מאשליה, אבל בזמנים שכאלו גם זוהי הזמנה.

* * *

אני מתיישב למקרא קודש. אחרי ימים רבים כל כך, הגוף אינו מכיר עוד את הדממה. עלי להרגילו מחדש. אבל הרוח עדיין זוכר. הוא נרגע ומשתתק, קורא את הקטע התנ"כי ומנסה להקשיב מבעד למילים לדבר אלוהים כביכול, לתנועתו של הלוּ. ואכן, דבר-מה נע בפנים, מעין לחשוש של הבנה.

אבל אין זה קולה של הבנה מוכרת. אין פה דבר מנגיעתו האישית של הלוּ שהיתה עולה במקראי הקודש של פעם: ירידה פנימה אל בין גושי הסלע, נגיעה בדלקות ישנות שהגלידו וסתמו את המעברים, פינוי המפולות ופתיחת חללים חדשים.

מה שעולה בתוכי במקראי הקודש הללו הוא תנועה בלתי מוכרת – סיפור עלילה בגוף שלישי, מיתוס בציורים תנ״כיים: כך וכך אמר הנביא וכך השיבו לו השרים, אנשים מתהלכים בחוצות ירושלים, מקדש, כוהנים, אלוהים דורש ומתריע, מלך יהודה נענה או מסרב.

אני מנסה לשוב אל הנגיעה האישית. אני חוזר אל הדממה וקורא את הקטע התנ״כי שנית, מבקש להסיט את ההבנות שתדברנה בסגנון המוכר, דברים של קרבה, מילים של גוף ראשון: אני, כובד הסלע בתוכי, פתחים חדשים, מחיצות סרבניות.

אבל לא, לא כך הן מדברות. דווקא סיפורים הן רוצות לספר. כך היא התנועה העולה בי מן הטקסט, לא אני הוא הקובע את דברה.

יהי כך – סיפורי תנ״ך. לא הכול מובן לי, אבל יהי כך.

* * *

מקרא קודש על ישעיהו ו א-יג:

״בשנת מות המלך עֻזיהו ואראה את אדֹנָי ישב על כסא רם ונִשא ושוליו מלאים את ההיכל. שרפים עֹמדים ממעל לו, שש כנפים שש כנפים לאחד, בשתים יכסה פניו ובשתים יכסה רגליו ובשתים יעופף. וקרא זה אל זה ואמר: קדוש קדוש קדוש ה׳ צבאות, מלֹא כל הארץ כבודו. ויָנֻעו אמות הסִפים מקול הקורא והבית ימלא עשן.

ואֹמר: אוי לי כי נדמיתי, כי איש טמא שפתים אנכי ובתוך עם טמא שפתים אנכי ישב, כי את המלך ה׳ צבאות ראו עיני. ויעף אלי אחד מן השרפים ובידו רצפה במלקחים לקח מעל המזבח. ויגע אל פי ויאמר: הנה נגע זה על שפתיך וסר עונך וחטאתך תכֻפּר.״

תחילה מתפלא ישעיהו שדמותה של האלוהות מוחשית כל כך, כשל מלך בהיכלו, יושב על כסא, אדרתו גולשת סביבו בהמוני קפלים על פני רצפת האולם, ואף מלאכים עומדים אצלו, בכנפיים ורגליים ופנים, והכול בקווים ובצבעים ובצורות, ממש כמו אצלנו בני האדם. היה מתאים יותר, כך נדמה לישעיהו, מראה ערטילאי יותר, אולי הד אילם שאין מילים לתארו.

לרגע הוא תוהה אם החיזיון אינו דמיון עצמי, תעתוע של הצמא האנושי המבקש להרוות עצמו באשליות נשגבות. אבל מיד פורצת רוח אלוהים אל תחתית לבו וגואה וממלאת בו את כל התהומות בנוכחות נוראה, וישעיהו נמוג מפני עוצמת הקדושה ונמהל וטובע בַשפע. לא, אין זה תעתוע מן האדם, אין זה עניין אנושי כלל, זוהי הממשות, ואם יש כאן תעתוע הרי זה הוא עצמו. והוא קורא בשארית קיומו: ״אוי לי כי נדמיתי, כי איש טמא שפתים אנכי ובתוך עם טמא שפתים אנכי ישב, כי את המלך ה׳ צבאות ראו עיני״.

ולנוכח העוצמה הוא מבין שלא ייתכן שהחיזיון שהוא חוזה הוא הממשות האלוהית כפי שהיא לעצמה. אילו היתה זו הממשות המוחלטת, המוחלטת ממש, לא היה ביכולתו לשרוד אף לרגע כישעיהו, כאדם, כיצור מסוים, כאי נפרד באוקיינוס הכוליות. המלך ההדור שהוא רואה אינו אלא תרגומו של האינסוף האלוהי לסופית האנושית. זוהי האלוהות כפי שהיא מתגלמת בהבנתו של האדם.

ומרגע זה אין עוד הנביא הוא עצמו אלא כלי לשאת את דבריה של הממשות. אין הוא ברשות עצמו, הוא שליחות אלוהית. וכשהוא שומע את אלוהים אומר: ״את מי אשלח ומי ילך לנו?״ אין הוא צריך להתלבט, שכן הוא עצמו הינו כבר התשובה: ״ואמר: הנני שלחני״.

ועתה הוא מצפה, לאור המעמד הנשגב של החזון, שתינתן לו שליחות של התעלות, להיות גל ראשון בזרימה אל הגאולה, לכיבוי החטא ולזיכוך האדם ולשחרורו לקראת האלוהים. אבל לא כך ניתן לו. עליו להשפיל לרדת דווקא, להעמיק את הבלבול ואת האטימות, לשמֵר את החטא כדי להאביד ולהרוס:

״ואשמע את קול אדֹני אֹמר: את מי אשלח ומי ילך לנו? ואֹמר: הנני שלחני.

ויאמר: לך ואמרת לעם הזה שמעו שמוע ואל תבינו, וראו ראוֹ ואל תדעו. השמן לב העם הזה ואזניו הכבד ועיניו השע, פן יראה בעיניו ובאזניו ישמע, ולבבו יבין ושב ורפא לו.

ואֹמר: עד מתי אדני? ויאמר: עד אשר אם שאו ערים מאין יושב ובתים מאין אדם והאדמה תשאה שממה. ורִחק ה׳ את האדם ורבה העזובה בקרב הארץ. ועוד בה עשיריה ושבה והיתה לבָעֵר, כאלה וכאלון אשר בשלכת מַצֶּבֶת בם, זרע קדש מצבתה.״ (ישעיהו ו ח-יג)

עליו להרוס – כיוון שבארץ המצב אנוש. רמת החטאים בינונית אמנם, אבל דווקא משום כך קלושה התקווה. במצב שכזה, כאשר הלב אינו חם ואינו קר, קשה לעמוד אל מול הממשות, לחוש את מצוקת האַין, את דחיפות

המעשה, את הצורך הנואש למלא את הריקנות. קשה להבין מה פירושם של עומק, פנימיות, מצוקה, היעדר, ולנטוש את הבשר הרופס ולהתמסר לאחד המוחלט – כאשר הכול הינו קצת כך וקצת כך, הגון, סביר, נוח, קליל. הלב פושר, נכשל לעתים בחטא של גסות בלתי הולמת או בחמדנות שאינה ראויה, אבל מקפיד על פולחני סוף השבוע בבית התפילה. הכול שוקעים בעיסוקי האדם, בצבירה ובהישג האישי ובכבוד, ואחר מגלגלים שיחה רגועה על החיים והאמת. בבתי התה מתווכחים על אודות המסכנים שאיבדו את נחלותיהם בגלל תחבולותיהם של העשירים, ולפני שקמים ללכת משליכים מטבעות לקופת צדקה כדי לקיים את מצוותיהם של המצפון והאל. מין בליל של קצת כך וקצת כך, משהו שבין טוב לרע.

ומנקודת מבטם של האנשים כל זה בסדר ונדמה כאילו ניתן להמשיך כך תמיד. אי אפשר להאשים איש שאין הוא נזכר לפעמים לעשות איזה מעשה טוב, וגם תנאי החיים סבירים: יש עבודה ותוצרת וסדר חברתי, אין מקפחים את חלקם של אלוהים וכוהניו, יש אף מידה של צדקה, יש הנאות ואפילו קמצוצים של אושר לפעמים.

אך אין בכל זה ממשות של ממש. הכול צף לו בקלילות על פני השטח, אפילו הטוב והרע והחטא ואלוהים. ובמצב שכזה אין תקווה לשינויים. הממשות אינה יכולה עוד להעלות את האדם מעל עצמו מרגע שאולפה והפכה לעיסוק של שבת בבוקר, לשיחה מהוגנת, לתחום עניין, לקישוט על הקיר.

ועתה אין ברירה, יש לעקור ולהרוס ולטלטל את הכול כדי שניתן יהיה להרגיש שוב בהיעדר, באַין, ובמה שאין אבל יכול היה להיות. לפעמים יש להשמיד כדי שמשהו ישרוד, לפעמים דרושה גלות כדי שאפשר יהיה לשוב ולבנות.

ובכל זאת מוטל על ישעיהו לדבר אל העם. עליו להתריע, להזכיר – לא עבור הנינוחות של עכשיו, זו שממילא לא תבין, אלא עבור הריקנות והאובדן והכאב שעוד יגיעו, כדי שבבוא החורבן לא יתמוטטו הכול אל האַין, אלא יבינו שהאַין הוא תזכורת לחזור ולפנות אל הממשות האלוהית. ומעתה ידבר ישעיהו במשך כל חייו כדי שלא יבינוהו. רבים ישמעו את דבריו ויתפעלו מיופיין של המילים, יצטטו את נבואותיו וילמדו אותן לילדים, אבל שומעיו לא יבינו את עוצמת הבשורה, את הקריאה האלוהית, וימשיכו בעיסוקיהם כמקודם, כאילו לא נאמר דבר.

* * *

הגוף רוצה לעשות דבר-מה כדי להפיג את השממה, לגשש ולמצוא חלון ולפתוח, לפחות להיאחז במשהו ולהיתלות בו. ואולי מתוך כך, או מתוך הרגל, או מתוך כך שגם אני נזירי כביכול, נסעתי היום לאחד המנזרים שבאזור. בטלפון ביקשתי לדבר עם נזירה מנוסה, וקבענו שאבוא אחר הצהריים. ידעתי שלא מכאן תבוא הרפואה. אמנם אינני מבין את פשר החולי הרובץ עלי בשבועות האחרונים, אבל אני מבין שנחוץ לי מעשה גדול יותר משתיים או שלוש שעות של ייעוץ רוחני. נחוצה כאן תפנית, טלטלה בסיסית שאינני יודע מהי כדי להפריח מחדש את החורבות. ובכל זאת הגוף דרש לעשות דבר-מה, ונסעתי.

מנזר נזירות של התייחדות – תפילה, עבודה, שתיקה. אני ממתין בחדר האורחים עד שמופיעה הנזירה: זקנה קטנה ומחייכת. היא מברכת אותי ומציגה את עצמה – האחות מ׳ – ואנחנו לוחצים ידיים. אנחנו מתיישבים זה מול זה. אני מספר קצת על עצמי והיא על עצמה.

בדרך חזרה, במכונית, מהבהבים בי צללים של תקווה. לרגע נדמה לי שיש בי די כוחות להרים ולהסיר מעלי את הכובד. אבל אחר כך שב המשקל, ואיתו ההבנה שאני בעצמי לא אוכל לעשות זאת, מפני שאי אפשר להכריח את הלוּ שיבוא ויושיע. אם המרחב הפנימי שבור בקהות רוח או בכזב פנימי או במעשה שצריך להיעשות ואינו נעשה, דרושה כאן מהלומה גדולה, ולא יועילו המאמצים העצמיים לכסות את התהום בסמרטוטים.

* * *

מקרא קודש על מיכה א א-ד:

״דבר ה׳ אשר היה אל מיכה המֹרשתי, בימי יותם, אחז, יחזקיה מלכי יהודה, אשר חזה על שמרון וירושלם. שמעו עמים כלם, הקשיבי ארץ ומלאה, ויהי אדני ה׳ בכם לעֵד, אדני מהיכל קדשו. כי הנה ה׳ יֹצא ממקומו וירד ודרך על במותי ארץ. ונמסו ההרים תחתיו והעמקים יתבקעו כדונג מפני האש, כמים מֻגרים במורד.״

מן העיירה הכפרית מורשת בא מיכה לירושלים, בירת ממלכת יהודה, בשליחות אלוהית שעדיין לא נתגלו לו פרטיה. עבור אדם שכמוהו הבא מן השפלה, העיר ירושלים גדולה מן הדמיון. חומות האבן מתנשאות לגבהים

בלתי מוכרים, בית המלך עמוס בפיתוחי עץ ובקישוטי זהב ובפאר שאי אפשר להכילם ככל שינסה המבט לבלוע, היכל ה' מלכותי כמו פיסת שמים, והרחובות גואים בפרצופים זרים, ובעשירים הנישאים בידי עבדיהם, ובבדים מארצות רחוקות, ובבשמים נדירים, ובקולות של רוכלים המכריזים על מבחר שאין לו גבולות.

אולם מיכה אינו מתפעל מן ההדר. אלוהים בלבו, והוא מבחין מיד בכזב המוסתר מאחורי מראית העין המפוארת. הוא מבין על גבי מה בנויים הפאר והמותרות והנוחיות. עוברים ושבים משתאים למראה נגידים עטופים בבגדי חמודות, ואילו הוא מסתכל דווקא בעבדים המתנשפים תחתם, מחזיקים במוטות האפריונים ומחליפים את תנוחת האחיזה בידיים לאות. בסמטת הבשמים הכול שואפים את ריח הלבונה היקרה, אבל הוא מריח את זיעתם של הפועלים העומדים וטוחנים את האבקות כל היום וכל השנה בחדרים האחוריים, ואת ריחה של מצוקת מקבצי הנדבות. נשים יפות עוברות בשיפועי גוף מתנדנדים, והוא רואה את מבטי העיניים הרעבתניים, וכן גם את הילדות הנמכרות בפינת הרחוב. הוא רואה את הקונים ממששים בלהיטות את חפצי החן שבדוכנים ושומע את האנשים יושבים בבתי המשקה ומפטפטים דברי הבל.

מיכה מביט ויודע: זה הסוחר מתהפך על משכבו בלילות במחשבות בהולות על אודות שערי הכספים והפיחות הצפוי, ועל אודות המתחרה החדש שקם לו מצדו השני של הרחוב, ובוקר בוקר הוא קם לבצר את עסקיו ועמל בדוכנו כל השעות עד שנעלמים הלקוחות מן הרחובות, ואז הוא חוזר למיטתו אל מחשבותיו הליליות. וזה הפקיד מתהלך במבט רם מעל סביבותיו, שהרי הוא פקידו של שליש המלך, לא פחות, והוא להוט לקיים את מצוותיו של אדונו השליש ולספק את רצונותיו אף לפני שנודעו לאדון עצמו, ובערב הוא מזמין לביתו את מוקיריו לספר להם על נפלאותיו של בית המלך. וזו האישה קנתה זה עתה רדיד מוזהב כדי להיות תפארת בעלה – כמה שתיראה בו מהודרת! הטרדות בולעות את כל זמנה, כי יש להשגיח על העבדים שיעבדו כראוי ועל המורים הפרטיים של הילדים שלא יתרשלו, ולנהל את משק הבית; אבל בעוד שבועיים כמעט, תוכל סוף סוף לנחם את עצמה בשעתיים של נשף חברתי.

כך מתהלך מיכה ברחובות, מתקשה להאמין שרבים כל כך משתפים פעולה עם אשליות הביטחון והגינונים והצבירה והטיפוח העצמי והבידור הקליל וחמדנות העושק והניצול. אין הוא מבין מדוע אין הם קמים כולם

כאיש אחד ומשליכים מעליהם את סדרי החברה הללו כפי ששופכים עיסה מקולקלת מתוך המחבת אל בור האשפה.

והנה מגיע מיכה בשיטוטיו לחצר בית המקדש ועומד בקהל. טקס כלשהו מתנהל שם, אולי לרגל אירוע לאומי שהיה או שעומד להיות, או אולי לכבוד הולדתו של בן מלך נוסף. מעל הבמה שולח כוהן נכבד בבגדי שש ובמצנפת ברכות לקהל הקדוש ומבטיח שאלוהים עצמו נמצא כבר איתנו, ממש ברגע זה, הוא ירד מהיכל קודשו לשרות בתוכנו ולקדש אותנו בנוכחותו. כוהני העזר העומדים לצדו קוראים אחריו אמן כן יהי, והמוני העם נושאים את ידיהם כלפי השמים בהמיה של שביעות רצון.

רק מיכה מגחך לתמימותם של האנשים המדמים לעצמם שבמצבם הנוכחי ייתכן בכלל שהממשות האלוהית נמצאת בקרבתם. ודבר ה׳ בא בפיו, והוא קורא בקול גדול, לא בקולו הרגיל, הצרוד, שטווח שמיעתו קצר כל כך, אלא במין עוצמה אלוהית רבה המתהדהדת על פני הרחבה כולה ומגיעה גם אל הכוהנים על הבמה: ״שִׁמְעוּ עַמִּים כֻּלָּם, הַקְשִׁיבִי אֶרֶץ וּמְלֹאָהּ, וִיהִי אֲדֹנָי ה׳ בָּכֶם לְעֵד, אֲדֹנָי מֵהֵיכַל קָדְשׁוֹ. כִּי הִנֵּה ה׳ יֹצֵא מִמְּקוֹמוֹ וְיָרַד וְדָרַךְ עַל בָּמוֹתֵי אָרֶץ. וְנָמַסּוּ הֶהָרִים תַּחְתָּיו וְהָעֲמָקִים יִתְבַּקָּעוּ כַּדּוֹנַג מִפְּנֵי הָאֵשׁ, כְּמַיִם מֻגָּרִים בְּמוֹרָד״.

הקהל סביבו מתמרמר על הפגיעה בכבוד המקום ובפאר המעמד. העומדים בקרבתו נוזפים בו בכעס ודורשים דרך ארץ. הכוהן הנכבד בבגדי השש מרמז רמיזה בלתי נראית ושומרי ההיכל ניגשים ואוחזים בו משני צדיו ומסלקים אותו אל מחוץ לשער הרחבה במידה של אדישות – הם כבר רגילים לכל סוגי המטורפים. והכול משליכים מלבם את ההפרעה ושבים לחזות בהמשך הטקס. שכן, אין הם מבינים את מה שאומר מיכה: שאלוהים אכן מגיע, כפי שהכריז הכוהן – אם כי לא הגיע עדיין – אולם נוכחותו אינה עניין לשביעות רצון קלילה או למופע ציבורי חביב של כוהנים בבגדי שש. אלוהים אינו בא כדי לברך את האדם הקיים ולקדש את חטאיו, אלא להלום בלבו ולהשמיד בתוכו את ההבל ואת הרוע ולרסק את החשקנות העצמית ולנפץ את זחיחות הדעת הכוזבת ולפוצץ את האטימות ולקטוע את עורלת הלב. אלוהים נורא בנוכחותו, אין הוא בא לפנק ולהרגיע אלא להחריב את האדם הישן כדי שמן החורבות יעלה אולי – אם יוותר בכלל דבר-מה – אדם מחודש. זוהי טלטלה מחרידה, הלם, פצע, מותם של כל אותם העניינים העצמיים שטיפחנו בתוכנו והתענגנו עליהם והתגנדרנו בטובם ונסמכנו על כוחם ושמרנו אצלנו.

ואנשי הקהל, גם אילו הבינו את דברי הנבואה היו בטוחים שלא עליהם חלים הדברים, שהם עצמם בסדר, שלבם נכון לאלוהים ואף ראוי לו. הם הרי עשו מעשה צדקה שלשום או התפללו שעה שלמה הבוקר ואף הניחו תפילין. ואין הם מעלים על דעתם שמנקודת מבטם הפעוטה כמעט שאין הם יכולים להבחין מה באמת שורץ בתוך לבם פנימה, עד כמה מכוסים הררי האשפה בערפל של כחש ועיוורון ותירוצים עצמיים. אין הם מבינים שרק באורו של החסד האלוהי, רק בו ניתן להתחיל להבין עד כמה מרובים הפסולת והעודפים, עד כמה יש עוד לחתוך בבשר הרקוב ולהשיל ולהשליך, וכמה מעט צריך להיוותר באדם לפני שיוכל לשאת את נוכחותו של אלוהים.

ועל כן, כך אומר מיכה, כשאלוהים מתגלם אצלנו נמסים ההרים כדונג. איך נוכל לעמוד במחיצתו? איומה תהיה עוצמתו, רבה מיכולתנו לשרוד, אם לא יחוס עלינו ויקרב בזהירות, מרוחק ונסתר, לאט לאט. וכפי שכבר אמר עמוס הנביא כמה שנים לפני כן: "הוי המתאוים את יום ה', למה זה לכם יום ה'? הוא חֹשך ולא אור" (עמוס ה יח).

* * *

תחת משקל מתמיד כזה של בוץ, אולי היה מוטב להניח לענייני הרוחניות וליטול פסק זמן מן הלוּ; פשוט לקרוא, לכתוב מאמר פילוסופי, לעבוד בגינה או ביער, להאזין למוזיקה, ליהנות, כמו בן אדם שהוא פשוט אדם. לחזור אל העיסוקים הקטנים, לא להיאבק על מה שאיננו, לא להילחם עוד בבוץ ולא לעמול לפנות בו מרווח פתוח. אם לא אז לא, יהי בוץ. וכשתשוב הרוח, אם תשוב, אשוב גם אני.

ניסיתי, אבל אינני יכול. לוּ מהול בנשימותי, בתנועות גופי. בלעדיו אינני.

* * *

הסיפור התנ"כי מוסיף ועולה בי, בוקר בוקר במקראי הקודש. העלילה מתפתלת לה אי שם בזמנים עתיקים, כיצד לוּ מתאמץ לחדור אל תוך ההתרחשויות ההיסטוריות, להאיר מעט את הנסיבות, לגאול, להפוך את דברי הימים מסתם מאורעות של חומר לתנועה של אור. והוא קורא לבני האדם לפתוח ומתאמץ לעלות דרכם ולהופיע. העובדות אוטמות כדרכן, ובכל זאת מבקיע לפעמים משב אלוהי וחודר ומאיר, וגם אנשים עוזרים לו

לפעמים, לא רבים, נביא כאן ונביא שם. הנה נפתח מעט מרחב, והוא מתחיל להפיח רוח באירועים – או כמעט להפיח. אבל הנה שוב נאטמת האבן, והוא שוקע בחומר ונעלם ומנסה שנית.

אמנם אין זו עלילה פרטית שלי, אבל אני משמש עבורה עֵד.

* * *

אני מנסה פגישה נוספת עם האחות מ׳. אני מספר לה מעט על תחושת הכובד. אינני מזכיר את הלוּ. ״אלוהים רחוק ממני כל כך,״ אני אומר לה בשפתה, ״זמן רב כל כך מאז חשתי בשפע של נוכחותו״.

״אלוהים תמיד נוכח איתנו,״ היא מתקנת אותי. ״אם איננו מרגישים בו, הרי זה רק בגלל מגבלותינו שלנו״.

אינני משיב לה. אינני רוצה בדיונים תיאולוגיים על הלוּ שלי לעומת האלוהים הנוצרי.

״אספר לך משהו עלי,״ היא מוסיפה. ״היום שבו הקדשתי את עצמי להסתגר במנזר, היום שבו הייתי כלתו של ישוע, היה היום האחרון שבו הוצפתי בַשפע. ומאז – עשרים ומשהו שנים – לא הרגשתי שוב בַחסד״.

בדרך חזרה הביתה על הכביש המתפתל בין כפרים על פני הגבעות, אני מהרהר על דרכו הנעלמה של הלוּ בתוך האדם הפעוט, המגשש, הצמא לחסדו.

* * *

הייתכן שבתוכי אני כבר יודע בשל מה החנק? האם ייתכן שאני יודע, אולם חסרה בי העוצמה להכיר בַחומות ולפרוץ בנחישות את האבן ולצאת החוצה?

אולי כן ואולי לא, מי יודע מה פירוש נחישות ומה פירוש עוצמה ומה פירוש יודע. פסיכולוגיה היא עניין סבוך כל כך, מסתיר ומתרץ, כורך מעלה במטה ומחליף ימינה בשמאלה, ובתוך כל הסבך הזה, מי יודע מה פה אמת ומה פה שקר.

* * *

מקרא על ירמיהו לז טו-יז:

"ויקצפו השרים על ירמיהו והכו אותו ונתנו אותו בית האסור, בית יהונתן הסֹפר, כי אֹתו עשו לבית הכלא. כי בא ירמיהו אל בית הבור ואל החנֻיות וישב שם ירמיהו ימים רבים. וישלח המלך צדקיהו ויקחהו וישאלהו המלך בביתו בסתר ויאמר: היש דבר מאת ה'? ויאמר ירמיהו: יש. ויאמר: ביד מלך בבל תנתן."

הנה צדקיהו מלך יהודה נצור בתוך חומות ירושלים. מבחוץ מהדקים צבאות הבבלים את המצור, ומבפנים משיבים להם שרי המלחמה היהודיים בתחבולות הגנה, נטולות סיכוי אמנם אבל נועזות. ובתוך העיר הנצורה, בבית האסורים, קורא הנביא ירמיהו למלך ולעם לוותר על העקשנות העצמית ולצאת מן העיר לידיהם של הבבלים.

צדקיהו המלך יודע שאלו הם דברי אלוהים. אכן, רוצה היה לצאת אל האויב ולהיכנע, אבל בהתלבטויותיו הוא חושש למלכותו ולסמכותו ולחייו מכדי שיוכל לקבל את המעשה על עצמו. מי שאינו מוכן להסיט את עצמו ולפַנות מקום לממשות בתוכו פנימה, מי שעבורו אמת היא עניין להתלבטויות, לרעיונות שטווה לו האדם, לשיקולים תיאורטיים מרחפים, אינו יכול למסור את עצמו לידיה בעשיית מעשים. שיקולים הם תמיד לכאן או לכאן, יחסיים, תלויים בהנחות, מתחילים באדם ומסתיימים באדם. הם לבדם אינם מגיעים אל העשייה הממשית.

את המלך מסחררים רפיון הפחד והפיצולים וההתלבטויות. השרים מייעצים לו כך, והיועצים יועצים דווקא אחרת, וגם הכוהנים מביעים דעה, וכן הנביאים ואף העם הרעב בעיר. כולם קובעים את קביעותיהם בידענות ותובעים ומתריעים. במצב שכזה, כך חש המלך, קשה כל כך להחליט ולהתגבר ולדעת מה יש לעשות: אולי לשנות את המערך הצבאי להגנה אזורית או להגנה ניידת, או להקריב קורבנות כדי לחזק את התמיכה משמים, אולי לנסות אל חדש, או לערוך יום של תחנון, או לשחרר את העבדים כדי שיילחמו – או שמא דווקא להניח לעניין כדי שלא להקניט את בעלי העבדים העשירים. ואולי יש לצאת אל האויב ולהיכנע, כפי שדורש הנביא ירמיהו וכמו שעשה המלך הקודם. גם החרטות חותכות בבטנו של צדקיהו. אולי מוטב היה לולא התפתה לעצותיהם של שריו למרוד בבבל, אז, לפני חודָשים. או אולי היה עליו להתכונן למרד בדרך אחרת, להקים ברית עמים חזקה יותר, או לקדם את המצור ביתר מעוף.

כל האפשרויות הללו מרובות אצלו עד כדי בלבול, כל אותם ״יתכן״ ו״אפשר״ ו״יכול להיות״ ו״יכול היה להיות״ ו״חבל״. העובדות מטושטשות כל כך והאמת חבויה, הבבלים הנוראים ממתינים מסביב לעיר והחרדה מערפלת את המחשבה. והמלך אומר לעצמו שאילו רק היו הדברים ברורים יותר, אילו היה אפשר לחשוב בשלווה ובשקט, אילו נגלה לו מה באמת ראוי להיעשות, יכול היה לקום בנחישות ולעשות מעשה. אבל בתוך הערבוביה הזו, כך הוא מסביר לעצמו, קשה שלא להתבלבל ולהשתנק ולהתפתל.

והזמנים מכריעים כל כך. לזמנים כאלו נועדים מלכים גדולים וקשוחים יותר, לא כאלו המטשטשים את הגבול בין מה שיש למה שאין, אלא כאלו החותכים בנחישות בין האפשרויות. ואילו הוא – מוטב היה לו נותר דודו של המלך, לו לא הושיבו נבוכדנאצר על הכס לאחר שהדיח ממנו את בן אחיו. אבל נגזר על צדקיהו להיות מלך דווקא עתה, כאשר ההבדל בין כן לבין לא מכריע כל כך: האחרון למלכי יהודה, חורבן, גלות. אילו היו הזמנים אחרים, יכול היה להיות איש חברה מקסים, אב נאמן, אולי היה משפץ את בנייני הארמון או מרחיב את צי המסחר – אבל לא, דווקא כאן הוא נמצא. קשה לפעמים להאמין לעובדות, אבל דווקא הוא זה היושב על כס המלך בתוך ירושלים הנצורה.

ועתה הוא פונה לירמיהו ושואל במין תחינה. הוא שמע כבר את דבר הנביא ובכל זאת הוא שואל פעם נוספת. שכן ייתכן שהדברים שמסר לו הנביא שוב ושוב אינם המילה האחרונה של האל, או אולי לא הבינם כהלכה. אולי נשתנתה דעתו של האל שם למעלה, אולי הרהר בשנית והחליט למתן את זעמו. שהרי אפשר לראות את הדברים גם מנקודת ראות אחרת, חטא איננו תמיד בדיוק חטא, לא כל עונש הוא גזירה, אפשר גם אחרת, אפשר שלא הכול הינו כפי שהוא.

האם, שואל המלך, יש חדש מאת אלוהים? ועונה לו ירמיהו הנביא: ״יש.״ ועתה עומד לבוא דברו של האל, קשה ונורא. ולאור חומרת הדין היה ניתן לצפות שייאמר בנימה של התנצלות, ייעטף במילים של השתתפות בצער ושל ריכוך, או לפחות ילווה בהסבר: ״מצטער, אין כאן משהו אישי נגדך, אבל אלו הם הכללים, לאחר החטא בא העונש,״ או: ״זה קשה, אני יודע, אבל מה לעשות, צריך שיהיה סדר.״ אבל לא, כל מה שאומר לו הנביא הוא: ״ביד מלך בבל תינתן.״ דבר אלוהים ניצב כמו סלע, כך בדיוק ולא אחרת, מוצק ותמציתי כמו מהלומת חרב, גמור וחתום כמו עבר שנסתיים.

כך הוא דבר אלוהים לפעמים: ללא תנאים מקילים, ללא התחשבויות, ללא הנחות. אין הוא בא מן העולם שלנו, מן העולם של "בערך" ו"כאילו" ו"אולי" ו"נראה". אין בו "בחייך" ו"הלוואי" ו"מילא". והאדם הבהול, התועה בין הדאגות וההיסוסים, מוטל פתאום אל מול הקיר המוחלט, אל מול הקביעה האלוהית: כך הם הדברים וזהו זה. ההתרוצצות האנושית אל מול דומיית האינסוף.

ולרגע קופא המלך מפרפוריו, ממחשבותיו הבהולות, מן המבטים החרדים. הכול בו דומם אל מול הקיר, והוא מבין את עוצמתה של הממשות הנצחית. לעומתה נמסים להבלים כל תעלוליו ודאגותיו ותחבולות ההתחמקות. כל זאת הוא מבין ברגע אחד קטן, לפני ששבה להתרוצץ בו ההמולה האנושית. ובהבזק זמן זה מתאפס בו האדם כולו והוא שוקע, כאילו נעלמה הארץ שעליה תמיד עמד, אל מתחת להתפתלויות האנושיות ולקשקושים, ולהרף עין הוא בתוך הדממה, האינסוף, המוחלט האלוהי.

* * *

שינה מחניקה, ללא תוכן, ללא חלום, רק משא אֲלים של סלע אטום. אילו היה אפשר רק לנשום נשימה קטנטנה כדי שלא להתפרק, כדי שלא למות מן הלו.

ובבוקר, פתאום בקיע זעיר. אני מרגיש: זהו, עתה יסתיימו להם חודשי ההשתנקות. הכובד עדיין כובד, אולם הסלע מתחיל להתפורר. זוהי תחילתה של החלמה.

הרוח כבד כמו מחלה, הרצון חלוש. כוח הריכוז עדיין מעוך, ובכל זאת צף לו אי שם בפנים חוט של חסד, קל קל. אין בו די עבור שפע או אהבה, אבל יש בו מעט עבור נשימה קלה ועבור געגועים אל הלו.

שלג טוב יורד. עשר מעלות מתחת לאפס. רוח אלוהים חותכת על פני. איזה אושר שניתן לי להתגעגע אליך, לו.

* * *

מקרא על ירמיהו לג י-יא:

"כה אמר ה': עוד ישמע במקום הזה, אשר אתם אֹמרים חרב הוא מאין אדם ומאין בהמה, בערי יהודה ובחֻצות ירושלם הנשמות מאין אדם ומאין

יושב ומאין בהמה. קול ששון וקול שמחה, קול חתן וקול כלה, קול אֹמרים הודו את ה' צבאות כי טוב ה' כי לעולם חסדו, מְבִאים תודה בית ה', כי אשיב את שבות הארץ כבראשֹנה, אמר ה'."

כל עוד התקיימה ממלכת יהודה, הוסיף ירמיהו להתריע על הצפוי אם כך יימשכו הדברים: *"והִשבַתי מערי יהודה ומחֻצות ירושלם קול ששון וקול שמחה, קול חתן וקול כלה, כי לחרבה תהיה הארץ"* (ירמיהו ז לד).

איש לא שעה לדבריו. דרושים היו הרבה דמיון ואמונה בנכונותו של אלוהים להפוך סדרי עולם כדי להאמין שדברי הנבואה הללו אפשריים. היבול החקלאי היה טוב, איכות הסחורות השביעה רצון ואף הוסיפה לעלות, בשווקים היה ניתן להשיג כל מה שהתאווה לו האדם, בבית המקדש הועלו פרים לעולה במועדים הנכונים, על פי סדרי הפולחן. איש לא חשב ברצינות שהוא תועה, כפי שהאשים ירמיהו, בפולחני אלילים או אדם, או בשקר עצמי שאנן או בחמס. וגם כאשר באו צבאות בבל מן הצפון לכבוש את הארץ, גם אז היה נדמה לכול שאין כאן עניין של שקיעה רוחנית או התדלדלות העוצמה האלוהית אלא סתם עובדה היסטורית, מאלו המגיעות לפעמים וחולפות. ועובדה ניתן לבלום או להסיט במאמצים אנושיים.

עד שלבסוף בא החורבן. הארץ נחרבת בידי חילות הבבלים, עיר עיר ושדה שדה, ירושלים הנצורה מובקעת ובית המקדש נשרף, וכמוהו גם בית המלך וארמונות העשירים ובתי הבילויים, ואפילו בקתותיהם של העניים. הכול נהרס, לא נותר דבר. כל מה שהיה חיים עתה הוא שרוף, קצוץ, מנותץ. מחצית העם מוטלים פגרים על האדמה, וטורים ארוכים של יהודים בשלשלאות ממתינים למתן האות ליציאת השיירות לגולה.

וירמיהו קורא: *"כה אמר ה': עוד ישמע במקום הזה, אשר אתם אֹמרים חרב הוא מאין אדם ומאין בהמה, בערי יהודה ובחֻצות ירושלם הנשמות מאין אדם ומאין יושב ומאין בהמה, קול ששון וקול שמחה, קול חתן וקול כלה..."*

כמה אמון בה' דרוש כדי לעמוד בתוך האפר, בין הגופות המתפקעות והבניינים הנתוצים, ולהאמין שהמילים הללו אינן דברי דמיון עצמי אלא אכן דברי אמת מאלוהים. כמה עוז דרוש כדי להאמין להבטחה, אפילו אם זו הבטחה אלוהית, שכל זה, נראה כסיום מוחלט, מוות, סוף, אינו אלא שלב זמני במאבקו של אלוהים להאיר את האדם בחיים; להאמין שגם לכאב ולריקנות שקברו את הכול יש משמעות, מפני שאלוהים מוסיף תמיד להשתדל לחדור אל האנושי ולהיטיב; להאמין שגם כאשר מתגברים הכוחות

הזרים ואוטמים ומטילים רוע וממיתים, גם אז – כמו עתה, בשעת חורבן זו ממש – הוא נוכח מתחת לכל גושי הזוועה ומתאמץ לנשוב באדם משב של אור. וכמה צריך לבטוח באלוהים כדי להאמין שמאמציו אכן יגברו על הכוחות הזרים, ושעל אף כל המוות, נוכחותו פירושה חיים.

* * *

לאחר כתיבת הבוקר אני מטפס בנעלי השלג על גבעת עצי האֶדר. השלג עמוק, אולי יותר ממטר, קובר תחתיו את סבך השיחים שנתפתלו בקיץ על האדמה. על אף הכול, טוב להיות. לפעמים דרוש חנק, כמעט מוות, כדי שיעלה חרחור ותיאמר תפילה חדשה. לפעמים נחוץ שייאטמו המחיצות כדי שייקרעו סוף סוף פתחים חדשים.

* * *

מקרא על ישעיהו מ א-ט:

"נחמו נחמו עמי יאמר אלהיכם. דברו על לב ירושלם וקראו אליה כי מלאה צבאה, כי נרצה עונה, כי לקחה מיד ה' כפלים בכל חטאתיה. קול קורא במדבר: פנו דרך ה', ישרו בערבה מסלה לאלהינו. כל גיא ינשא וכל הר וגבעה ישפלו, והיה העקב למישור והרכסים לבקעה. ונגלה כבוד ה' וראו כל בשר יחדו כי פי ה' דיבר... על הר גבה עלי לך מבשרת ציון, הרימי בכח קולך מבשרת ירושלם, הרימי אל תיראי, אמרי לערי יהודה הנה אלהיכם."

זמנים רבים כל כך חלפו מאז היה ניתן לחוש בנוכחות האלוהית. קשה לזכור מתי היה זה לאחרונה, לפני שחרבה הארץ, לפני שנתפזרו האנשים לגלות בבל. כבר אז, בימיהם של מלכי יהודה, נתרחקו השמים ונתרוקנו, האנשים פנו לחפש אלים אחרים, בירושלים גאו ההידור והגינונים וההתפנקות בתכשיטי חמדה ובמלבושים, העשירים הרבו את עושרם והעניים שקעו בסבלותיהם. כל מי שהיה יכול יצא לפשפש בחנויות ולבלות בבתי העינוגים ולפטפט בבתי המשקה על האירועים האחרונים. דומה היה לכול שאין עוד ממשות אחרת, שהכול נמצא פה עבור האדם והנאותיו, שכל מה שחשוב באמת הוא הסיפוק והנוחיות והשררה והכבוד. מגילות נבואה שנותרו מאותם הימים מעידות על דבר האלוהים שעדיין הוסיף להישלח אל מספר נביאים, להתריע על המרחק, להזכיר לאדם את המבט כלפי מעלה אל

האלוהים. אבל כוחם של העיסוקים היה רב באותם הזמנים ואיש לא ידע להקשיב.

חבל שאז לא הבחינו, אבל זהו פירושה של אטימות הלב, שאינה יודעת שאין היא רואה. נדמה היה לכול שהדברים מתנהלים היטב ושרמת החיים עולה, ורק במבט לאחור נתגלה שהממלכה השמינה בפיטומים עצמיים, שהעוצמה נידלדלה, החזון דהה, ומכאן לא היה זה אלא עניין של שנים ספורות עד בואם של כוחות האויב, והמצור, והרעב, והמחלות, והבקעת החומות, וההרס, והמוות, והגלות.

השנים מתמשכות להן בגולה, והנה לפתע קם נביא חדש – ישעיהו, כך הוא מציג את עצמו, כשמו של הנביא הקדום שחזה בירושלים את אלוהים יושב על כיסאו בבית המקדש – ומודיע שאלוהים עומד לחזור. בבל נופלת, ממלכת פרס עולה, עונשה של יהודה תם ועתה מתקרב עידן חדש.

השמועה על הבשורה החדשה מהדהדת בין הגולים. עתה, שבעים שנה לאחר שאחרוני הגולים הוגלו לפה, הכול מבוססים במקומם. הראשונים שהגיעו כבר נפטרו, צאצאיהם נולדו בארץ החדשה וזכו לאזרחות בבלית. הפרנסה נוחה, הבתים מרווחים, חלקם אף בשכונות יוקרה במרכז העיר. אמנם, גלות פירושה שמרחק מפריד בין החיים שהאדם חי לבין החיים שאליהם הוא שייך, שאין הוא נמצא במקומו ממש אלא תמיד אי שם, במציאות המתנהלת לה על פי חוקים נוכריים. אבל גם אי שם בגלות ניתן להתפרנס, אפשר לפתוח חשבון בנק ולהתקדם בסולם הדרגות ולהתפנות לבילויים, לעתים אף ביתר קלות וביתר הצלחה מאשר בירושלים הקדושה.

הנביא החדש מכריז, והאנשים מקשיבים בהיסוס. האם ייתכן שהמילים הן מן האלוהים, שהאל לא שכח אותם למרות הכול ושהוא עומד לשוב? או שמא דבריו אינם אלא נבואת שווא שהמציא האדם? קשה לשומעים להחליט אם לפקפק או להאמין.

שיבוא, הם אומרים לבסוף לנביא, שיפדה, ישיב, יחדש את השפע. נשמח מאוד אם יתברר שאכן הוא מגיע. ובינתיים לא כדאי להתרגש בטרם יתבררו העובדות ותתאשר הנבואה. אין טעם לקוות לחינם, חבל להשקיע ואז להתאכזב.

אבל לא, לא לכך מתכוון ישעיהו. אלוהים אינו מגיע סתם כך כמו מזג אוויר מקרי, כמו עובדה שמתגלגלת ומגיעה מבלי שמצפים לבואה. הוא זקוק שיכינו לו מקום בלב כדי להופיע. יש לפנות עבורו מרווח בחומר, לפתוח לו מרחב פנימי בין ערמות העיסוקים והטרדות, ליישר ולנקות ולסלול

ולטהר חלל פעור – מעין מדבר שאין בו דבר מלבד צמא – כדי שיוכל להתגלם. התגלות אלוהית היא תנועה עדינה, אמנם עצומה מבחינתה של הרוח, אבל זקוקה לנכונותו של האדם כדי לעלות בו. לא קל לה לחדור אל תוך אדישותו של הלב. וזוהי הסיבה לכך שדרוש מבשׂר שילך לפני אלוהים ויקרא וישמיע ויתאמץ להבקיע סדקים באטימות ולפנות את הדרך. שאם לא כן, לשם מה דרוש ישעיהו הנביא לתנועה האלוהית, אילו היה די בכוחותיה שלה כדי להכין את הלבבות ולפדותם?

* * *

שלושה שבועות נכנסה אצלי תנועת הרוח החדשה בסיפורי עלילה של מקראי קודש. כל בוקר התיישבתי עבורה, קטע המקרא היומי, השתתקות, העמקה, התבוננות. ואז עלו ההבנות, מתאמצות להיכנס במילים של תנ״ך – בדברי שמואל הנביא, ישעיהו, ירמיהו, עמוס, מיכה. לא קל היה להן, אין הן רגילות למילים ציוריות כל כך: אלוהים מודיע ומאיים, משנה את דעתו, משמיד וגואל. אבל אין בידן ברירה, כדי לדבר באדם הן נאלצות לעטות מילים של אדם. הן זקוקות לחומר גלם לעלות בו, ואיזה חומר גלם עשיר הם סיפורי התנ״ך: כה אמר ה׳, הנה אנוכי עושה דבר בישראל, נאום ה׳ צבאות – אלוהים מתאמץ כביכול להשמיע את דברו, הוא רוצה להתגלם באדם. והאדם משתדל להיענות – ולפעמים הוא מצליח, ולרגע עולה בו השראה אלוהית, דברי נבואה, הרוח מפעמת והאדם עושה מעשים עצומים. אבל קשה כל כך להשראה להתמיד. אלוהים מוסיף וקורא, אבל לחומר משקל משלו, ואלוהים מתאכזב ומאבד את סבלנותו. לאחר החטא מגיע חורבן, גלות, חרטה ותחנונים, ושוב תנועה אלוהית באדם, הבטחה מחודשת לגאולה, ושוב מאמץ מחודש. איזה מיתוס נפלא, הכול הוא מכיל בציוריות שופעת שכזו, הכול הוא אומר.

שלושה שבועות עלו בי הבנות ודיברו בי בשפת סיפורים תנ״כיים ונכתבו בידי על הדף. כל בוקר הניעה אותי עוצמתן ואני כתבתי בשְׁמן. בצהריים הייתי כבר מותש מן המאמץ. האם הצלחתי לדייק בדבריהן? אולי כן, אולי לא כל כך, אבל בבוקר המחרת שוב היה מקרא קודש ושוב כתיבת קטע חדש, וגם למחרת, שלושה שבועות בדיוק.

ומה בכך שהמשקל הוסיף להכביד? יובש, ריחוק הדעת, כאב של אטימות – אלו הם פתח עבור הלוּ לא פחות משמחת השפע ותענוג ההתעלות. אמנם

אצלי בפנים עדיין צחית, אבל הנקודה אינה הנאות עצמיות. אינני עבור התענגויות של שפע, אני של הממשות. רק להיזהר, אני אומר לעצמי, שלא להתמוטט תחת המשקל. להניח ללו לפעול, לא להניח לאדם להתיימר שהוא יכול לשאת את הכול בעצמו.

* * *

ושוב ים של חסד. נראה שהסתיימה לה תקופה והגיעה תקופה חדשה. דבר-מה בסלע נתרכך ונפרץ, ולפתע הבנות חדשות, שחרור, שפע. גל של הודיה גואה מתוכי על רחמיו של האור ופלאיה של הרוח, אבל אינני מתפלא על עוצמת המהפך. אני כבר מכיר את דרכיה של הרוח בתוכי ואת דרכי איתה. אולי אצל המלאכים אין שינויים שכאלו. אצלם הכול כבר שלם וגמור, הם כבר שוכנים בנצח, אצלם יש רק אור ללא סלע, אבל אני הרי אדם. וגם על כך התהילה לאל, שהנה אני אדם כל כך, ואף על פי כן – ואף דווקא משום כך – אני שותף במאבקו של האור לעלות בחומר.

* * *

שוב פורחת לה השבות. בסיומו של כל מחזור שכזה של שקיעה בתהום אני נוכח לראות שאני מזדכך והולך. יש צמחים הזקוקים לחילופי אור וחושך כדי לבקע את המשקעים האוטמים את העורקים ולהמיס את החומרים הרעילים ולגדול ולצמוח.

* * *

עתה, כשהזמנים שוב שקופים בחסד, אני מביט לאחור על החודשים האחרונים ורואה את פִשרה של הצחיחות שחלפה. אז חיפשתי לה מובן רוחני, שאלתי מדוע הרוח מסתתרת, מה היא כביכול "דורשת" ממני שאעשה. עתה אני מבין שהיו אלו פיתוליה של הפסיכולוגיה שלי שחנקו את המעברים, לא מכשולים טמירים של הרוח אלא פשוט סתימה אנושית. אפשר לכנות את מה שהתרחש אצלי חרדת ההתחמקות ממעשה שצריך הייתי לעשות, או קונפליקט חבוי שהודחק, או משקל מת שלא היה בי העוז לחתוך ולהשליך – אין צורך לפרט כאן פרטים. מה בדיוק קרה אצלי בחיי

האישיים הינו ענייני האישי. על כל פנים, צריך הייתי להיות נחוש יותר, להיות גדול מעצמי, ובמקום זאת השתהיתי והסתרתי בתירוצים את המעשה הנחוץ. ורק כשלבסוף אזרתי אומץ להבין ולשנות, רק אז החלו להתמוסס גושי העצירות ונתפנו הצינורות עבור החופש, האהבה, הממשות.

היתה זו התרחשות אנושית מוכרת, אבל גם לאנושי עשויה להיות משמעות רוחנית. גם מן הכאב הפסיכולוגי ביותר עשויות לצמוח הבנות חדשות ולהיפסע פסיעות של התקדמות בדרכיה של הרוח. דווקא מן המנגנונים העצמיים, מעמקי החומר, קמים אתגרים רוחניים חדשים, ובהשראתם עולות לפעמים עוצמות של רוח ואור שלא היו קודם. ואכן, דווקא בחודשים הצחיחים הללו, בעיצומם של פגעיה של הפסיכולוגיה, עלו בי מקראי קודש חדשים שדיברו במילים של סיפורים תנ״כיים.

13

וורמונט, 2000

מאז הבוקר אני נרגש: העמדתי את המילים לרשותו של הלוּ, ודבר-מה בעומקים נענה לקבלן. עדיין אינני יודע מה פירוש הדבר, מתי, כיצד. מעתה אין הדבר תלוי בי, מעתה המילים הן חומרי גלם. הן מוסיפות בינתיים להתגלגל כהרגלן – מה נשמע, הערות מן הצד, אפשר לקבל בבקשה – אבל באותו הזמן הן גם ממתינות שייפח בהן משב מן הממשות ויאמר באמצעותן את דברו. אין הן של עצמן עוד, הן לרשותו של הלוּ, מוכנות להיענות למשב, אם יבוא.

* * *

לכתוב.

מה לכתוב?

על תנועתו של הלוּ. להוציאה אל מעבר לעצמך, להעבירה הלאה.

אבל איך?

בתקופה כשלנו אי אפשר עוד לכתוב הכרזות כלליות החלות על הכול: כך וכך הוא האדם, אלו החיים, זוהי האמת השלמה. היום אין בכוחן של דוקטרינות לקשר כמו פעם את האדם אל הממשות. היום כל קביעה כללית, כל תיאוריה, מתמוססת להשקפה אישית, לנטייה פסיכולוגית. אפשר לדבר בתיאוריות על תנועת האטומים או על מבנה הכלכלה, אבל בעניינים של ממשות, תיאוריה אינה עוד מוצק – נשתנו מצבי הצבירה של ההבנה האנושית, עתה היא נוזל בטעם פרטי, עתה היא הופכת לכך נראה לי, מי יודע אם כך או אחרת, דבר בשם עצמך, מי אתה שתחליט.

כך שלוּ אינו מתגלה עוד כמו פעם בהכרזות אוניברסליות. הוא מתגלה בתנועה הייחודית, החד-פעמית אפילו, בלבו האישי של הפרט: באדם זה הוא נכנס ועולה בשפע, באחֵר הוא עולה בתחנונים אל אבינו שבשמים, כאן הוא דומייה ושם ניתוחים תיאולוגיים. לוּ מחלחל בחומר במקהלה שלמה, משנה צלילים על פי תוואי השטח של הלב ומנגנוני החינוך והפסיכולוגיה ואוצר המילים של המסורת.

בתקופה כשלנו אי אפשר עוד לכתוב על אודות הלוּ בתיאוריות כלליות, אבל אפשר בגוף ראשון: כך עלה לוּ בתוכי, כך הוא הפעים או שתק; בתוכי – עבור השאר איני מוסמך לדבר. בתוכי רק תנועת לוּ אחת פועלת, זו העולה באדם המסוים שהופקד אצלי, באדם שהוא אני.

לפרסם את מה שכתבתי ביומנים הפרטיים שלי? היומנים שייעדתי רק לעצמי?

הרי אינך חושב שהחסד והשפע הם רכושך הפרטי. לוּ "רוצה" כביכול להאיר ולהתפשט ולהפיץ. גם אתה עצמך נעזרת בדבריהם של אחרים.

אבל לכתוב על עצמי?! אני אדם פרטי כל כך, טומן עצמי תמיד מתחת לחולצה. מה לגבי היומרה? והגיחוך? והפרטיות?

אין ברירה. על לוּ אי אפשר לכתוב עוד בגוף שלישי. לוּ רוצה, כתמיד, להתגלות, להאיר את החומר, לגאול, לומר את דברו, אבל לקראת המאה העשרים ואחת, לוּ יכול לדבר במילים אוטוביוגראפיות בלבד.

אבל איך יכול אדם כמוני לספר סיפור עצמי? סתם אני – מקומט ושחוק, אדם זמני כל כך, נפתח לרגעים ומיד נבלע בעצמו. רק דמויות של ממש, דמויות של עוצמה רוחנית מיוחדת, רשאיות לספר על עצמן סיפור בגוף ראשון.

דווקא לא. היום דווקא האדם האנושי הוא המסַפר. אין זו תקופה של גדולה אלא של בני אדם. והנקודה היא שלוּ עולה גם באדם-סתם, שהרי לוּ עולה בכול.

יהיה זה יותר מדי עבור חוש האינטימיות שלי, ואולי גם עבור חוש האינטימיות של הלוּ כביכול. תנועה פנימית היא עניין שביני לבינו. אכתוב מה שאוכל, אשמיט הרבה. דווקא על העיקר אני מתקשה לספר, על התנועות האישיות והמאמצים לשחרר מחיצות שנתאבנו ועל מגעו המרפא של הלוּ בצלקות ישנות ובפצעים מדממים ועל הזולת. כאן התרחשה העלילה העיקרית, אבל על כל אלו קשה לדבר. ואם התוצאה תהיה שטחית או

מתייפייפת או חד-צדדית, ככה זה, זה כל מה שאני – מין גוש שכזה – מסוגל לומר.

* * *

אני קורא ביומנים הרוחניים הישנים שכתבתי פעם ומחפש בהם קטעים מתאימים כדי לצרפם לספר, קטעים שמשתקף בהם משהו מן התנועה המקורית של הלו, שקופים – אולם לא חושפניים יתר על המידה.

במבט לאחור, מה למדתי בכול השנים הללו על אודות הלו? מהו מוסר ההשכל שצברתי על אודות הממשות? כמו תמיד – לא כלום. על אודות הממשות עצמה אינני יודע היום יותר משידעתי פעם. מה שביכולתי ללכוד בניסוחים אינו אלא עקבות בבוץ שהותיר אחריו הדבר העיקרי. לגבי האינסוף, אני תמיד מתחיל. לו אינו מצטבר לתיאוריה, הוא תמיד רגע חדש, תנועה הלאה, תמיד משהו אחר.

* * *

שוב בוקר. עוד מעט תזרח השמש. בזמנים שכאלו שבהם אני חי לבדי בביתי ביער – בזמנים שאינם מסומנים במועדי משימות ובפגישות חברתיות ובימי עבודה ובסופי שבוע, זמנים נקיים כמו נצח, היום כמו אתמול כמו שלשום כמו לפני חודש וכמו מחר ובשבוע הבא ובעוד חודשיים – בזמנים שכאלו בוקר הוא תמיד עוצמה חדשה, אור או שלווה ולפעמים מועקה קדושה,לא תמיד קל, אבל תמיד עוצמה, לעולם לא סתם.

לאחר מדיטציה של שחרית אני יוצא מבית העץ להליכת התייחדות בשבילי היער. אני בוחר כבכול בוקר בשביל הרחב, מעולם לא נתעייפתי ממנו. גשם קל ירד הלילה. איילה חולפת טבעה את עקבותיה באדמה. תהילה לאל פרושה על הכול; גם עלי. רוח עולה מן העמק שמתחתי כמו תפילה, ואני מצטרף אליה. לו.

בדרכי חזרה אל הבית אני בוחר לי בשביל צר מתפתל ביער. משמאל, קצת למעלה, על שיפולי הגבעה, התמוטט לו עץ אֶדר ענק וקבר תחתיו שני ברושים וליבנֶה צעיר. כדאי לנסר ולפצל את הענק לעצי הסקה עבור החורף לפני שיעלה בו רקב מן האדמה. אתחיל אחרי הצהריים. הבוקר מוקדש לכתיבה.

* * *

עדיין אני מלקט קטעים מן היומנים הישנים שכתבתי פעם ועורכם לגרסה משופרת לתפארת הלו. וככל שאני מוסיף לעבור שוב על הקטעים ולהשמיט משפטים מיותרים ולהחליף ביטוי אטום בשקוף ולשפר את תנועת המילים ולסנן ולזכך את החומר, כך אני חושף את מה שרצה אז להשמיע הלו בתוכי, אלא שאז נתקשיתי לומר זאת.

* * *

כמו בכול שבוע, אני יוצא מביתי, נכנס למכונית, ויורד בדרכי העפר למטה, אל העיירה הקטנה שבעמק, כדי להצטייד במצרכי מזון ובית. אני מתהלך ברחוב הראשי ומסתכל בפניהם של האנשים. אהבה רכה אופפת את הכול, את הזקֵן המורט עשבים בגינתו, את העומדים בפתח החנות ומביטים אל מורד הכביש, את הילדים קצוצי השער המשחקים ברחוב. בכול יש תהילה לאל, את הכול היא מבקשת לגאול.

אני עולה במדרגות העץ ונכנס לחנות, עובר במעברים – אגף חגבינות, אגף הירקות, חדרון של הדואר האמריקאי, דוכן הבשר והדגים – אני מנפנף בברכה לבעל החנות – מדפי הלחם, אצטבאות של מסמרים וברגים וכלי מלאכה, חולצות, צורכי גינה, רובים ותחמושת, פוחלצים של חיות שניצודו. כפריים מקומיים נושאים את מצרכיהם אל הקופאית, בסרבל עבודה או בחולצת טי פשוטה – ואני פרוש על פני הכול. עבורי כל אחד מן האנשים כאן נוכח, כל אחד בשלמותו. כל אחד הוא אדם, כלומר גוש אישי של חומר עבור הממשות, האמת, האהבה. ואני עבור כולם, אני אליהם, אני אצלם, גם כשהם מפשפשים במכלי הבננות או העגבניות, גם כשהם מגרדים להם כרטיס של הגרלה או משוחחים על הגשמים מבלי לדעת שאור אלוהים על פניהם. נוכחות, אמון, תהילה לאלוהים. אני מאוהב.

האם רשאי אדם שכמוני לכתוב ספר על אור, אדם שהוא כל כך אדם? ולמה לא? להפך, רק האדם נאבק לפתוח בתוכו מקום לאהבתה של הרוח. רק מי שאינו מלאך יודע לספר כיצד מפעפע האור בחומר.

* * *

די, עלי לסיים את ארגון החומר הישן, לברור קטעים מערמות היומנים של אותן השנים ולחדדם ולצרפם לכתב יד אחד גמור. יותר מדי אני דוחה את סיומה של עריכת הספר. אני חושש לסיים את הכתוב ולהקפיאו בדפוס, שהרי אצלי הכול מוסיף לחיות כאן ולהתפתח, ואף העבר מוסיף לגלות פנים נוספים מנקודות מבטן של הבנות חדשות. עתה, במבט לאחור, אני מבין עד כמה היו האירועים שתיעדתי רק התחלה של סיפור שלעולם אינו יותר מהתחלה. היה זה מבוא לעלילה העיקרית שתמיד מוסיפה להגיע.

ובכל זאת עלי למהר ולסיים. שנים חלפו כבר מאז תחילתם של היומנים וכיסו בשכבות חדשות את מה שכתבתי אז. משבים חדשים נושבים כבר אצלי ואופקים חדשים מוסיפים להיפתח במהלך הדרך. עתה אני במקומות אחרים. לו מופיע במילים עמוקות וטובות יותר, האבן אחרת והשפע אחר והמאבקים מתנהלים בזירות שלא היו פעם. מה שהתרחש אז בשנים הללו מתערפל כמו ילדות ישנה שהפכה מגוף ראשון לגוף עבר שכמעט שנשתכח. עלי למהר ולערוך ולהשלים לפני שיתפוגגו הדברים מן הזיכרון החי ולחתום את הכתוב: זהו זה, כך התחילו הדברים אצלי לפני עשר שנים.

www.ingramcontent.com/pod-product-compliance
Lightning Source LLC
Chambersburg PA
CBHW062038120526
44592CB00035B/1265
* 9 7 8 1 9 4 7 5 1 5 1 5 4 *